マルクシズムとボルシエヴイズム
小泉信三著
千倉書房版
近世社會思想史大要
小泉信三著
岩波書店刊行
社會組織の經濟理論的批評
小泉信三著
東京 下出書店
内外經濟學名著 第一册
福田徳三 坂西由藏 編纂
ジェヴンス經濟學純理
小泉信三譯
東京 株式會社 同文館
マルクス死後五十年
小泉信三著
改造社版
リカアドオ研究
小泉信三著
慶應義塾大學教授小泉信三君講述
銀行叢書第六編
近世社會思想及社會運動上に於ける英吉利と露西亜 全
東京銀行集會所
價値論と社會主義
小泉信三著
改造社出版
小泉信三著
アダム・スミス、マルサス、リカアドオ
リカアドオ經濟及租税原論
小泉信三譯
岩波書店刊行
岩波文庫
經濟學及課税の原理
小泉信三譯
岩波書店
經濟學講義
社會問題
慶應義塾大學教授 小泉信三著
時事新報社出版部
社會問題研究
小泉信三著
岩波書店刊行
師・友・書籍
小泉信三
現代經濟學全集 第二巻
經濟原論
小泉信三著
日本評論社版
岩波文庫
勞働者綱領
小泉信三譯
岩波書店
改訂 社會問題研究
小泉信三著
岩波書店刊行
經濟學說と社會思想
小泉信三著
東京 國文堂書店

初學經濟原論
小泉信三著
慶應出版社
學府と學風
小泉信三著
慶應出版社刊
アメリカ紀行
小泉信三著
學窓雜記
小泉信三
讀書雜記
小泉信三
マルクス死後五十年
小泉信三著
好學社刊
師友書輯
小泉信三
青年公民讀本
經濟篇
小泉信三著
改訂 價値論と社會主義
小泉信三著
小石川書房
海軍主計大尉小泉信吉
小泉信三
ジエボンス經濟學の理論
日本評論社版
福澤諭吉の人と書翰
小泉信三編著
小泉信三著
社會思想史研究
學生に與ふ
小泉信三著
三田文學出版部
大學生活
小泉信三
支那事變と日清戰爭
慶應出版社刊行
小泉信三著

アルバム 小泉信三

KOIZUMI Shinzo
1888~1966

山内慶太
神吉創二
都倉武之 編

アルバム 小泉信三

はじめに

慶應義塾が創立一五〇年を迎えた平成二十(二〇〇八)年、三田山上の慶應義塾図書館旧館の大会議室において「生誕一二〇年記念小泉信三展」が開催された。五月八日から二十一日までの短い会期ではあったが、一万二千人余が来場した。かつて図書館の閲覧室であったその会場は、世の常の展覧会とはまた違った温かな空気に包まれていた。

『アルバム小泉信三』は、会期中に売り切れてしまった図録を新たに出版することにしたものである。写真とその説明で構成したこの図録は、もともと展覧会から独立した一冊の本としても楽しめるものを目指していた。小泉信三を直接に知る世代の方々には往時を懐かしんで頂き、直接に知らない世代の方々には、小泉と、小泉が生きた時代の空気を、そしてまた慶應義塾の歩みを体感して頂ければ幸いである。

本書の基本的な構成は図録と変わらないが、一部の説明の修正と若干の写真の差し替えを行った。また、新たに巻末に「誌上特別展示」と「特別付録CD」を付けた。「誌上特別展示」のうち、昭和二十年十二月の「塾生諸君に告ぐ」は、非常に長文のパネルであったにも関わらず、多くの来場者が長く留まって読み、手帳等を取り出して書き写していたものである。「御進講覚書」は会期中に小泉家から見つかり急遽追加展示したもので、小泉の東宮御教育常時参与としての姿勢をよく示す貴重な資料である。一方、「特別付録CD」は、会場で流して好評であった講演録音である。つまり、本書は、小泉信三展の来場者の反響に応えたものでもある。

なお、図録は、「生誕一二〇年記念小泉信三展実行委員会」の名で発行されたが、本書は、関係者の理解も得て、展覧会と図録の構成編集を実質的に担った三名による編集とした。しかし勿論、所蔵資料の借用、展覧会の準備、図録の作成等で、慶應義塾内外の実に多くの方々の御助力があった。本書を出版するに当たり、改めて感謝の意を表したい。

なかでも、小泉先生の二女の小泉妙氏の御協力なしには、あのような展覧会もひいてはこの本も実現することはなかったであろう。そもそも平成十六年に小泉先生に関わる膨大な資料、遺品を慶應義塾に寄贈頂いたことが展覧会のきっかけとなり、展示の中心になったのもその品々であった。また、私達編者の三名は、妙氏に二十六回に及ぶ聞き書きをさせて頂き、『父 小泉信三を語る』(慶應義塾大学出版会)を編むことが出来た。それは、途中から展覧会の準備と同時並行の作業となったが、我々三名は聞き書きを通じて、小泉先生の人柄、家庭に流れる空気等を感じ取ることが出来たのであって、展覧会と本書の構成はこの経験があってはじめて可能になったとも言えるからである。小泉妙氏の深い御好意に厚く感謝申し上げたい。

編者を代表して　山内慶太

報恩の一生

慶應義塾一五〇年記念の年に、父の展覧会を催していただくとは、なんという光栄でございましょう。感謝のほかございません。

一二〇年前の五月に、父は慶應の山の南側の麓（現在は消防署の処）で生まれました。当時、祖父小泉信吉は塾長でございました。福澤先生は山の上から、お祝い状とお魚をお届け下さいました。戦災で失いましたが、私の育った品川御殿山の家では、そのお手紙の額が茶の間に掛けてありました。「このたびは男子で殊にめでたい、鮮魚をおくる。」という文面で、〝男子〟の文字が先生独得の書体で、大きめに書かれておりました。婦人尊重の福澤先生が、男子で殊にめでたいとは……とおっしゃる方があるかも知れません。しかし理由がございます。実は小泉夫婦の第一子は男子でございました。七三と名付けながら、若い親の無頓着故か、届けを怠りました。七三の次に長女千が生まれ、三番目に、戸籍上は長男の父が生まれたのでございます。福澤先生の御墓所、上大崎の常光寺に祖父の墓もあった頃は、その側に小泉七三之墓という細い墓石が立っておりました。戦後、墓を多磨霊園に移した折に、小泉信吉之墓を小泉家之墓と彫り改め、一家の者皆が同じ墓石の下に鎮まることになりました。

七三はいつ亡くなったのか。祖母に聞かず、伯母にも父にも聞かずに時が過ぎました。或る時引き出しを整理して、古びた小型のロケットを見つけました。開くと、左側には祖母のごく若い写真、右側は嬰児。伯母なのか父なのか尋ねると、父がじっと見て「これは兄さんだ」。七十を超えた大男の父が、小さな赤ちゃんをそう呼んだので、私は笑ってしまいました。笑っただけで、なぜその時聞いておかなかったかと、今頃残念がっております。この展覧会にそのロケットも並びます。小泉七三の初御目見得でございます。

三田で生まれた父は、祖父の勤めの都合で三田を離れましたが、祖父の死後、六歳で横浜から東京に戻り、一時は三田山上の福澤邸内の一棟に住まわせていただきました。そこでは先生の愛孫壮吉様と一緒に遊び、先生をおじいさんとお呼びしておりました由。

約一年後、それもまた先生のお世話により、生まれた家の隣に家が建ちました。御田小学校へは表の道を歩いて通いましたけれど、慶應普通部入学後は裏口から出て、勉強もテニスもすべて慶應の中という生活になりました。留学四年の空白がございますが、七歳から二十八歳の結婚まで、そこが我が家でございました。慶應の正門近く、堀越整復院の隣家がその家で、あの大空襲の猛火にも、不思議に焼け残っております。

福澤先生は父の恩人、父のすべてでございました。父の一生は、先生と慶應義塾への恩返しであったと思います。

小泉信三・二女　随筆家　**小泉 妙**

*——当文章は「生誕一二〇年記念小泉信三展」の図録に掲載されたものに若干の修正を加えたものである。

もくじ

［凡例］

1——本書は、慶應義塾の主催により、平成二十年五月八日(木)より五月二十一日(水)までを会期に、慶應義塾三田キャンパス図書館旧館大会議室を会場として開催された「生誕一二〇年記念 小泉信三展」の図録に加筆修正を加えたものである。
なお、この展覧会の実行委員は次の通りであった(肩書きは当時)。

委員長 西村太良 ［慶應義塾常任理事］
森 征一 ［慶應義塾常任理事］
服部禮次郎 ［慶應連合三田会会長、株式会社和光取締役会長］
塩澤修平 ［慶應義塾大学経済学部長］
小室正紀 ［慶應義塾福澤研究センター所長・大学院経済学研究科委員長］
山内慶太 ［慶應義塾大学看護医療学部教授・福澤研究センター所員］
神吉創二 ［慶應義塾幼稚舎教諭］
都倉武之 ［慶應義塾福澤研究センター専任講師］
事務局 慶應義塾広報室

2——図版中、所蔵先を記載していないものは、原則として慶應義塾福澤研究センターの所蔵である。同センター所蔵の小泉信三関係資料は、昭和四十九年十月信三夫人故小泉とみ氏より同センターの前身である慶應義塾塾史資料室に寄贈された資料、及び平成十六年十一月信三二女小泉妙氏より寄贈された資料を主なものとし、その後も数度にわたり寄贈された。小泉家所蔵品も一部含まれるが、同家の了解を得て区別していない。

3——年代表記は和暦を主とし、必要に応じて西暦を用いている。年齢は全て満年齢で記載した。また固有名詞を除き、基本的に新字を用いた。

4——人名表記は、敬称を略している。

5——本文中の引用は、断りのない限り、『小泉信三全集』に収録されている小泉著作、全集・選集月報記事、または『小泉信三先生追悼録』からのものである。それ以外については、巻末の参考文献欄を参照されたい。

6——各章扉解説は山内が、資料の個別解説は都倉が主に執筆した。

I 父の影像

生い立ち

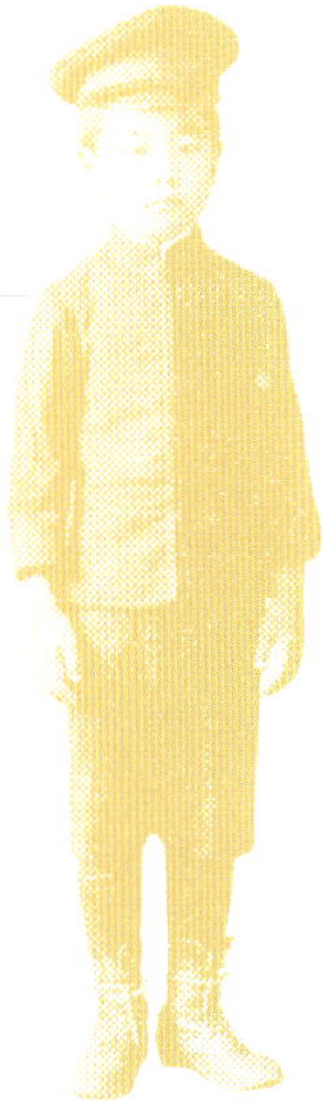

小泉信三は明治二十一（一八八八）年五月四日、東京三田に生まれた。父、信吉（のぶきち）は、前年より慶應義塾長（当時は総長と称した）の任にあった。創立三十年を迎えようとしていた慶應義塾が、近代的な学塾への転換を図るにあたり、横浜正金銀行創立など塾外での活躍の長かった信吉に福澤諭吉は嘱望したのであった。しかし、その過程で福澤と意の合わぬところがあった信吉は福澤の懇望も拒んで、大学部開設から間もない二十三年三月、塾長を辞して塾を去る。後に小泉は、父の心境について「今の私は、塾長として塾務に対する干渉を憤る父よりも、無二の恩師がさしのべた手を握らなかった、そのあとの寂寥感になやむ父に同情したいように思う」（「師弟」）と述べた。七十歳の時の推察である。

二十七年、横浜正金銀行支配人となっていた信吉は急逝する。その報に接した福澤は直ちに、絹地にしたためた長い弔詞を届けた。「福澤諭吉涙を払て誌す」と結ばれたその弔詞には、信吉の人物を敬愛し早世を惜しむ福澤の気持ちがよくこめられている。

大黒柱を亡くした一家は、横浜から三田に戻り、福澤の庇護を受けた。一時期は福澤の邸内の一棟に住んだので、信三少年は福澤の米搗きのかけ声を毎朝耳にし、時には、遊び友達であった福澤の愛孫と一緒に福澤に遊んで貰いながら育った。しかし、三十四年、福澤が没した時、小泉は未だ十二歳。「小児の目に偉人はない」（岩波新書『福澤諭吉』）のであって、あと十歳自分が長じていたらと後に嘆いた。

小泉は、その福澤について、最後の著書『福澤諭吉』の終章「父の影像」において、次のように記している。

「不幸にしてその面影をも知らぬ亡き父を慕い、その志を尊び、居常その名を辱めぬことを期する心は、福澤にあって強い道徳的支柱となった。そうして、福澤が父の肉身を見ず、その肉声を聴かなかったことは、かえって一層その父を影像として理想化せしめるものではなかったろうか。これは実践的モラリスト福澤諭吉を理解する上において、年来私のひそかに抱く仮説（ヒュポテーゼ）である。」

これは、小泉自身が心のうちに「父の影像」を抱いていればこその言葉ではなかったか。福澤は満一歳半で父を喪った。小泉自身も僅か六歳で父を喪っている。実際、「早く父を失った家庭では、父を理想化する。……死んだ父はただ影像として子等の目に映じる。それは私たちのため何かのお護りになったかも知れない」（「近親のこと」）と記している。母千賀は、信吉の命日には必ず先の弔詞を取り出して床の間に掛け、子供達に読ませた。福澤が弔詞に記した信吉の姿は、父の影像として、小泉の内面に深く刻み込まれたに違いない。

父・小泉信吉

1. 福澤諭吉［1835-1901］
旧中津藩出身。長崎、大坂で蘭学を学び、安政5年江戸築地鉄砲洲の中津藩邸に蘭学塾を開設、慶応4年その塾を慶應義塾と命名した。小泉信吉は命名以前、単に福澤塾と呼ばれていた頃福澤に入門し、生涯師と仰いだ。信三は、福澤と父の関係について「衷心相信ずる師弟であり、父の幸福は、生れてこの師に遇い得たことであったといえる」（『わが日常』）と述べている。

2. 父・小泉信吉［1849-1894］
旧和歌山藩士の子として生まれ、慶応2年、藩費留学生として江戸に出て築地鉄砲洲の福澤諭吉の塾に入門。イギリス留学を経て、横浜正金銀行、大蔵省などで活躍。明治20年、慶應義塾が大学部（旧制大学の前身）を創設するに際し塾長となる。23年に辞職し、横浜正金銀行支配人現職のまま、27年に急死した。

3. 母・小泉千賀［1863-1946］
旧和歌山藩御殿医林玄泉の長女として誕生。夫信吉との間に二男三女（長男は夭逝）をもうけ、夫の死後は女手一つで育て上げた。烈しい気性の女性で、明治末期には福澤諭吉の長女中村里、阿部泰蔵の妻優子と共に「三田の三賢婦人」の一人に数えられたという。

4. 福澤塾「姓名録」（のちの「慶應義塾入社帳」）
慶応2年11月28日条　慶應義塾図書館蔵
福澤塾への信吉入門の記録。同日紀州から他に8名が入門しており、その中には和田与四郎（義郎、慶應義塾幼稚舎創立者）、小川駒橘（湯川秀樹の祖父）などの名もある。紀州からはこの前後に20名以上が入門しており、紀州塾と呼ばれる塾舎が特別に設けられるなど、福澤と和歌山藩に深い関係があったことがうかがわれる。

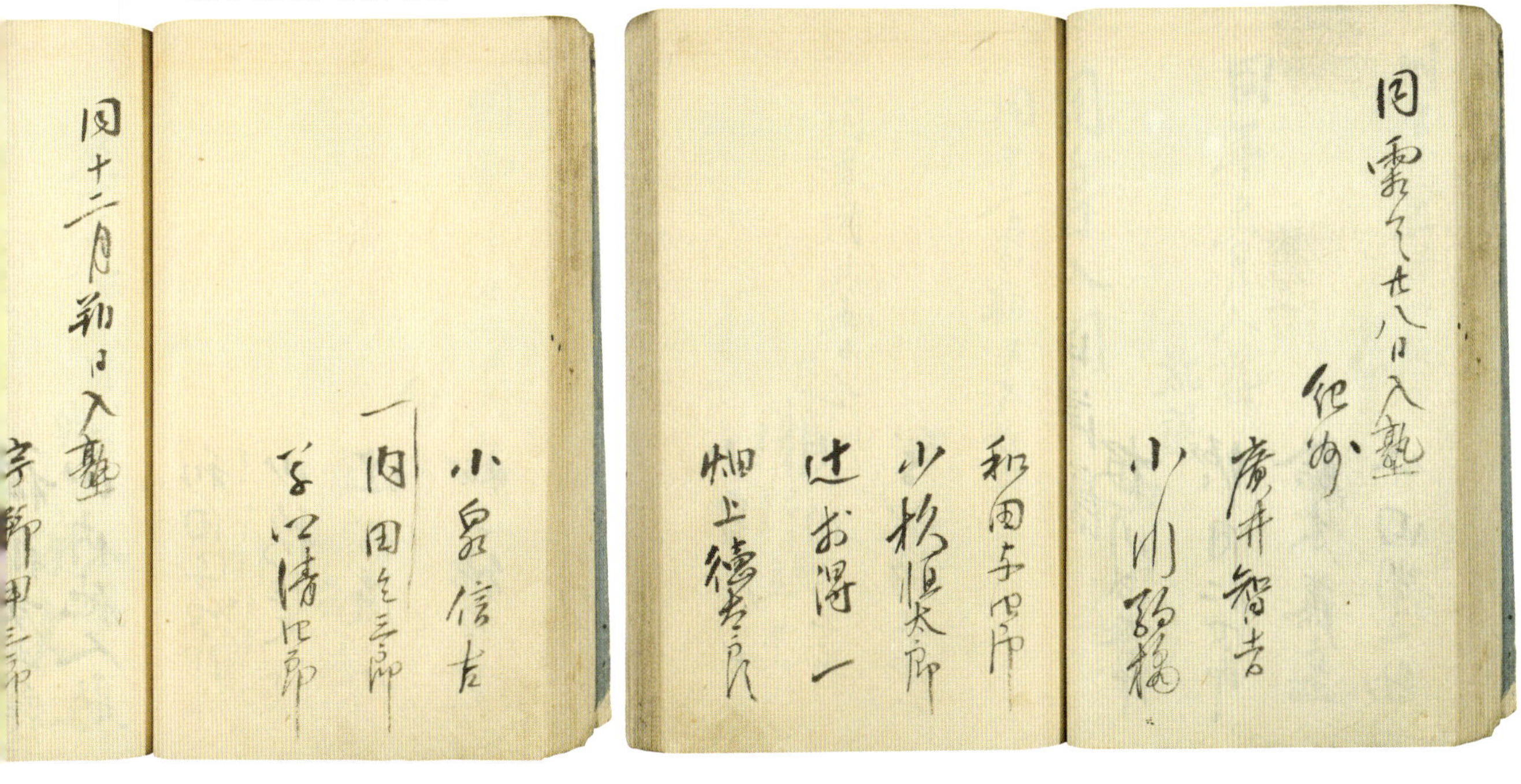

8

5. ロンドンで撮影された小泉信吉写真

明治9年頃

明治7年10月、信吉は中上川彦次郎と共にイギリスに留学し社会制度全般について学んだ。同時期、財政経済調査の目的で渡欧中の井上馨の知遇を得た二人は、井上に英語を指導するなど親しく交流した。明治11年7月に帰国した信吉は、井上の手引きにより大蔵省に出仕した。

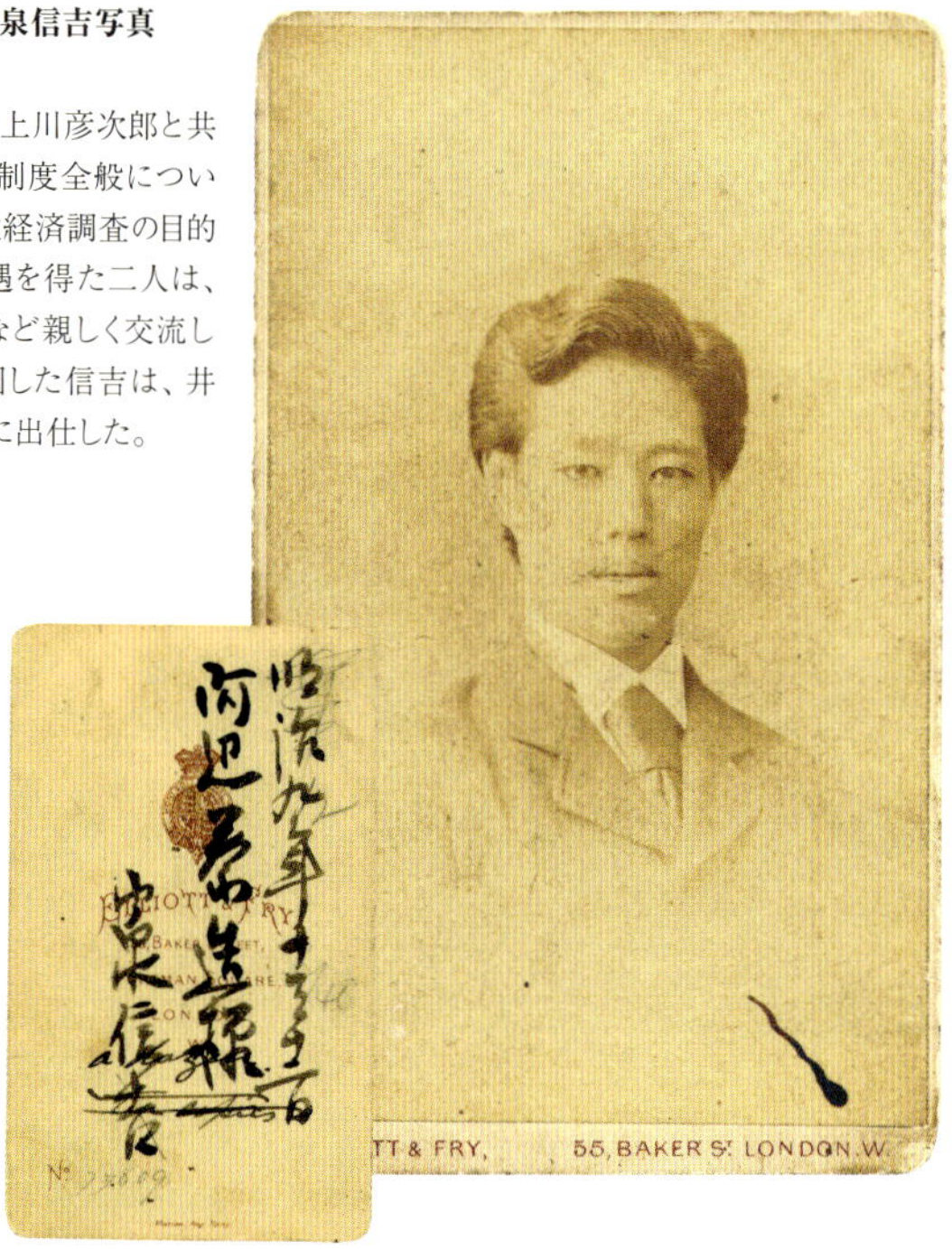

5

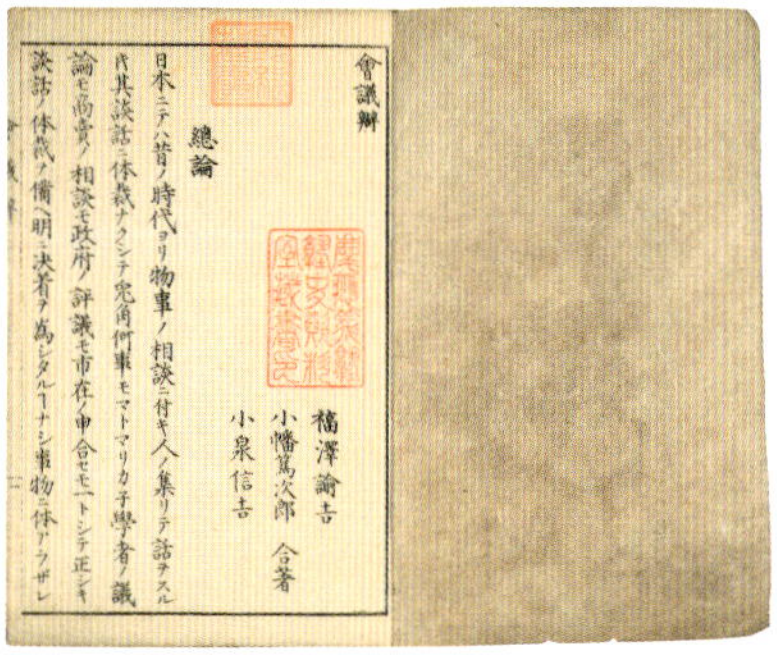

7

7.『会議弁』

明治7年

8. 慶應義塾三田演説館

慶應義塾広報室提供

福澤は「演説」(speech)を日本に紹介したことで知られるが、そのきっかけは明治6年春・夏頃、信吉が英語の演説解説書数種を福澤に示したことであった。それらを抄訳してなった『会議弁』は、福澤と門下生の小幡篤次郎、信吉の連名で出版されている。義塾では、明治7年に三田演説会が発足、翌年には演説のための会堂として演説館を建設した。福澤は晩年、演説館で身近な者に「演説は小泉信吉の発案であるから、このことはくれぐれも憶えておいてもらいたい」と語っていたという。同館は、関東大震災後、構内の稲荷山と呼ばれる一角に移築され、当時の姿のまま現存、重要文化財に指定されている。

6. 中上川彦次郎[1854-1901]

福澤の姉えんの子(福澤の甥)。中津に生まれ、明治2年慶應義塾入塾。明治7年より10年まで信吉と共にイギリス留学。帰国後、井上馨の斡旋により仕官。その後、福澤門下生が官界を追われた明治14年の政変で下野、時事新報社長、山陽鉄道社長を歴任、明治24年には三井に入って経営を任され、三井中興の祖と称される。

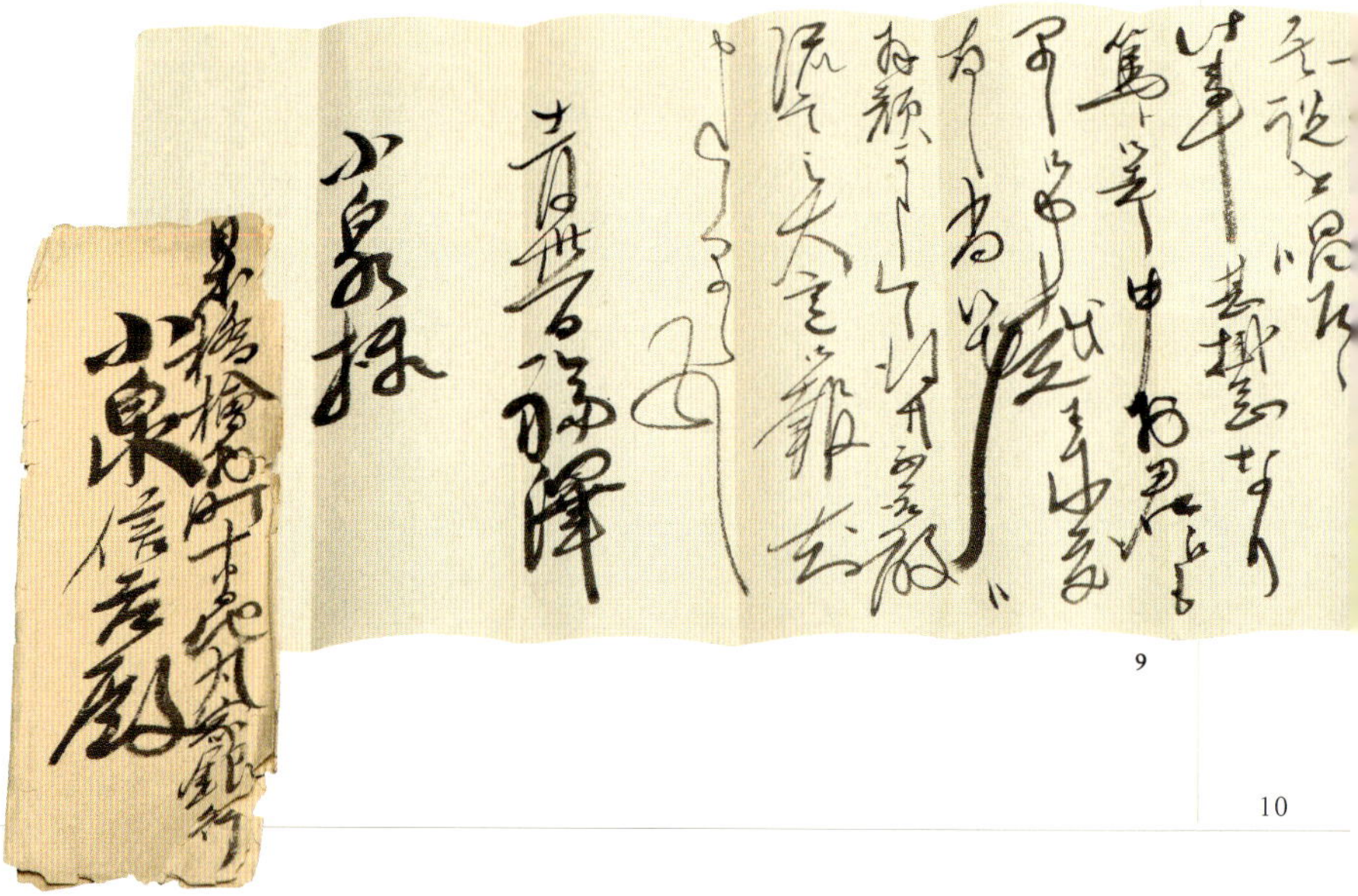

9

9. 小泉信吉宛福澤諭吉書簡

明治12年12月31日付

翌年2月に創設された横浜正金銀行に関する福澤の書簡。同行に関する巷間の流言を伝え、注意を促している。同行設立には福澤と大蔵卿大隈重信が尽力するところ大きく、信吉は福澤の推薦により初代副頭取に就任、その他多くの福澤関係者が幹部となった。

11

10

12

10. 慶應義塾煉瓦講堂
明治20年頃
明治20年8月、現在慶應義塾塾監局が建つ位置に、義塾最初の煉瓦造校舎として第一講堂が竣工した。この校舎の竣工直後の10月、信吉は大学部新設のため、総長(塾長)として義塾に招聘され大蔵省主税官を辞任、12月には就任披露が行われた。

11. 慶應義塾大学部校舎
明治23年頃
明治23年1月に発足した義塾大学部の玄関。旧島原藩邸を転用した校舎に大学部の看板が掲げられている。大学部は米国ハーバード大学などから3人の主任教師を迎え、文学・理財・法律の三科で出発した。

12. 小泉家家族写真
明治22年頃
信吉と信三が一緒に写った唯一の写真。左から母千賀、信三(抱かれている)、父信吉、姉千(後の松本烝治夫人)。

14. 福澤諭吉筆「於信（おのぶ）命名書」

明治27年12月15日　佐々木信雄寄贈

信吉三女、信三の二番目の妹は、信吉没後7日目の明治27年12月15日に誕生した。遺族を世話していた福澤は、亡き父の名から一字を取って「信（のぶ）」と命名し、自筆の命名書を贈った。信は後の佐々木修二郎夫人。

15. 小泉千賀・七三写真入ロケット

年未詳

千賀と信吉長男七三（夭逝）の写真が入ったロケット。信吉の遺品かと思われる。信三の兄七三については生没も不詳であるが、晩年、信三はこの写真を見て「兄さんだ」と家族に語っていた。

16. 日原昌造宛福澤一太郎書簡

明治32年12月13日付

明治31年脳溢血により病床に臥した福澤は回復後、年来の主張を簡潔な綱領としてまとめるよう門下生に勧められ、33年2月「修身要領」を発表した。その編纂を開始する際、福澤が頼りにする日原に宛てて長男一太郎に書かせた書簡に次の一節がある。「或日老父の私に向て云ふやう『斯る評議に提議を乞ふ可き人物は小幡兄弟、日原、小泉を以て第一と為す。小幡甚三郎及び小泉は今や地下の人にして致方もなし。……』」福澤の信吉に対する深い信頼を伝えている。

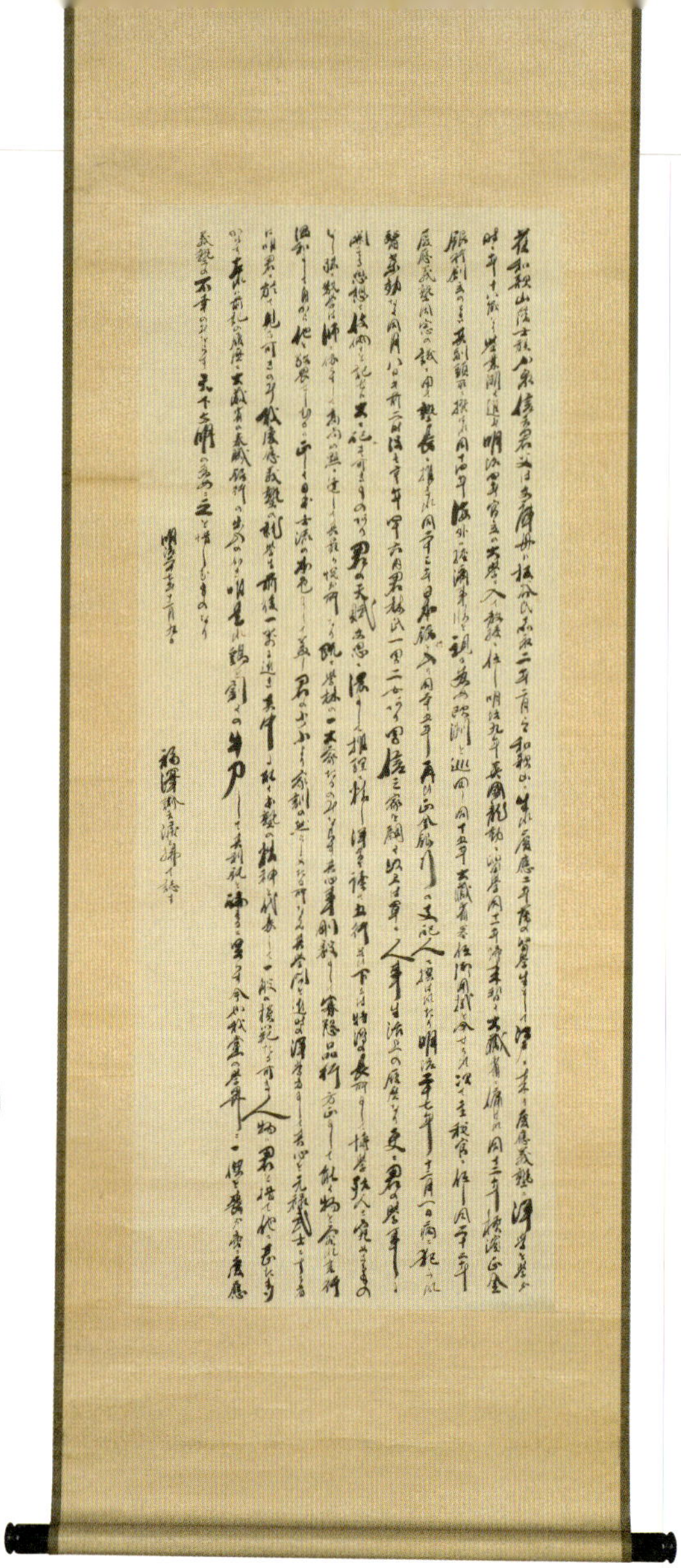

15

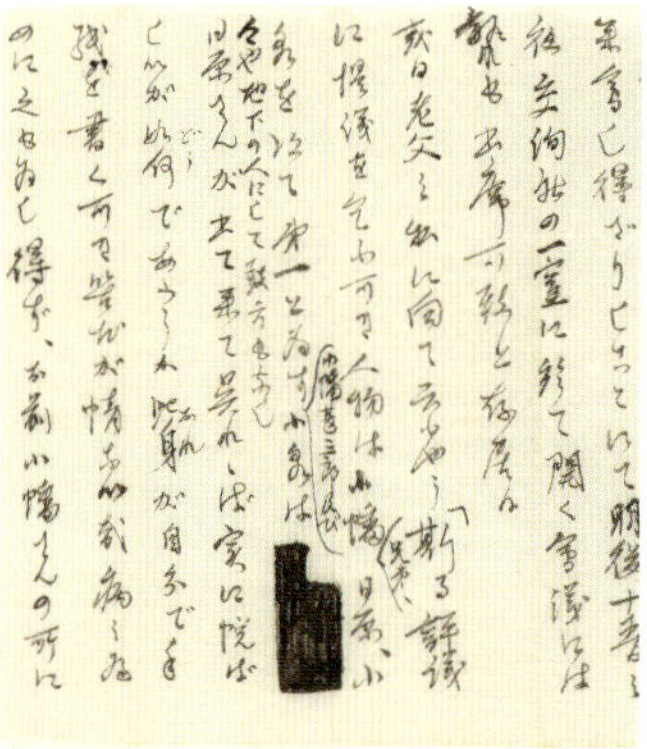

16

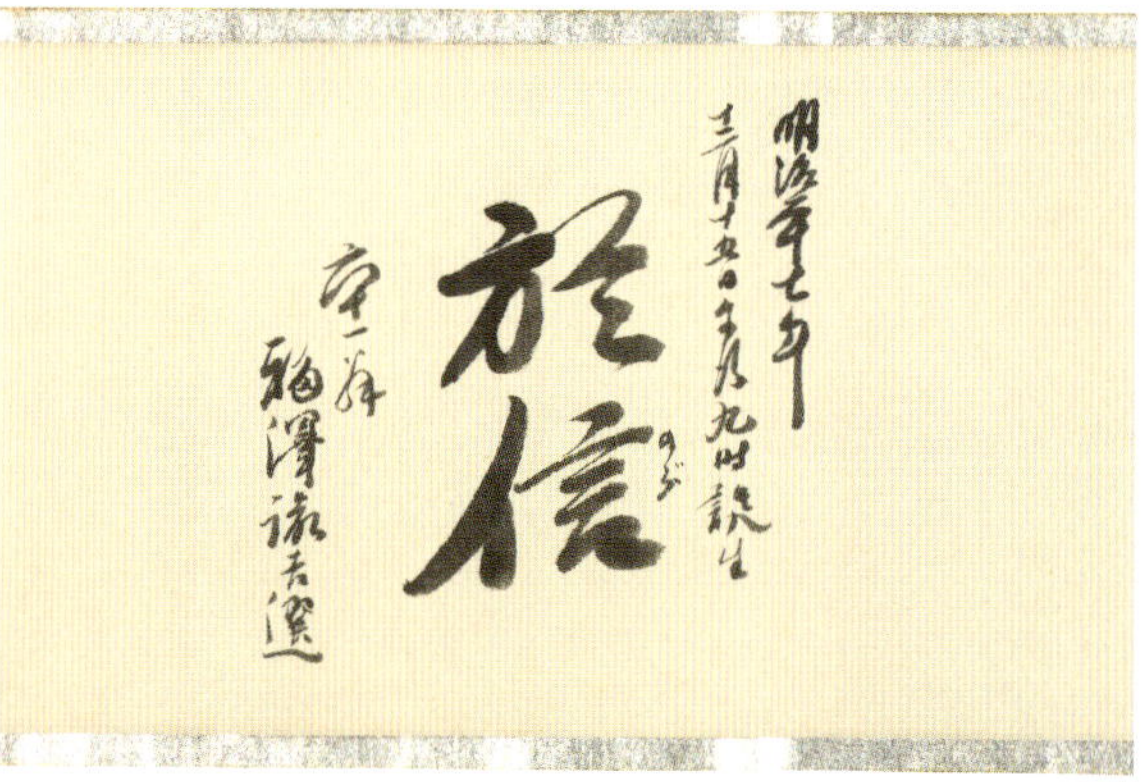

明治廿七年
十二月十五日午后九時誕生
於信《のぶ》
命名
福澤諭吉選

14

13. 福澤諭吉筆「小泉信吉君を弔す」

明治27年12月8日

信吉は、明治27年12月8日、腹膜炎のため45歳で急逝した。福澤は、700字に及ぶ追悼文を絹地にしたため、手紙を添えて遺族に届けた。「君の天賦文思に濃にして推理に精し。洋書を読で五行並び下るは特得の長所にして、博学殆んど究めざるものなし。……既に学林の一大家たるのみならず、其心事剛毅にして寡慾、品行方正にして能く物を容れ、言行温和にして自から他を敬畏せしむるは、正しく日本士流の本色にして、蓋し君の少小より家訓の然らしめたる所ならん。其学問を近時の洋学者にして其心を元禄武士にする者は唯君に於て見る可きのみ」と、福澤は信吉の人物を絶賛している。信三は、戦時中、戦争に負けて物を持っていても仕方がないといっていたが、この書幅だけは慶應義塾の貴重品と共に疎開させた。小泉家では毎年命日、床の間にこの書を掲げ、信吉を偲び福澤の恩に謝したという。

福澤諭吉の記憶

3

1

1. 満1歳頃
明治22年頃
小泉信三は明治21年5月4日(戸籍上は10日)、東京府東京市芝区三田四丁目二十九番地に生まれた。父信吉39歳、母千賀24歳であった。生家は三田慶應義塾の丘の南麓、現在は芝消防署三田出張所となっている。

3. 満7歳頃
明治28年頃
信吉の没後、一家は東京三田に移り住み、横浜本町の横浜小学校に通っていた信三は、御田小学校に転校した。福澤は一家の転居先の隣家で殺人事件が起こったのを機に、小泉一家を福澤邸内に住まわせ、以後10か月余り信三は福澤の身近で生活した。

2. 家族写真
明治25年頃
左から姉千、妹勝(後の横山長次郎夫人)、信三、母千賀。台紙から横浜野毛町での撮影とわかる。この頃、信吉は横浜正金銀行支配人で、一家は桜木町一丁目一番地の広壮な社宅に住んでいた。「門の前は、道路をへだててすぐ海で、石垣に波が打っていた。まだ築港されない以前の横浜港で、目の前に大小の船が煙を吐いていた。」(「わが住居」)

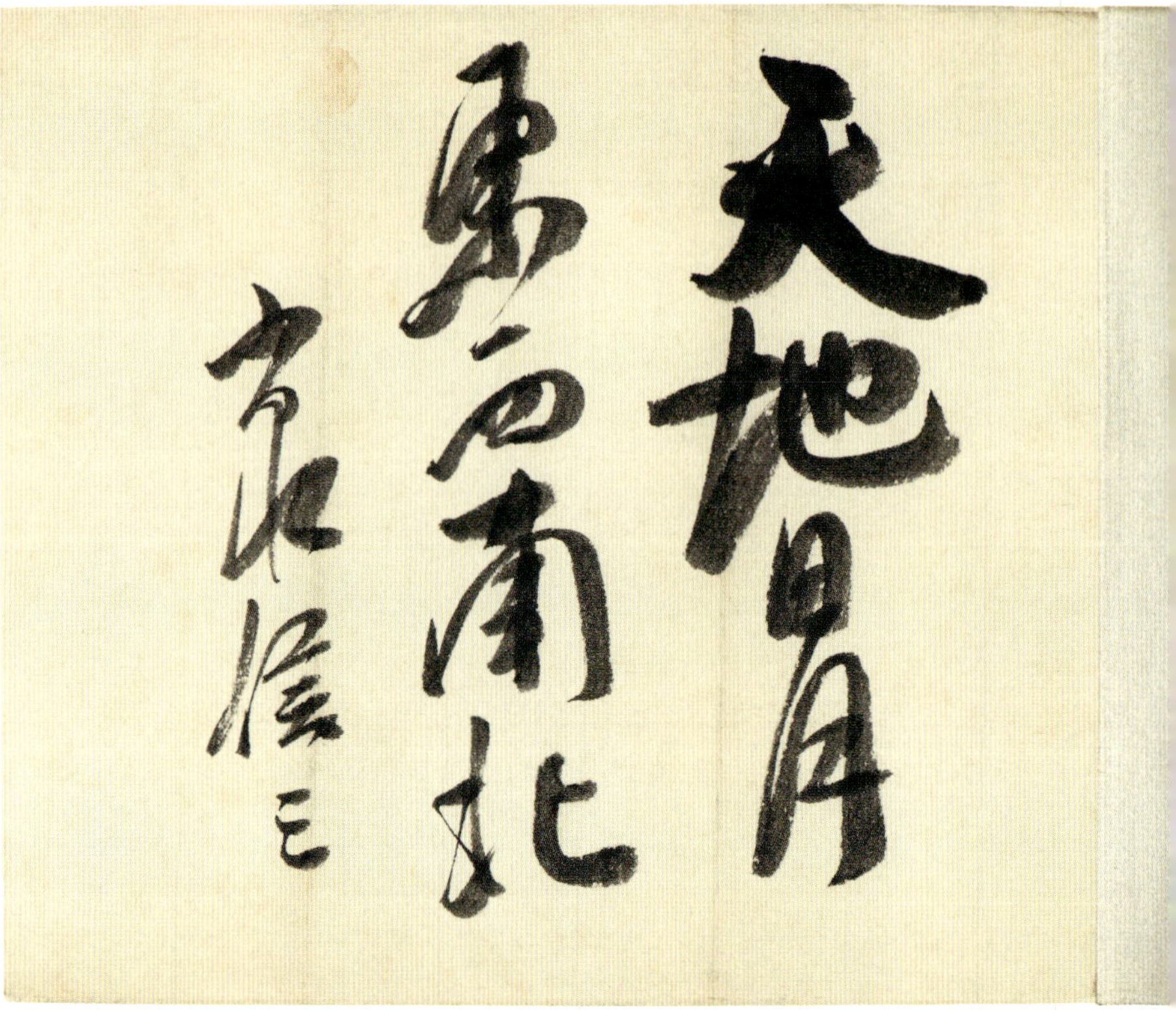

4. 福澤諭吉が信三に与えた習字手本
明治28年　個人蔵
「傍らで退屈している私を見つけて、先生が『さあ、習字のお手本を書いて上げよう』と半紙三四枚に『天地日月東西南北』というような字を書き、矢張り手本の意味でその端に『小泉信三』と書いて与えられたこともあった。それを家へ持ち帰っても大切とも思わなかった。若し、母が大切に保存して置いてくれなかったら其儘失ってしまったであろう。」（アテネ文庫『福澤諭吉』）この手本は昭和6年、慶應義塾図書館監督（館長）となった信三が、福澤諭吉展覧会を催した際、尽力するところの大きかった学生の山本敏夫（後の義塾文学部教授）に贈った。

5. 三田福澤邸
明治後期
小泉一家は、慶應義塾の丘の東南隅を占める福澤邸内の一棟を貸し与えられた。この建物は陸橋のような廊下で本邸とつながっており、信三は、福澤が毎朝井戸の傍の部屋で「ウン、ウン」と声を出しながら日課の米搗きをする姿や、ガーデンと呼ばれた庭で、居合いの練習に励む姿を見たと述べている。

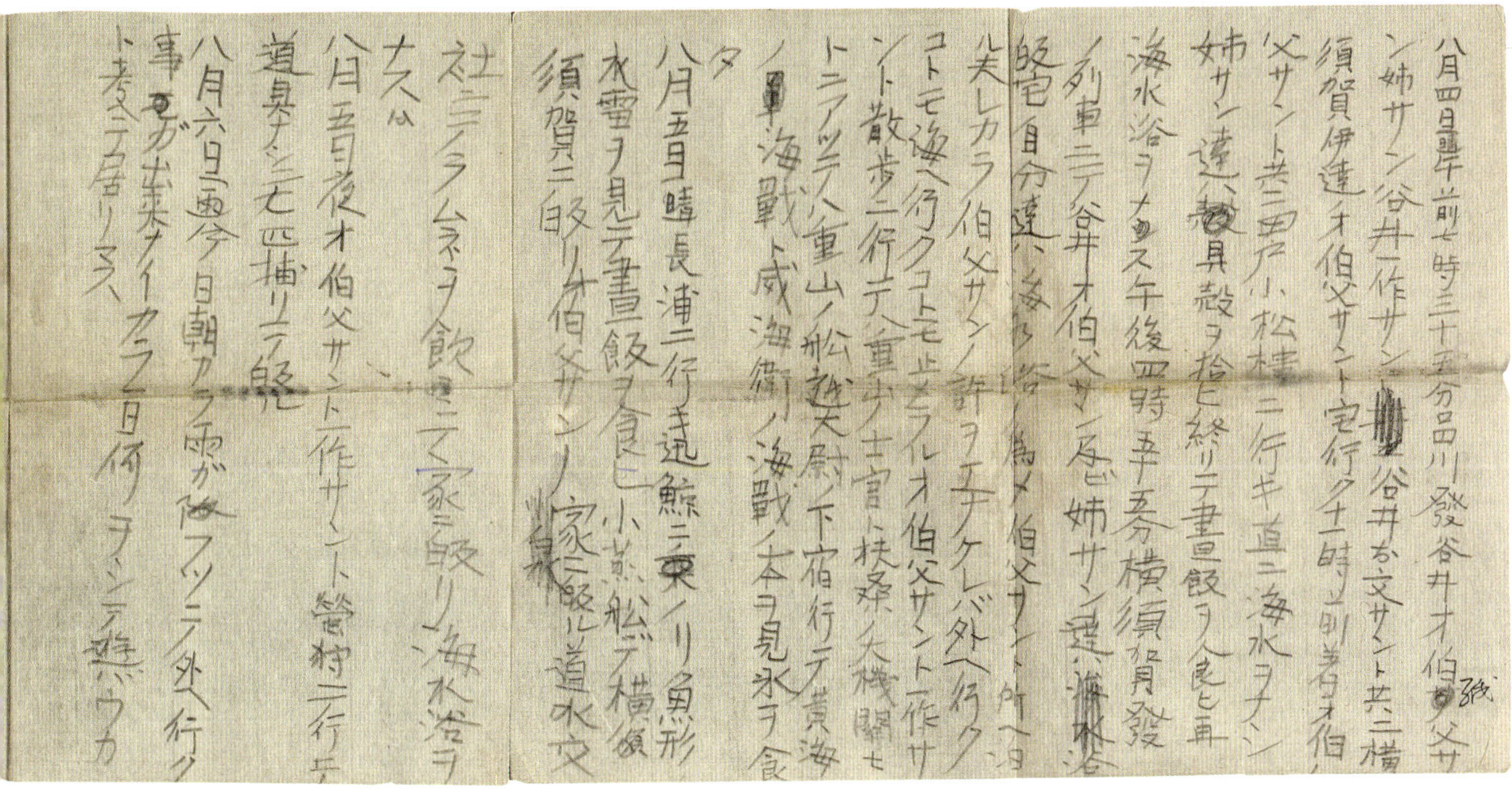

八月四日午前七時三十五分品川發谷井オ伯父サン姉サン谷井一作サン谷井お文サント共ニ横須賀伊達オ伯父サント宅行ク十一時ノ前着オ伯父サント共ニ田戸小松楼ニ行キ直ニ海水ヲナシ姉サン達ハ貝殻ヲ拾ヒ終リテ昼飯ヲ食ヒ再海水浴ヲナス午後四時五十五分横須賀發ノ列車ニテ谷井オ伯父サン姉サン達海水浴終ヒ自分達ハ海水浴ノ為メ伯父サン所ヘ泊ル其レカラ伯父サンノ許ヲエナケレバ外ヘ行クコトモ海ヘ行クコトモ止メラルオ伯父サント一作サント散歩ニ行テ八重山ノ士官ト扶桑ノ機関士トニアッテ八重山ノ船越大尉ノ下宿ヘ行テ黄海ノ海戦ト威海衛ノ海戦ノ本ヲ見氷ヲ食タ

八月五日晴長浦ニ行キ逃鯨ニ乗リ魚形水雷ヲ見テ昼飯ヲ食ヒ小蒸船テ横須賀ニ帰リオ伯父サンノ家ニ帰ル道水交社ニテラムネヲ飲ミ家ニ帰リ海水浴ヲナス

八月五日夜オ伯父サント一作サント菅村ニ行キ道具ナシニ七匹捕リテ終

八月六日雨今日朝カラ雨ガ降ッテ外ヘ行ク事ガ出来ナイカラ一日何ヲシテ遊ハウカト考ヘテ居リマス

6

7

8. 御田小学校時代の写真

明治29年

信三は贅沢を避ける母の意向もあってか慶應義塾幼稚舎ではなく東京市立御田小学校に学んだ。同級生に生涯の友となる阿部章蔵（水上瀧太郎）、海軍中将となった原（坪井）顕三郎、横浜正金銀行頭取園田孝吉の子、農商務省官吏前田正名の子などがおり、一級上には歌人として知られる吉井勇がいた。

8

6. 小学校時代の日記

明治28年頃

谷井一作（後の東京海上火災保険社長）と共に、横須賀にある谷井の伯父の海軍士官伊達只吉宅に滞在した時の日記。信三はこの時初めて水泳を習い、また海軍への憧憬の念を持つようになり、以後たびたび軍艦を見に横須賀を訪れたという。

7. 市立御田小学校校舎

『創立90周年記念誌 月の岬』より

信三が通った御田小学校は「三田の学習院」と呼ばれ、軍人や官吏、実業家の子弟などが多く通う学校であった。華頂宮邸内にあった同校は、明治31年現在地に木造校舎を新築して移転。玄関に掲げられている「御田学校」の扁額は、三条実美の書で、今も校舎内に掲げられている。

9a

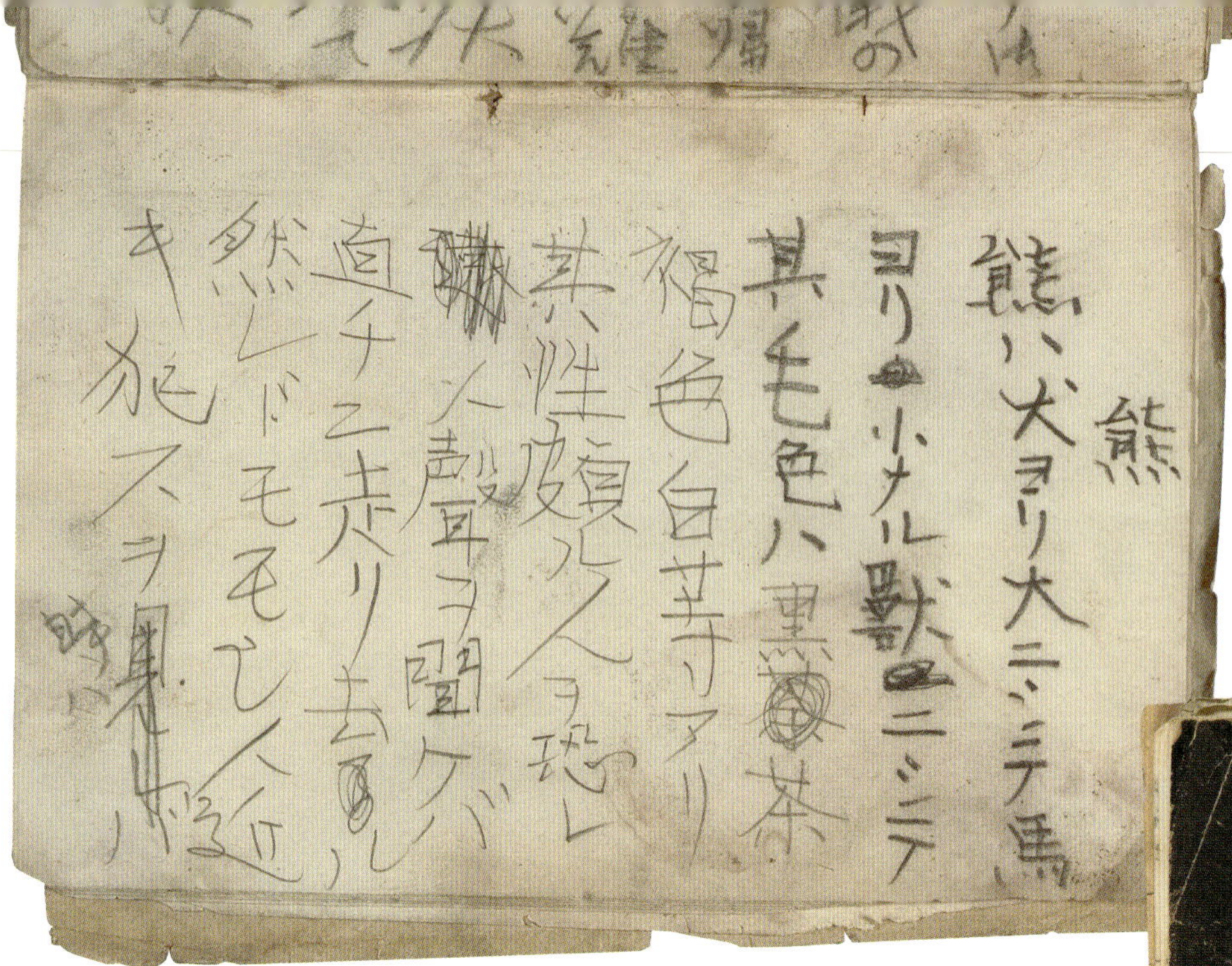

9b

10b

10c

10a

9.　御田小学校時代の雑記帳

明治28年頃

作文、書簡文の練習などが鉛筆で記されており、最末尾には時間割がある。冒頭数ページにわたって御田小学校の沿革が記されている。

10.　最晩年の福澤諭吉[10a]、福澤の葬列[10b]、埋葬直後の墓前[10c]

福澤諭吉は明治34年2月3日脳溢血により死去した。「その時、私は数えて十四の少年でしたが、そういう年頃であったのか、先生に対しては、屋根つづきの家に住んでいたときのような親しみは感ぜず、葬式の日にも、母と姉とは謹んで葬列を見送りに出たのに、私は、風でも引いたのであったか、不機嫌な気分で家にいました。」(『私の履歴書』)

II

よく学びよく遊ぶ

塾生時代

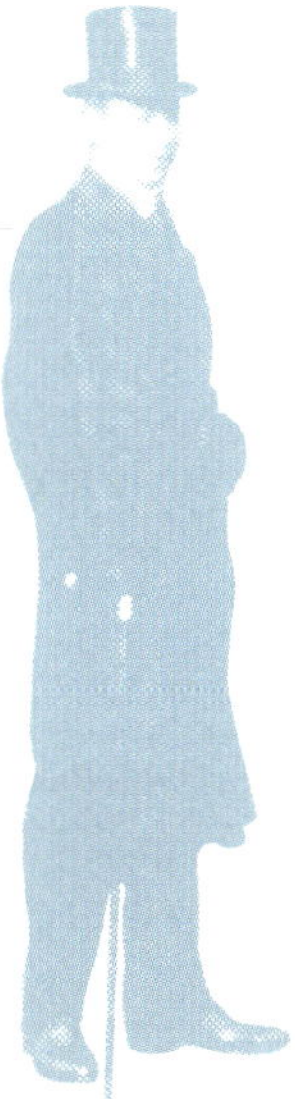

福澤諭吉が没した翌年の明治三十五(一九〇二)年、小泉は御田小学校より慶應義塾の普通部二年に編入した。「この塾の学風が好きで、好い学校へ入ったと思っていた。生徒の気風が自然で、偽善気らしいものがないのが、気持ちよく感ぜられた」(「私の大学生生活」)という。たとえば、「この学校の著しい特色は塾内においては上下尊卑の差別が皆無で、……福澤以外誰れも先生と呼ばれるものがない、誰れも皆――さんである。また世間の学校で見るように上級生が下級生に幅を利かすということが全くない」のであった(『読書論』)。

普通部時代の小泉はテニスに没頭した。当時、勢力の中心は東京高等師範学校と東京高等商業学校であった。しかし、三十七年秋、慶應義塾の庭球部は高商戦で勝利を収め、高師、高商、慶應、早稲田の四強時代へと移るのである。この時、普通部生でありながら全塾の大将として活躍したのが小泉であった。「運動家としての出世は速い方であった。その代り練習は譬えようもなく猛烈なものであった」(「テニスと私」)と記している。

しかし、大学部に進むと次第に興味はテニスから学問へ傾斜する。中でも、東京高商から慶應義塾に来たばかりの福田徳三の講義に魅了され「吾々は先生の好学心にひきつけられ、殊に私自身は学問というものに対する情熱を、この講義によって始めてかき立てられたように思」った。まさに、「お前の二十の年はどういう年だった、ときかれたら、運動家が勉強家になった年だといえる」(「私の二十の頃」)のであった。この福田は、大正二年に出た小泉最初の単行本『ジェヴンス経済学純理』に「小泉信三君は慶應義塾が近年に於て産出したる麒麟児の一人なり」と序文を寄せた人である。

大学部を卒業すると、そのまま理財科(今日の経済学部)の教員になった。理財科主任堀江帰一からは、「学者になるのは相撲取りになるようなものだ。すべては実力で決まる。そのつもりでやり給え」(「私の青春」)と激励された。また、この頃の小泉は、小学校時代からの友人阿部章蔵(作家水上瀧太郎)と親交を深めると共に、彼の感化で文学・演劇にも熱中した。永井荷風を招いて『三田文学』が創刊された頃であったので、文学熱はより高まった。

大正元(一九一二)年から五年にかけて、義塾の派遣により、英国、ドイツ等に留学した。留学中、経済学者としては、様々な講義を聴き、多くの書物を読み、更に、当時のいわゆる労働不安などの社会情勢と社会主義運動について、観察と考察を深めた。他方で、演劇、テニス等も実に熱心に楽しんだが、特に演劇は、社会問題への洞察を深める上でも意義あるものであった。

テニス一筋

1

2

3

1. 庭球部に入部して間もない頃

明治35年頃

明治35年慶應義塾普通部2年に編入した小泉は、前年義塾体育会に加入したばかりの庭球部(当時は軟式)に入り、以後7年間プレーした。この頃はいつもラケットを持ち歩いていたという。

2. 現存する青年時代の住居

慶應義塾三田キャンパスの丘の南側に現存する小泉の旧居(中央木造家屋)。明治28年から結婚して鎌倉に新居を構える大正5年までを過ごした。福澤家出入りの棟梁であった金杉大五郎の築。実用本位の住宅で、全て福澤の差配で建てられたものであったという。向かって左隣は生家跡、右側は当時福澤家の所有地で元塾長浜野定四郎が住み、のち福澤の女婿志立鉄次郎が住んだ。

3. 三田綱町の義塾寄宿生たちと

明治35年頃　幼稚舎玄関前

小泉は前列右端。義塾のテニスコートから崖を下ってすぐのところに住んでいたため「日が暮れて最後にネットを片付けるのが私であり、冬の朝、霜除けの蓆を巻いてどけるのが私だということになった。」(「わが住居」)

4. 三田山上コートでの早慶戦

明治39年　『慶應庭球三十年』より

明治36年、三田綱町に義塾のグラウンドが開設されると、体育会各部は活動の場を移したが、庭球部は42年まで三田山上のコンクリートコートで活動した。

5. 庭球部正選手時代の写真

明治40年頃

小泉は中列右から3人目。他校を指導した際の写真であろうか。普通部3年で義塾の正選手として対外試合に出場するようになり、4年になって慶應の大将として新聞などにも戦績が報じられるようになった。選手時代は、球を打つとき目を丸くすることから「タドン」の渾名をつけられたという。

6. 小泉の活躍を報じる新聞記事

『時事新報』明治37年10月30日付

「明治三十七年は官学に対する私学スポオツの進出によって記憶されるべき年」(「私共の時代」)と小泉が記すように、この年、慶應庭球部は、不動の覇者東京高等商業を破り、早稲田も高等師範学校を破った。小泉は剛球をもって知られるスターとなり、テニスの第1回早慶戦を報じる新聞記事においても「小泉の後衛は間然する処なく熱球の飛ぶこと銃丸よりも強く」「水も洩さぬ障立」と評されている。

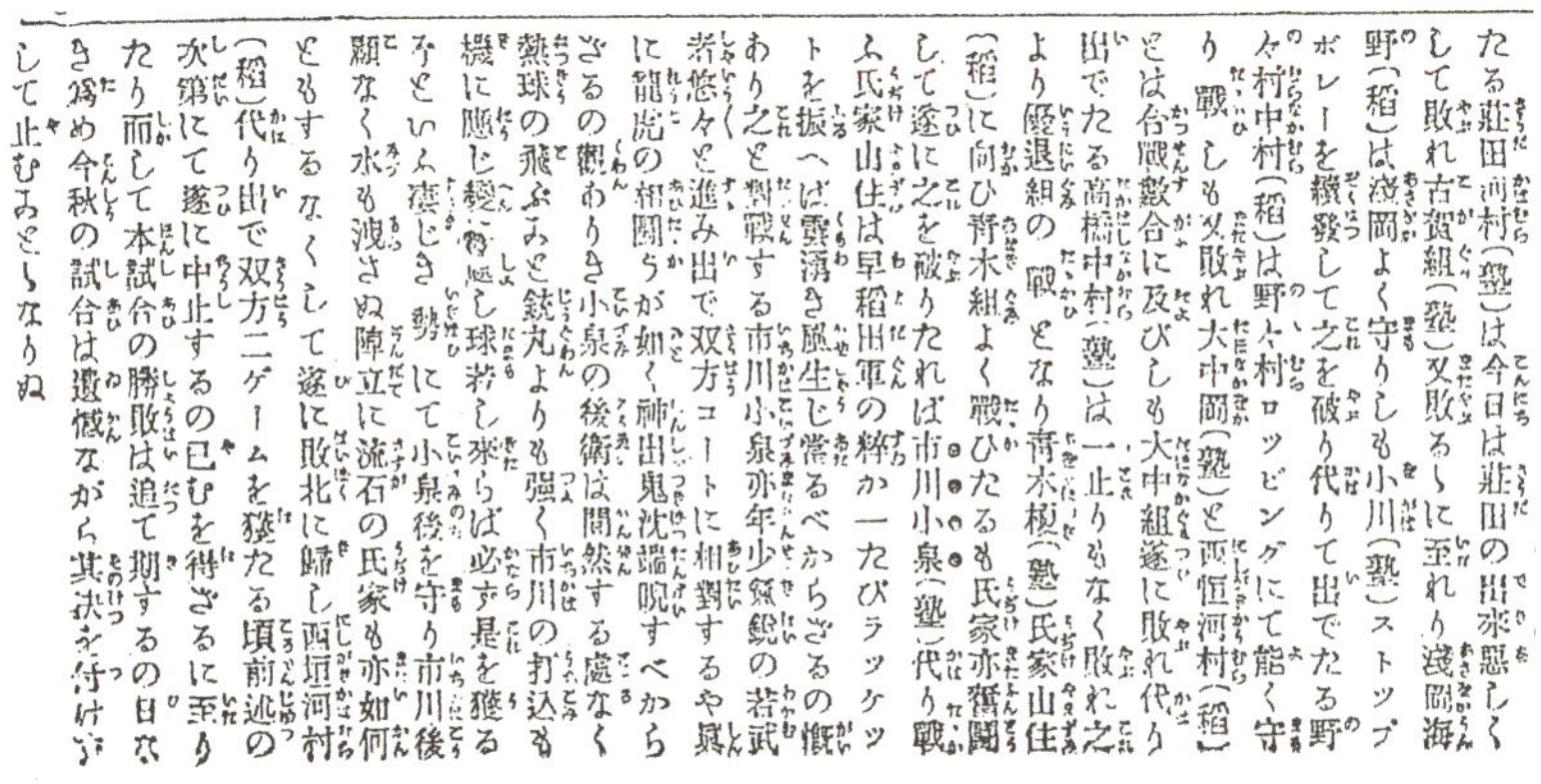

たる荘田河村(塾)は今日は荘田の出來惡しくして敗れ古賀組(塾)又敗るゝに至れり淺岡海野(稲)は淺岡よく守りしも小川(塾)ストップボレーを續發して之を破り代りて出でたる野々村中村(稲)は野々村ロッビングにて能く守り戰しも又敗れ大中岡(塾)と西恒河村(稲)とは台戰數合に及びしも大中組遂に敗れ代り出でたる高橋中村(塾)は一止りもなく敗れ之より優退組の戰となり青木板(塾)氏家山住(稲)に向ひ青木組よく戰ひたるも氏家亦奮闘して遂に之を破りたれば市川小泉(塾)代り戰ふ氏家山住は早稲田軍の粋か一たびラッケットを振へば霹靂き風生じ當るべからざるの概あり之と對戰する市川小泉亦年少氣鋭の若武者悠々と進み出で双方コートに相對するや與に龍虎の相闘ふが如く神出鬼沈端睨すべからざるの觀ありき小泉の後衛は間然する處なく熱球の飛ぶこと銃丸よりも強く市川の打込も機に應じ變に處し球若し來らば必ず是を獲ずといふ凄じき勢にて小泉後を守り市川後顧なく水も洩さぬ障立に流石の氏家も亦如何ともするなくして遂に敗北に歸し西垣河村(稲)代り出で双方二ゲームを獲たる頃前述の次第にて遂に中止するの已むを得ざるに至りたり而して本試合の勝敗は追て期するの日なき爲め今秋の試合は遺憾ながら其決を付けずして止むることゝなりぬ

「運動家から勉強家に」

1. 慶應義塾大学部政治科卒業生の記念写真
明治43年　稲荷山にて
前列左から2人目より田中萃一郎、林毅陸、堀江帰一、福田徳三、田中一貞。林の後ろに小泉。政治科の同期は17名で、卒業式では全卒業生178名の総代として答辞を述べた。

2. 大学部卒業の頃
明治43年
普通部を卒業した小泉は、大学部予科へと進学した。海軍熱は冷め、慶應の空気が体に合い、また義塾のテニス選手として活躍することが自分の「義務」であるように覚えたと回想している。やがて学問に興味を抱いた小泉のテニスに対する熱は、急速に冷めて行った。

3. 福田徳三［1874-1930］
日本における経済史、経済理論の先駆的研究を行った経済学者。明治38年から大正7年まで義塾の教壇に立った。小泉は大学部予科から本科に進む際、先輩の薦めにより福田の講義を主な目的として政治科を選択した。福田の魅力について小泉は「博士の学問に対する熱情に感染した」と表現している。「私は在塾中実に多くの良師を得たと思っているが、私に学問に対する興味を喚起し、学校教師になりたいという志を起こさしめたものは、第一は福田博士であった。」（『大学と私』）

4. 堀江帰一［1876-1927］
小泉在学中は、貨幣・銀行論、財政学を専門とし、傍ら『時事新報』の社説を執筆。その能力は生前の福澤も高く買っており、「堀江のような奴が出るので、教育はやめられない」と語っていたと伝わる。小泉は堀江の講義を「福田博士のとは全く違った意味で」楽しんだと述べている。「博士の特に得意とするところは、政策上の主張の明快であること、最近の経済事情に精通していたこと、その学生に授ける智識が直ちに実用上の価値を持つことであった。」（『大学と私』）小泉が義塾に職を得るのは堀江の周旋によるところが大きかった。

5. 田中萃一郎［1873-1923］
東洋史を専門とする歴史学者。小泉は欧州列国政治史とドイツ語を学んだ。「博士は笑談一つ言わず、講義は早口で、味もソッケもない。だから普通の意味ではこの講義は、少しも面白いとは言えないものであった。にも拘わらず、吾々学生は、先生の人物に信頼し、学識に信頼しておとなしく聴いていた。」（『大学と私』）小泉は、後に自らが近世社会思想史を講じるに当たって、田中の講義に学ぶところが大きかったという。

6a

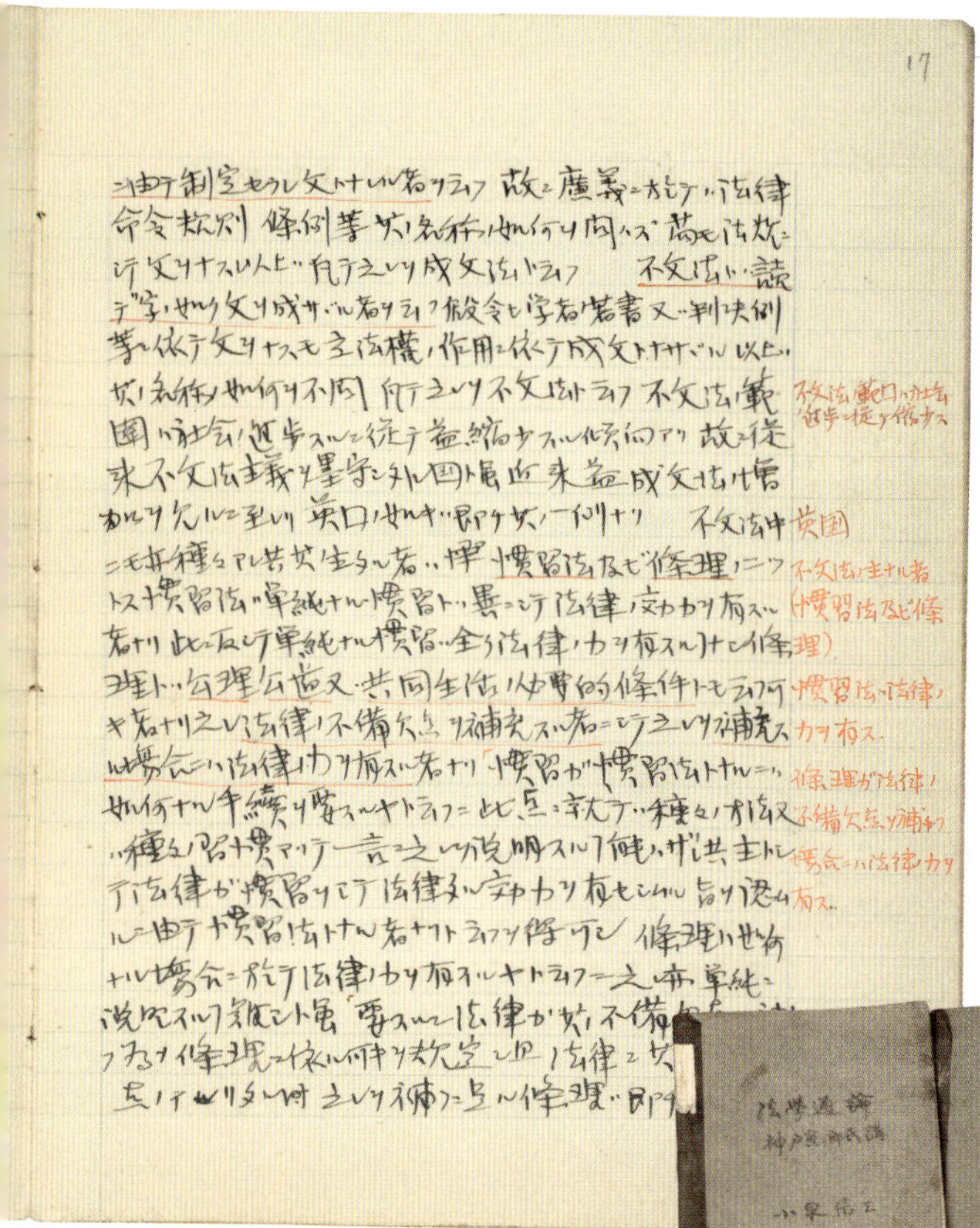

6b

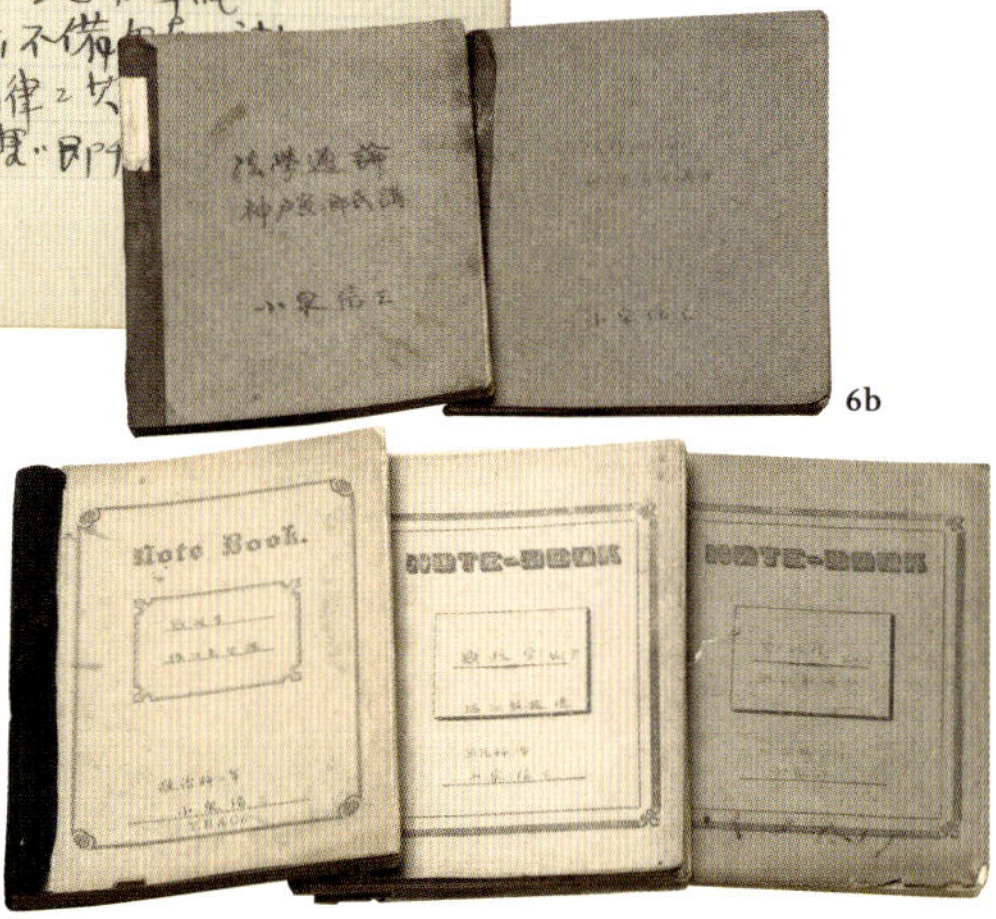

6. 聴講ノート

明治38-43年

小泉の聴講ノートはいずれも横書きで、ペン書き・鉛筆書きが混在する。福田、堀江、田中一貞、神戸寅次郎、マクラレンのものなど16冊が現存する。写真は神戸の「法学通論」。

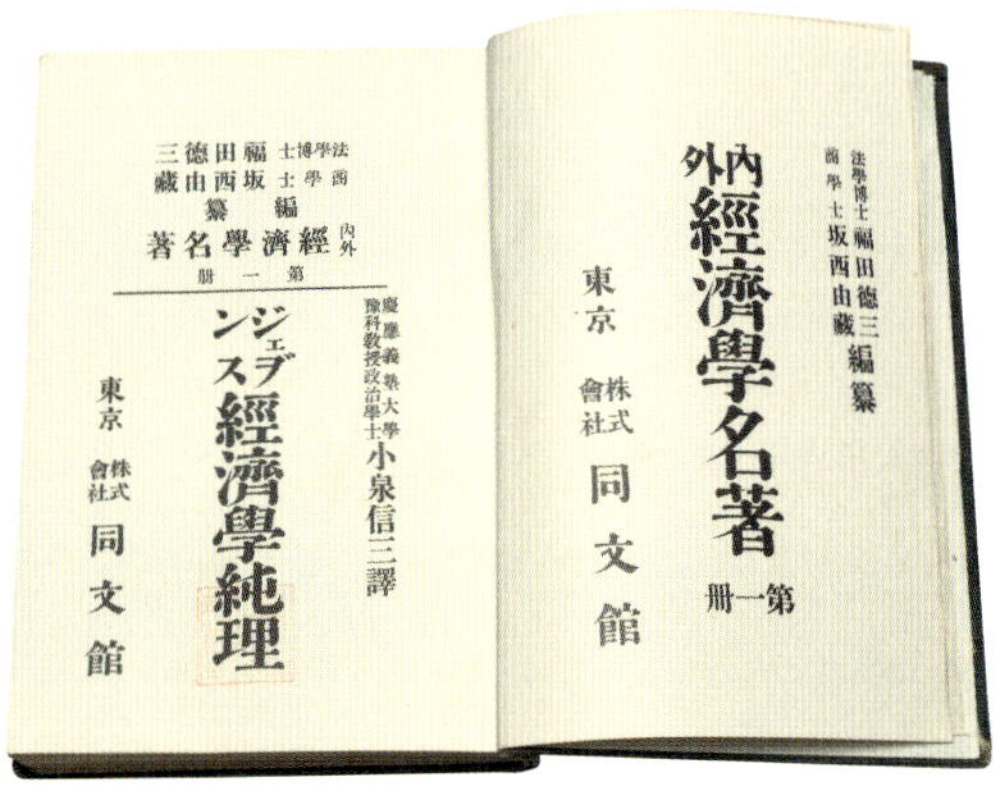

7. 最初の単行本『ジェヴンス経済学純理』

大正2年4月刊

小泉の処女出版はJevonsの『The Theory of Political Economy』(第2版)の飜訳で、明治45年7月頃脱稿。小泉留学中の大正2年『内外経済学名著第一冊』として同文館より刊行された。福田徳三は序文で「小泉信三君は慶應義塾が近年に於て産出したる麒麟児の一人なり」と絶賛し、小泉の名は一躍学界に喧伝された。

8a

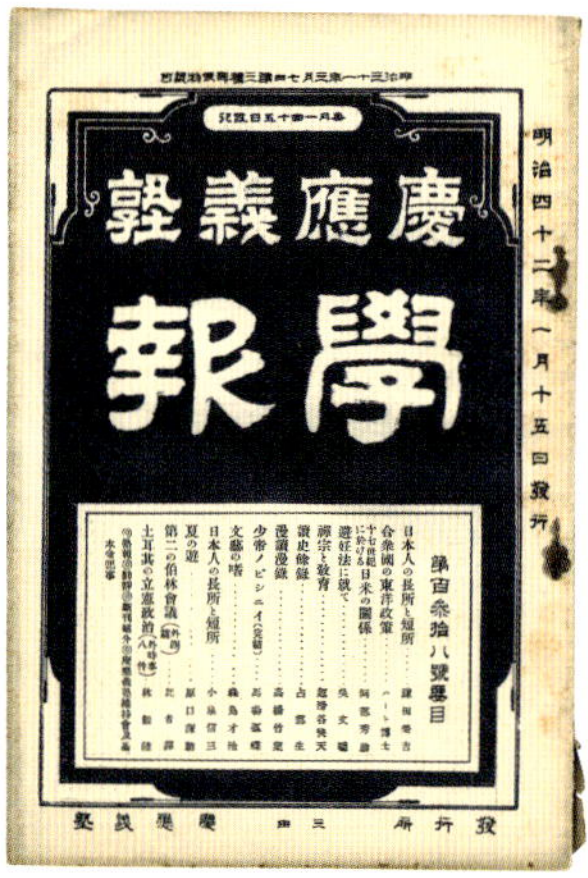

8. 活字となった最初の論文「日本人の長所と短所」

『慶應義塾学報』明治42年1月号

明治41年11月に実施された三田文学会主催復活第1回試文で小泉は、甲部乙賞を受賞、授賞式後披露会で朗読、全文が慶應義塾の機関誌『慶應義塾学報』(現在の『三田評論』)に掲載された。この時普通部5年の久保田万太郎は「夏の遊」で乙部四等に入っている。この懸賞文基金は小泉信吉記念寄附金等によって設置された。

8b

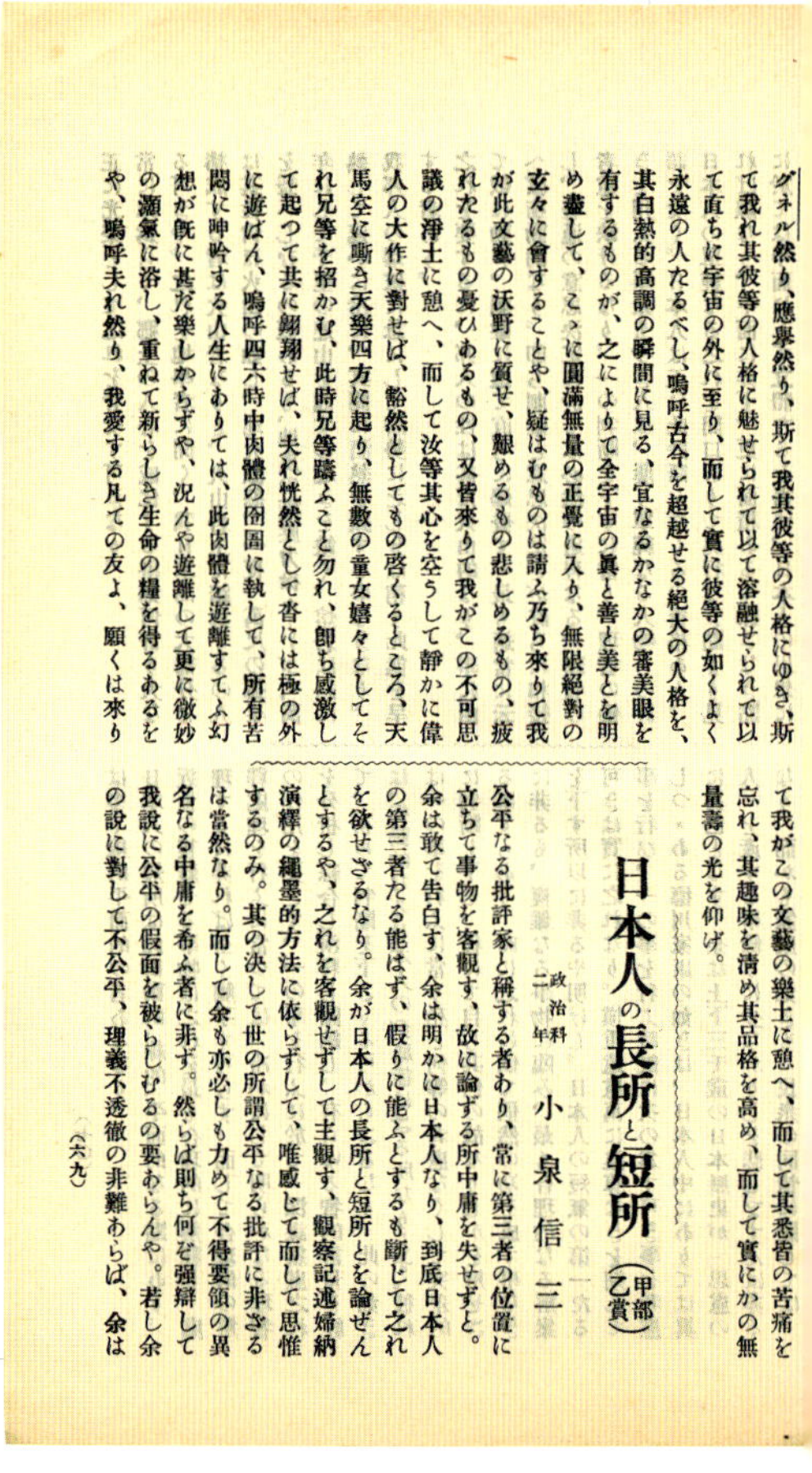

グネル然り、應界然り、斯て我其彼等の人格にゆき、斯て我れ其彼等の人格に魅せられて以て溶融せられて以て直ちに宇宙の外に至り、而して實に彼等の如くよく永遠の人たるべし、嗚呼古今を超越せる絶大の人格を、其白熱的高調の瞬間に見る、宜なるかなかの審美眼を有するものが、之によりて全宇宙の眞と善と美とを明め盡して、こゝに圓滿無量の正覺に入り、無限絶對の玄々に會することや、疑はむものは請ふ乃ち來りて我が此文藝の沃野に質せ、艱めるもの悲しめるもの、疲れたるもの憂ひあるもの、又皆來りて我がこの不可思議の淨土に憩へ、而して汝等其心を空うして靜かに偉人の大作に對せば、豁然としてもの啓くるところ、天馬空に嘶き天樂四方に起り、無數の童女嬉々としてそれ兄等を招かむ、此時兄等躊ふこと勿れ、即ち感激して起つて共に翺翔せば、夫れ恍然として杳には極の外に遊ばん、嗚呼四六時中肉體の囹圄に執して、所有苦悶に呻吟する人生にありては、此肉體を遊離すてふ幻想が既に甚だ樂しからずや、況んや遊離して更に微妙の灝氣に浴し、重ねて新らしき生命の糧を得るあるをや、嗚呼夫れ然り、我愛する凡ての友よ、願くは來りて我がこの文藝の樂土に憩へ、而して其悉皆の苦痛を忘れ、其趣味を清め其品格を高め、而して實にかの無量壽の光を仰げ。

日本人の長所と短所（甲部乙賞）

政治科二年　小泉信三

公平なる批評家と稱する者あり、常に第三者の位置に立ちて事物を客觀す、故に論ずる所中庸を失せずと。余は敢て告白す、余は明かに日本人なり、到底日本人の第三者たる能はず、假りに能ふとするも斷じて之れを欲せざるなり。余が日本人の長所と短所とを論ぜんとするや、之れを客觀せずして主觀す、觀察記述歸納演繹の繩墨的方法に依らずして、唯感じて而して思惟するのみ。其の決して世の所謂公平なる批評に非ざるは當然なり。而して余も亦必しも力めて不得要領の異名なる中庸を希ふ者に非ず。然らば則ち何ぞ强辯して我説に公平の假面を被らしむるの要あらんや。若し余の説に對して不公平、理義不透徹の非難あらば、余は

（六九）

ヨーロッパ留学

1a

1. **留学中の写真**

明治45年5月、小泉は経済学及び社会問題研究のため、イギリス・ドイツ留学を命じられた。ロンドン、次いでベルリンに学ぶが、第一次世界大戦勃発により、再びロンドンに戻り、さらにパリ滞在を経て、大正5年3月に帰国した。

1b

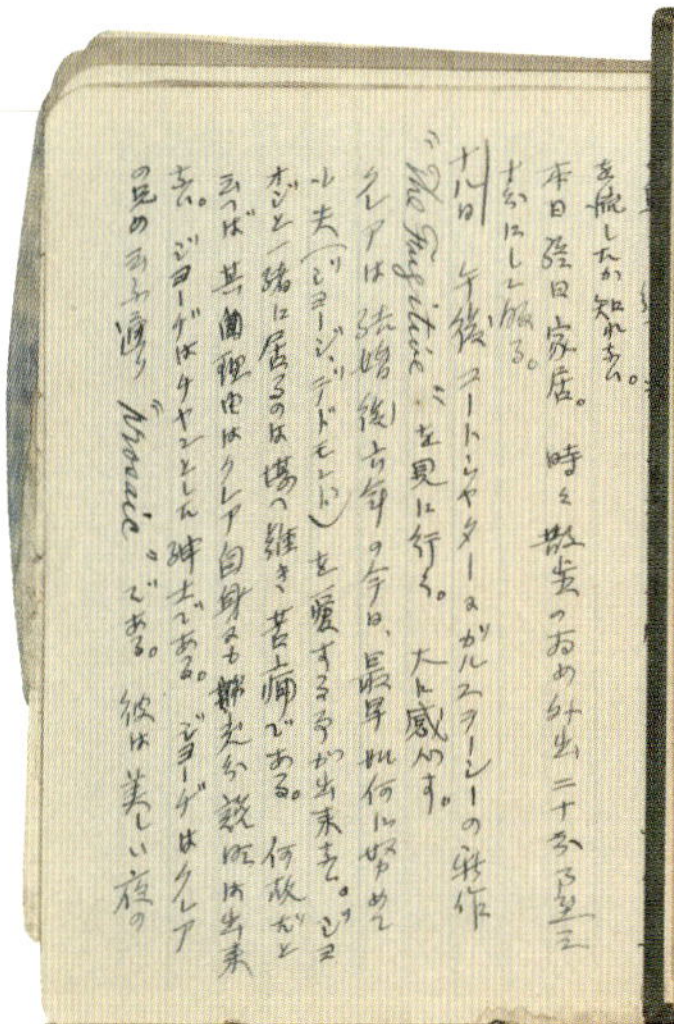

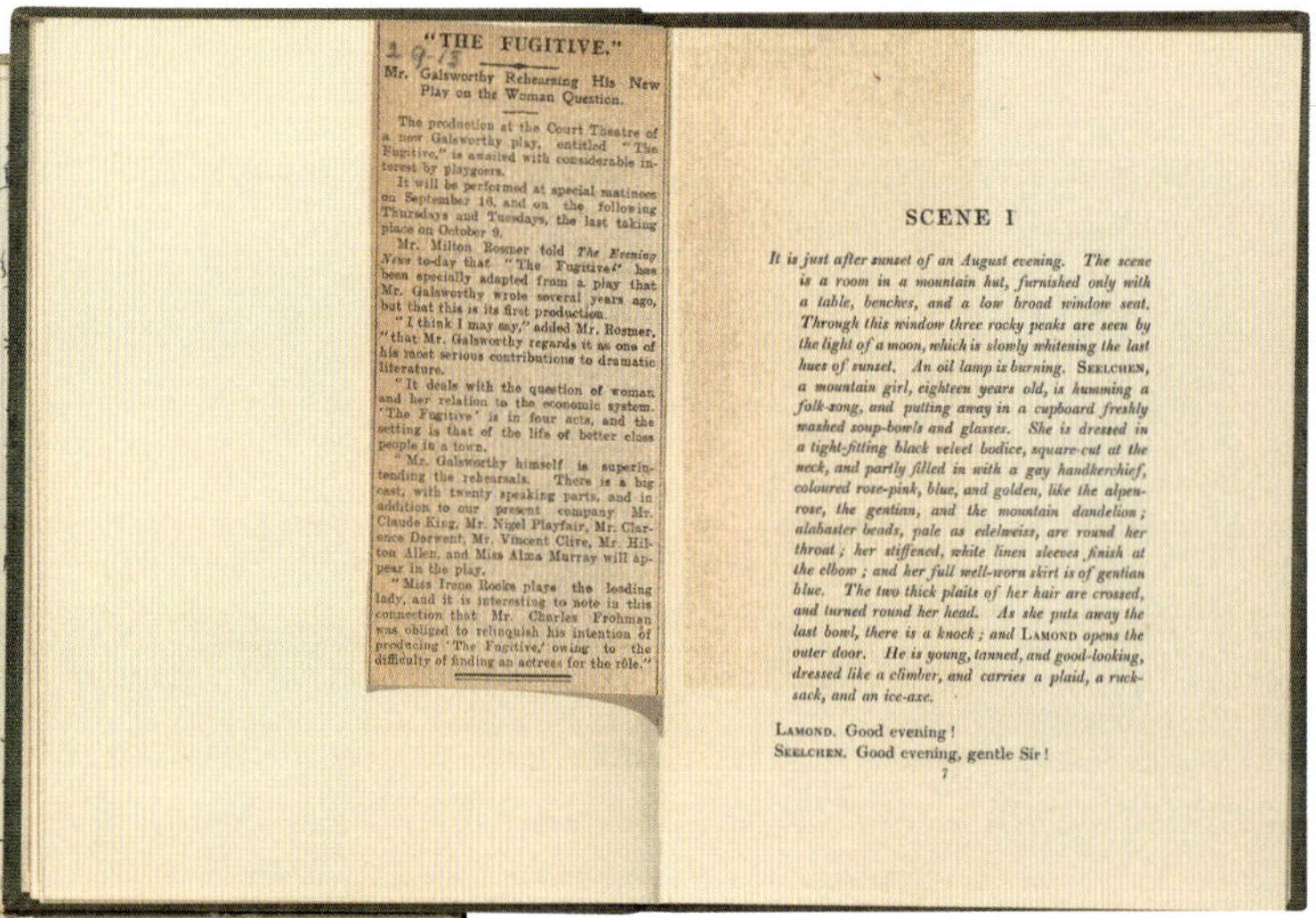

"THE FUGITIVE."

Mr. Galsworthy Rehearsing His New Play on the Woman Question.

The production at the Court Theatre of a new Galsworthy play, entitled "The Fugitive," is awaited with considerable interest by playgoers.

It will be performed at special matinees on September 16, and on the following Thursdays and Tuesdays, the last taking place on October 9.

Mr. Milton Rosmer told *The Evening News* to-day that "'The Fugitive' has been specially adapted from a play that Mr. Galsworthy wrote several years ago, but that this is its first production.

"I think I may say," added Mr. Rosmer, "that Mr. Galsworthy regards it as one of his most serious contributions to dramatic literature.

"It deals with the question of woman and her relation to the economic system. 'The Fugitive' is in four acts, and the setting is that of the life of better class people in a town.

"Mr. Galsworthy himself is superintending the rehearsals. There is a big cast, with twenty speaking parts, and in addition to our present company Mr. Claude King, Mr. Nigel Playfair, Mr. Clarence Derwent, Mr. Vincent Clive, Mr. Hilton Allen, and Miss Alma Murray will appear in the play.

"Miss Irene Rooke plays the leading lady, and it is interesting to note in this connection that Mr. Charles Frohman was obliged to relinquish his intention of producing 'The Fugitive,' owing to the difficulty of finding an actress for the rôle."

SCENE I

It is just after sunset of an August evening. The scene is a room in a mountain hut, furnished only with a table, benches, and a low broad window seat. Through this window three rocky peaks are seen by the light of a moon, which is slowly whitening the last hues of sunset. An oil lamp is burning. SEELCHEN, *a mountain girl, eighteen years old, is humming a folk-song, and putting away in a cupboard freshly washed soup-bowls and glasses. She is dressed in a tight-fitting black velvet bodice, square-cut at the neck, and partly filled in with a gay handkerchief, coloured rose-pink, blue, and golden, like the alpenrose, the gentian, and the mountain dandelion; alabaster beads, pale as edelweiss, are round her throat; her stiffened, white linen sleeves finish at the elbow; and her full well-worn skirt is of gentian blue. The two thick plaits of her hair are crossed, and turned round her head. As she puts away the last bowl, there is a knock; and* LAMOND *opens the outer door. He is young, tanned, and good-looking, dressed like a climber, and carries a plaid, a rucksack, and an ice-axe.*

LAMOND. Good evening!

SEELCHEN. Good evening, gentle Sir!

7

2

2. 戯曲『The Little Dream』に挟み込まれた劇評

山内慶太蔵

小泉が持ち帰った本の一冊John Galsworthy『The Little Dream』には、同じ作者の演劇『The Fugitive』のリハーサルを報じた新聞記事が挟まれている。日記の1913(大正2)年9月18日条には、「午後コートシアターにガルスヲーシーの新作"The Fugitive"を見に行く。大いに感心す」とあり、長文の劇評を記している。留学中の小泉は、各地での演劇鑑賞にも熱を入れた。

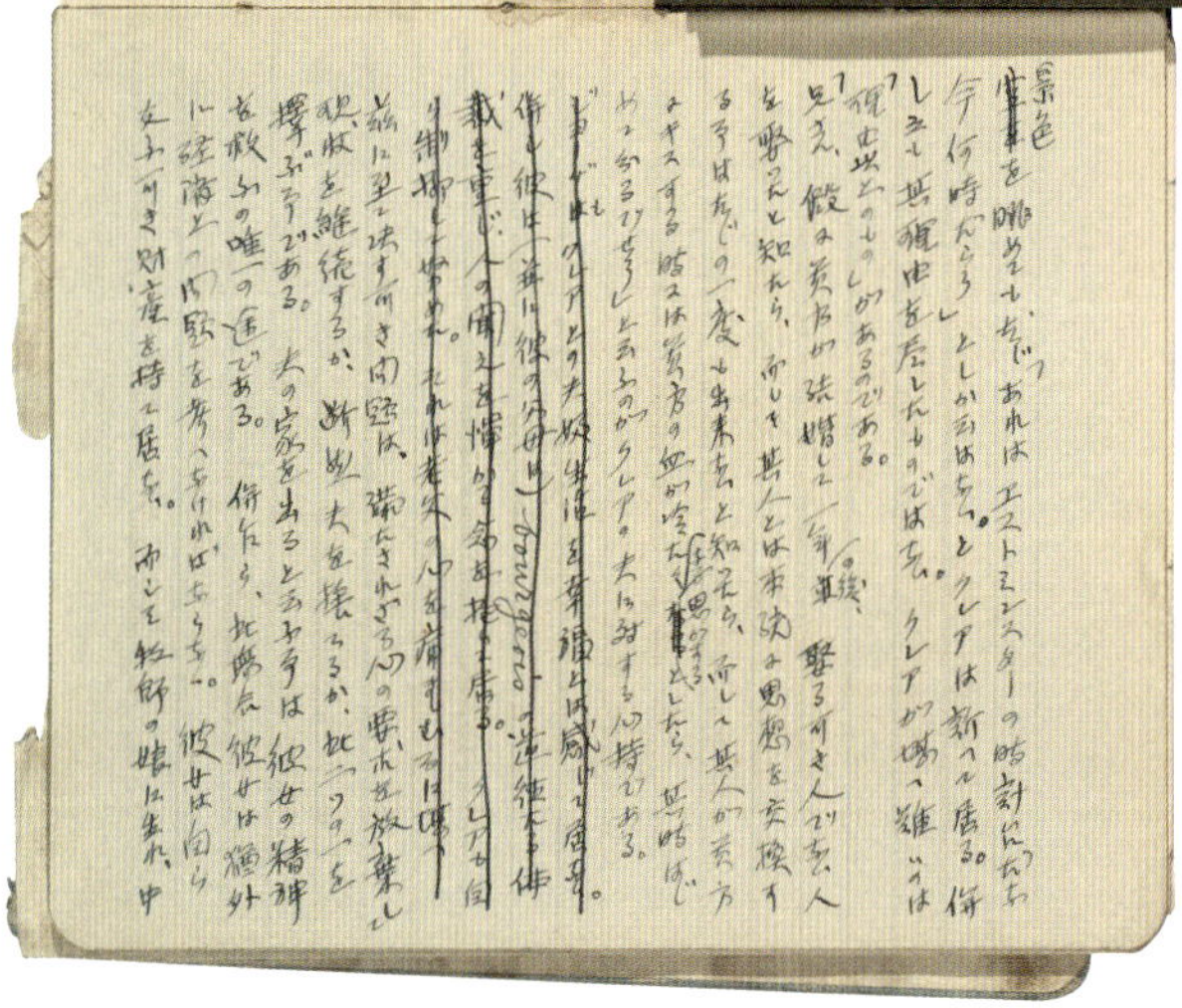

3. 留学中の日記

大正2年10月28日条

留学中を含む明治44年から大正3年までの日記6冊が現存する。学問に打ち込みつつ、演劇や友人との交遊にも花を咲かせた様子が生き生きと綴られている。ロンドン大学経済科(LSE)の聴講生だった小泉はこの日、シドニー・ウェッブの社会主義講義の初回に出席。「何となく嬉しくてそはそはするのは可笑しい」と記し、続いてバーナード・ショーの演説の様子を書き留めている。

4. バーナード・ショー、シドニー・ウェッブ、ビアトリス・ウェッブ

Michael Holroyd『Bernard Show』、

『ウェッブ夫妻の生涯と時代』より

イギリスではバーナード・ショー[4a]やウェッブ夫妻[4b-c]のほか、ケインズなども受講した。ベルリンではシュモラー、ワグナー、オッペンハイマー、ゾンバルト、パリではシャルル・ジイド、シャルル・リスト、デシャンなどの講義を聴いている。

4a

4b

4c

3

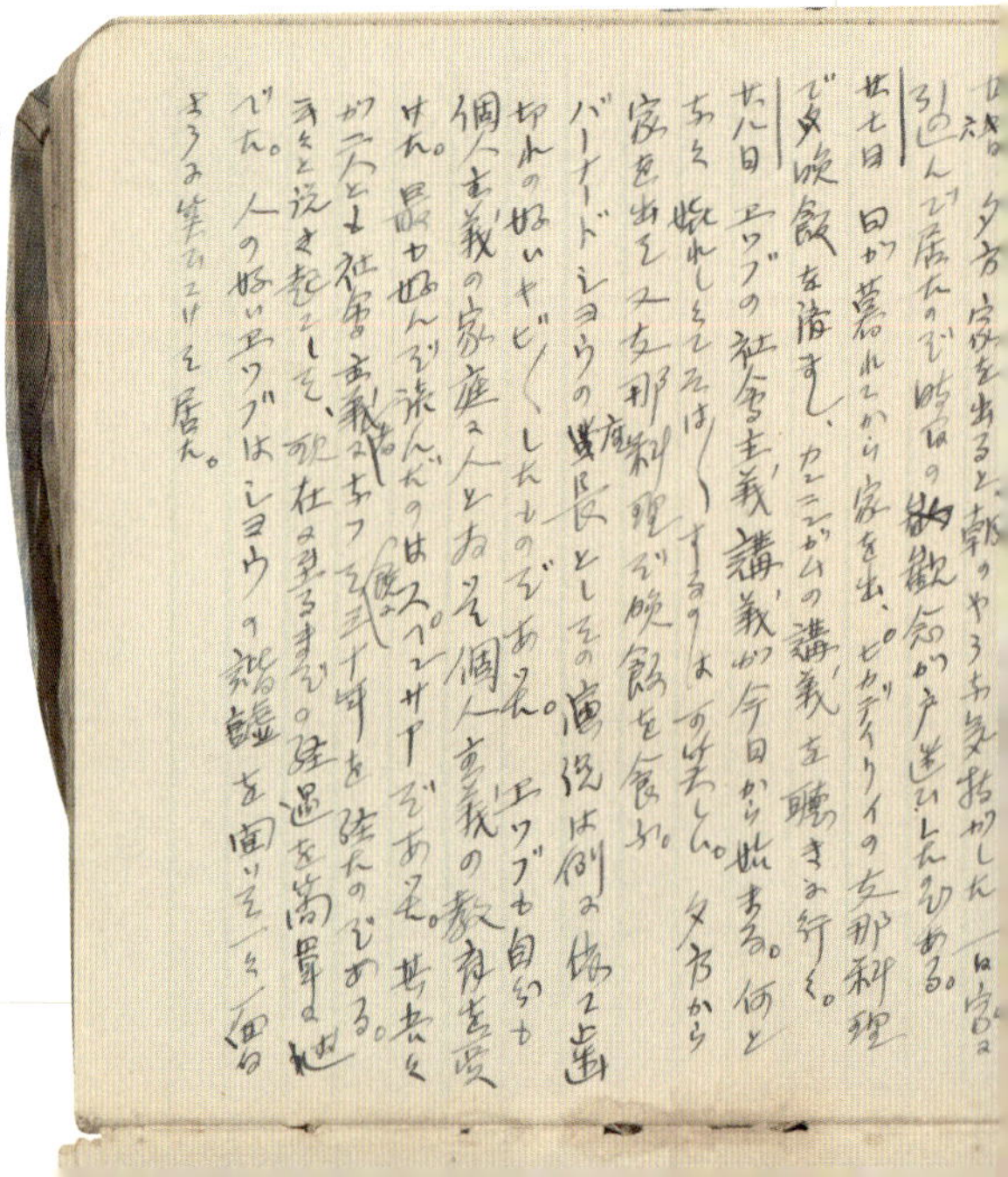

5. 阿部章蔵、澤木四方吉らと

大正4年　ロンドンにて

左より阿部、澤木、小泉、松下末三郎。義塾から派遣された留学生として同時期に三邊金蔵、小林澄兄（いずれも後の慶應義塾大学教授）も欧州におり、しばしば往来した。

6.『留学生小泉信三の手紙』（平成6年）
『青年小泉信三の日記』（平成13年）

留学中の日記と、27ページ以下に紹介する留学中の多数の絵葉書は、小泉没後信三長女秋山加代、二女小泉妙により刊行された。

6a

6b

7

7. ロンドンでの巽孝之丞一家

巽孝之氏提供

何かと小泉らの世話を焼いたのは、父信吉の紹介で横浜正金銀行に入社し当時ロンドン支店長であった巽孝之丞であった。小泉は巽について「東洋流の肝気と義侠心と、英国流の紳士の教養とを併せて身に備えたような人であった」（『大学と私』）といい、生涯深く尊敬した。

8. 阿部章蔵(筆名＝水上瀧太郎)［1887-1940］
9. 水上瀧太郎「英京雑記」自筆原稿
大正10年1月　慶應義塾図書館蔵

小泉とは御田小学校以来の親交で、生涯の友。義塾在学中は野球と泉鏡花に熱中したため、小泉より2年遅れて義塾大学部理財科卒。その間に『三田文学』に小説を発表しはじめ、三田派の新進作家として名をなす。大正3-5年欧米に留学、帰国後父阿部泰蔵の創立した明治生命に勤めつつ文筆活動を行う。大正10年から発表した「英京雑記」(のち『倫敦の宿』に収録)には、ロンドン留学中の阿部・澤木・小泉の3人での下宿時代も描かれており、小泉は「経済学史専攻の和泉」として登場する。阿部が昭和15年に没すると、小泉は中心となって全集編纂を手がけた。

8

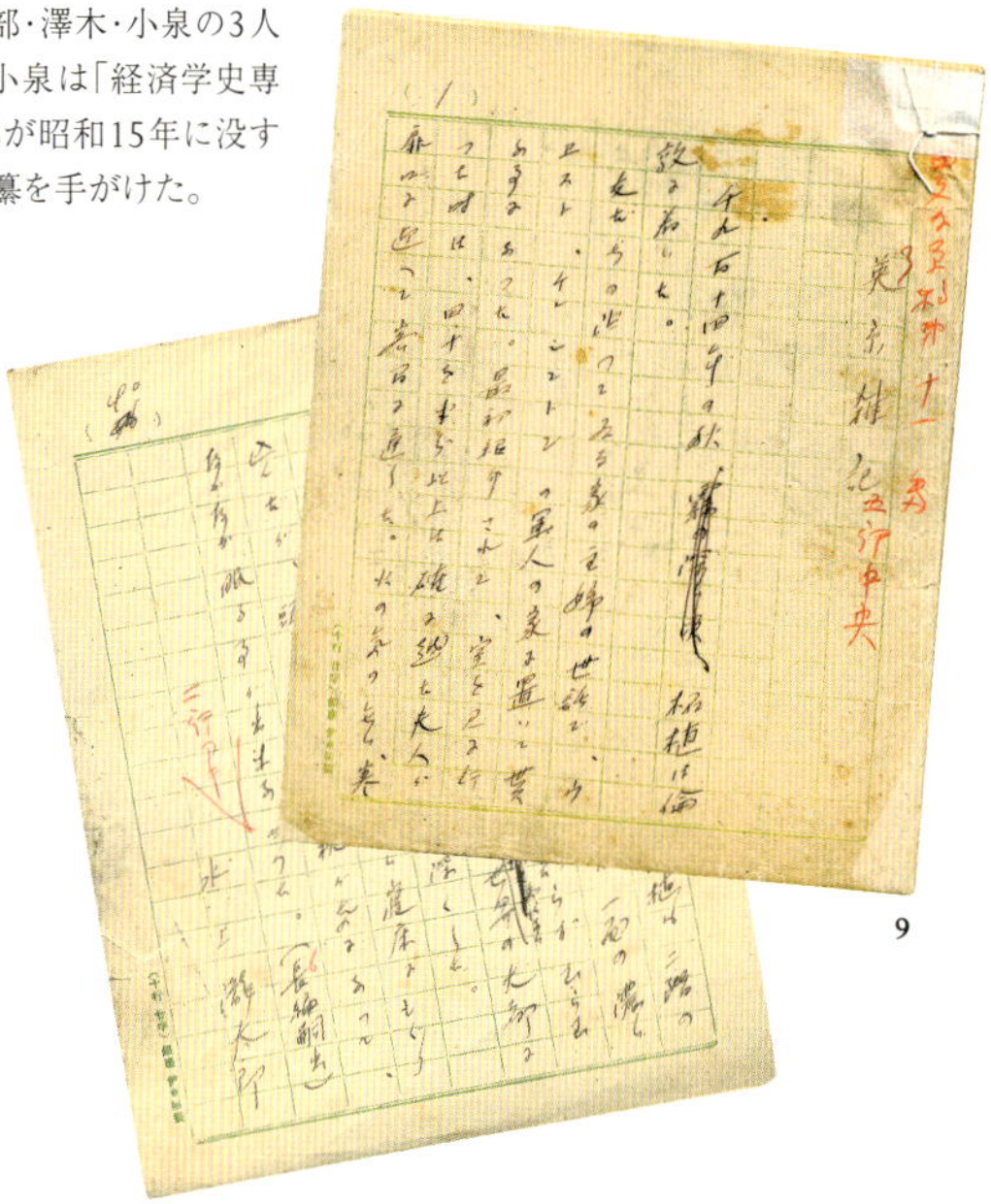

9

10

10. 山本鼎筆 澤木四方吉［1886-1930］肖像
昭和11年　慶應義塾図書館蔵
11. 澤木四方吉『美術の都』
大正6年(文庫化平成10年)

明治42年慶應義塾大学部文学科卒。美学・美術史を専攻し大正元年から4年に欧州留学。伊・仏の美術をたどりながら記した紀行文は『美術の都』にまとめられた。小泉はかねて懇意であった澤木と、留学中も親しく交流した。「明日彼れはパリに帰り、私はナポリに行くという前の夜、二人で様子もわからぬローマのキャバレーのようなところを渡り歩き、柄になく二人でシャムパンなどを飲んでシャベリ続け、夜が明けかけて灯火の光りの薄れた街上で、それぞれ呼んだ辻馬車に乗って、右と左に別れたその晩のことなどを、私はほとんど半世紀後の今日、想い出しています。」(『私の履歴書』)澤木は、昭和5年肺結核で早世。遺稿集『西洋美術史研究』上下巻は、小泉と阿部章蔵が一切を取り仕切って上梓された。

11

COLUMN

留学先からの絵葉書

小泉は終生筆まめであった。文字によって表現することを一種の趣味にしたといってよい。留学中親族との間に交わされたおびただしい数の書信は、戦時中の空襲でほとんど失われたが、姉千の嫁いだ松本烝治宅は幸い焼けず、封書十六通、絵葉書六十四通が残された。信頼寄せる姉やその夫と義母、甥・姪それぞれに心を配る若き日の小泉の姿が異国での日々を伝える文面によくにじみ出ている。

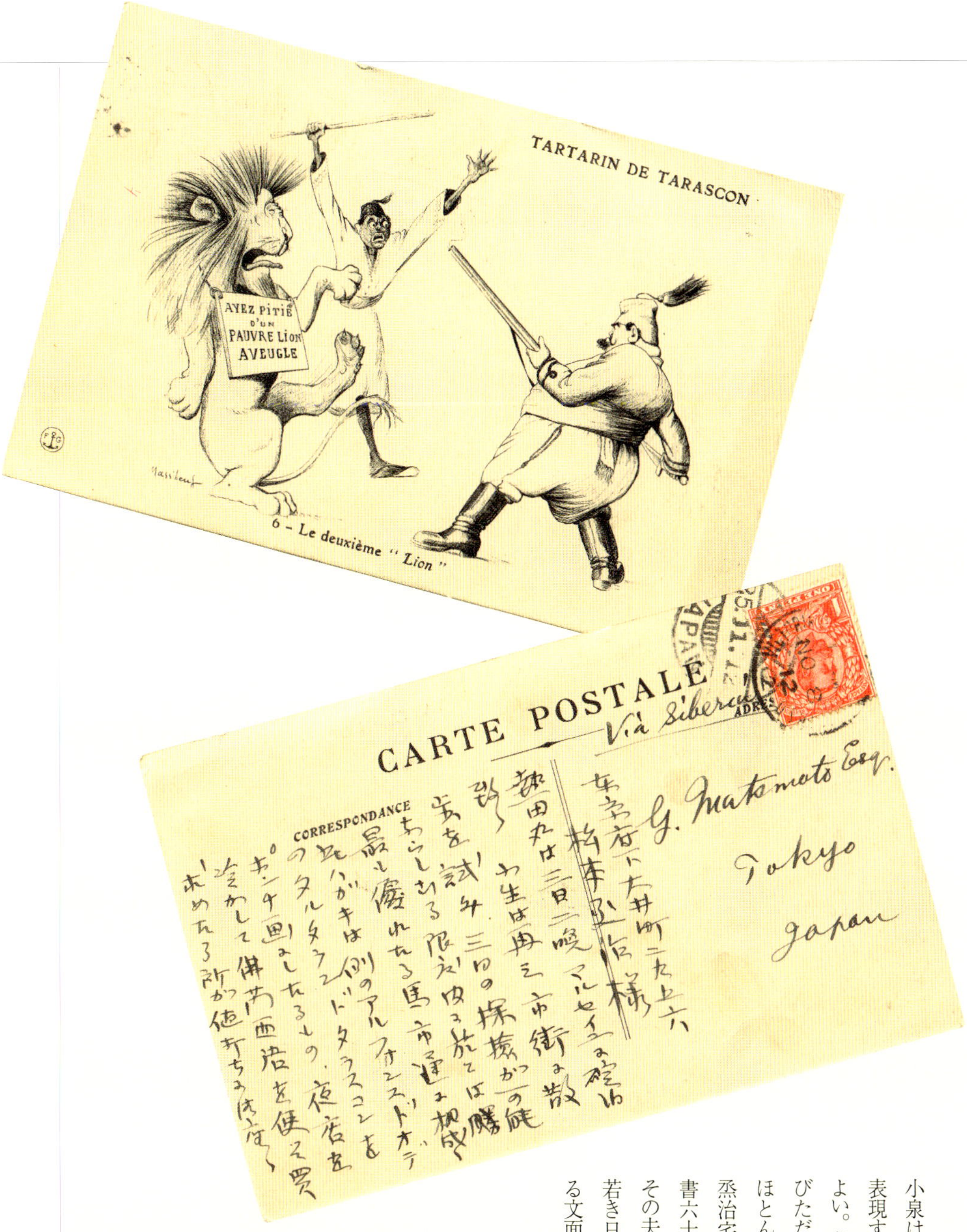

1. 松本烝治宛葉書
1912(大正元)年10月末頃
ロンドンに至る途上、マルセイユにて。「三日の探検が可能ならしむる限度内に於ては最も優れたる馬市[マルセイユ]通」になったと誇る。裏面はフランスの作家アルフォンス・ドーデの『タルタラン・ド・タラスコン』を描いたもの。

Forth Bridge
SALONS DE PARIS 1912
Auguste BELLET
Isolde Menges
The Double Procession ent
City Hall to sig
168 PARIS. — Intérieur du Panthéon. —
31 D THE ROYAL WEDDING. ROTARY PHOTO, E.C.
H.R.H. PRINCE ARTHUR OF CONNAUGHT, THE BRIDE (H.H. THE DUCHESS OF FIFE) AND BRIDESMAIDS, H.R.H. PRINCESS MARY,
H.H. PRINCESS MARY OF TECK, H.H. PRINCESS MAUD OF FIFE, H.H. PRINCESS HELENA OF TECK, H.H. PRINCESS MAY OF TECK.
PHOTO. ERNEST BROOKS.

MR LYN HARDING
AS "DRAKE" IN "DRAKE"
Napoli - Gradoni di Chiaia.
Tram Terminus, Westow Hill. Upper Norwood
MARSEILLE — Le Palais Longchamp
COURT HOUSE AND CONVENT. THOMAR.
V265-23
LIVERPOOL FERRYBOAT CROSSING THE
RAPID PHOTO. E.C.
MISS GERTIE MILLAR
AS "NANCY JOYCE" IN "THE DANCING MISTRESS."
MAPPIN ART GALLERY, SHEFFIELD.
358 PARIS (VIIIe). — L'Avenue des Champs-Élysées et les Chevaux de Marly — LL.

3a

2a

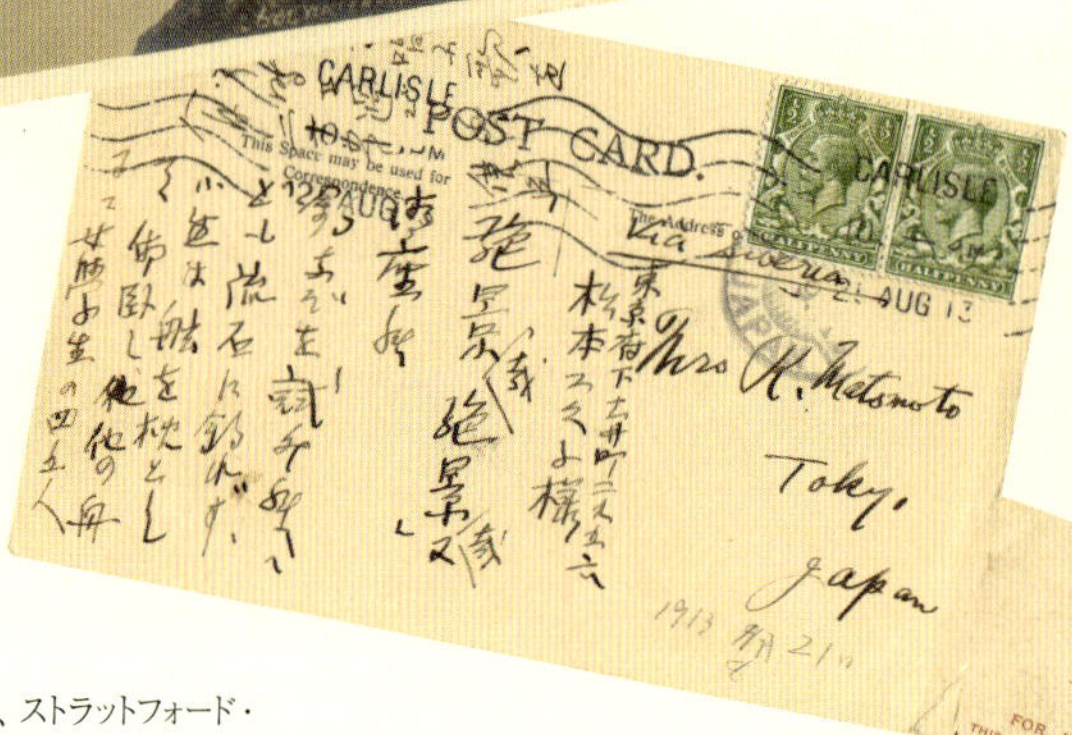

3b

2b

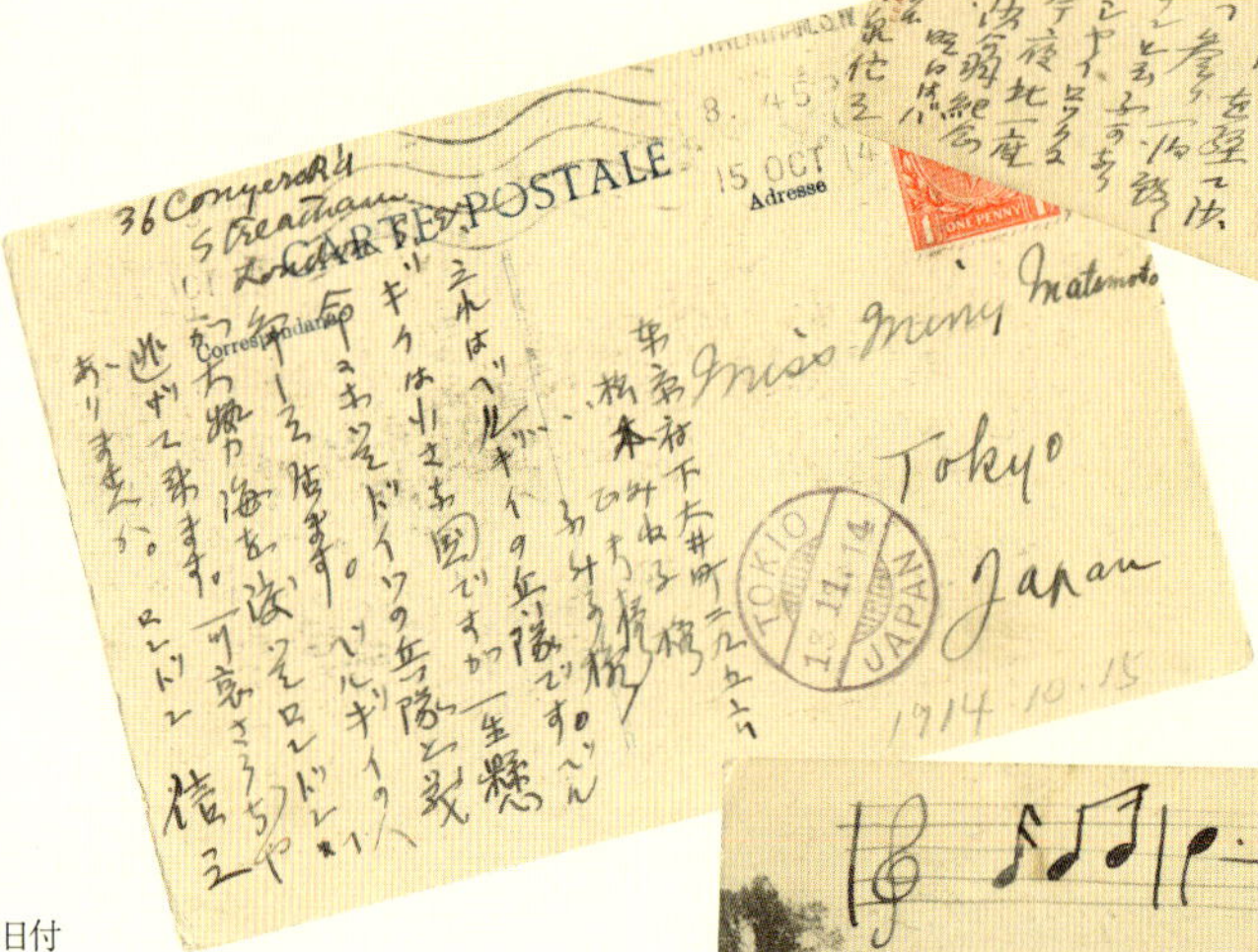

4a

4b

2. 松本録子宛葉書

1913(大正2)年8月16日付

沙翁(シェイクスピア)の故郷、ストラットフォード・アポン・エイヴォンにて。写真は「ベニスの商人」シャイロックに扮する「ベンソンと云ふ可なり有名な役者」(Sir Frank Robert Benson)。小泉はこの夜、シェイクスピア記念劇場(現ロイヤル・シェイクスピア・カンパニー)の「十二夜」を見た。録子は炁治の母。

3. 松本録子宛葉書

1913(大正2)年8月25日付

リヴァプールの「絶景」に船を浮かべ、釣りに興じるが「流石に釣れず」、舟に臥して「他の舟にて女学生四五人が声を合せて唱ふ歌をきいつ、時を過ご」す。

4. 松本峰子・正夫・文子宛葉書

1914(大正3)年10月15日付

松本家の子3人に与えた葉書。第一次大戦でベルギーがドイツに抗戦するさまをコミカルに描き、裏面にはベルギー国歌の楽譜の一節を記している。

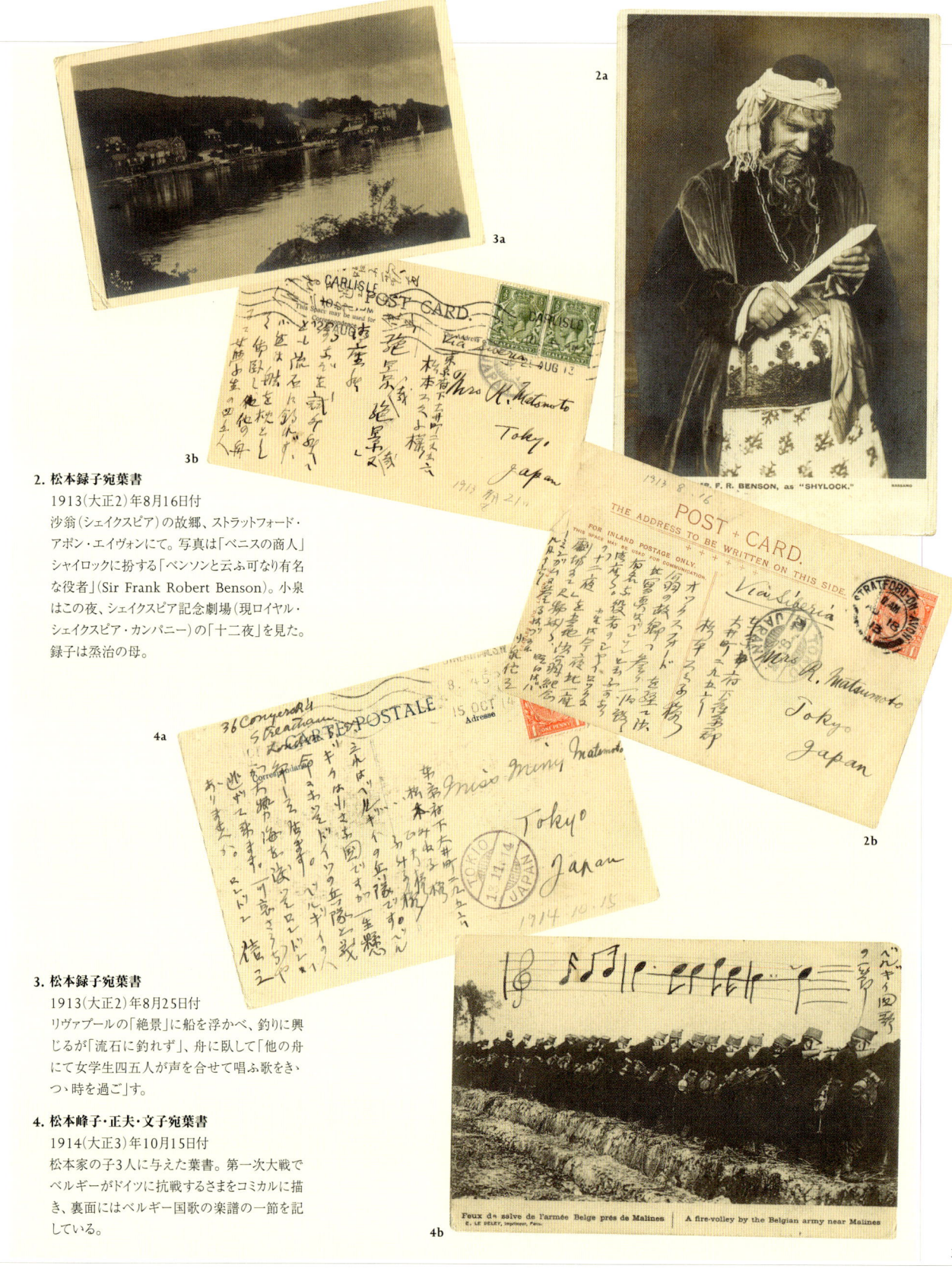

III 常に学生と共に在る

教授時代

大正五(一九一六)年春、留学より帰国した小泉は、慶應義塾大学部理財科の教授となって、以後、「経済原論」「経済学史」「社会問題」等の講義を担当して教壇に立つ。塾長になるまでの十七年間は、学者として授業と著述に専心した時期である。

多数の著書があるが、代表的なものとしては、克明なリカードウ研究の成果として『リカアドオ研究』『アダム・スミス、マルサス、リカアドオ』、マルクス主義批判として『価値論と社会主義』『マルクス死後五十年』、社会思想史研究では『近世社会思想史大要』などを挙げることができる。また、ロシア革命、第一次世界大戦の終結、それに伴う社会不安などにより、社会主義、共産主義などへの関心が日本国内で高まる中、『中央公論』『改造』などの総合誌にも論文を発表し、論壇の一人として活躍した。中でも、河上肇らとの論戦は徹底したものであった。

しかし、授業を受けた者の中からは、野呂栄太郎など、小泉のマルクス主義批判と反対の立場に立つ者も生まれ、小泉は彼らをも尊重した。小泉のゼミナールの出身者である小竹豊治は、「およそ真個に学問、研究を自己の生命とする者は、……たとい反対の所説を推し進める者であっても、強じんな所信をもち、権威を恐れず、学問的前進のために苦悩する者を愛するであろう。わが師・小泉信三先生はかかる人であった」(『三田学会雑誌』昭和四十一年十一月)と回想する。

小泉は、学生との時間を大切にし、また好む人でもあった。たとえば、ゼミナールの学生達と、一週間の授業が終わる木曜日には、自宅で夜遅くまで語り合った。この「木曜会」は、次第にゼミの学生だけでなく、卒業した者、聞き伝えた見知らぬ塾生へと次第に広がり、毎回数十人が集まった。

また、大正十一年から昭和七年まで、体育会庭球部の部長を務める。部長在任中に、早慶戦は連敗から連勝に転じ、「庭球王国慶應」と称されるようになるのであるが、小泉は「テニスと私」と題する随筆で、「私が選手を奨励したその方法は簡単で、ただ常に彼等と共に在るという一事に過ぎなかった」と述べている。

そして、庭球部長としての日々の中で、小泉は、自身に教育者的傾向があることを発見し、教育への興味を抱くようになった。部長を辞して間もなく、塾長に選ばれ逡巡した時にも、「心の中に憶い起こしたのは、運動選手と暮らした十年のことであった。数十人の運動部と一万人以上の大学校とは比較できないが、常に青年とともにいて、その一人一人の個性を尊敬し、その成長を悦び、その人々のよき先輩たることを期する一事は同じではないか。というような事を、私は自分で自分に言いきかせた」(「テニスと私」)のであった。

論壇の寵児

1. **自宅にて**
大正5年3月に留学から帰国した小泉は、4月から慶應義塾大学部の教壇に立ち、同年12月には阿部とみ（章蔵の妹）と結婚、鎌倉町小町に新居を構えた。

2a

2b

2. 講義風景

昭和初年

小泉の講義は、福田徳三を範として、学生に無上の知的好奇心を沸き起こさせることを目指したものであった。学生時代に受講した歌人の吉野秀雄は、のちにその授業を次のように詠んだ。「社会問題研究を世に問ひし頃よ君三十歳われら二十前／教室の講義さしおき露伴作運命説きしきみを忘れめや／ドイツ語の疑問軽んぜず氣賀さんに確かめ来むといひし君はも／わが耳の底に残るはさびのある清き声にて語尾ひきしまる」(『含紅集』)

3

3. 講義ノート

大正時代

小泉は経済原論、社会問題、ドイツ語などの講義と研究会を担当した。講義や研究に関するノートは留学中にしたためたものを含めて現在16冊が現存している。

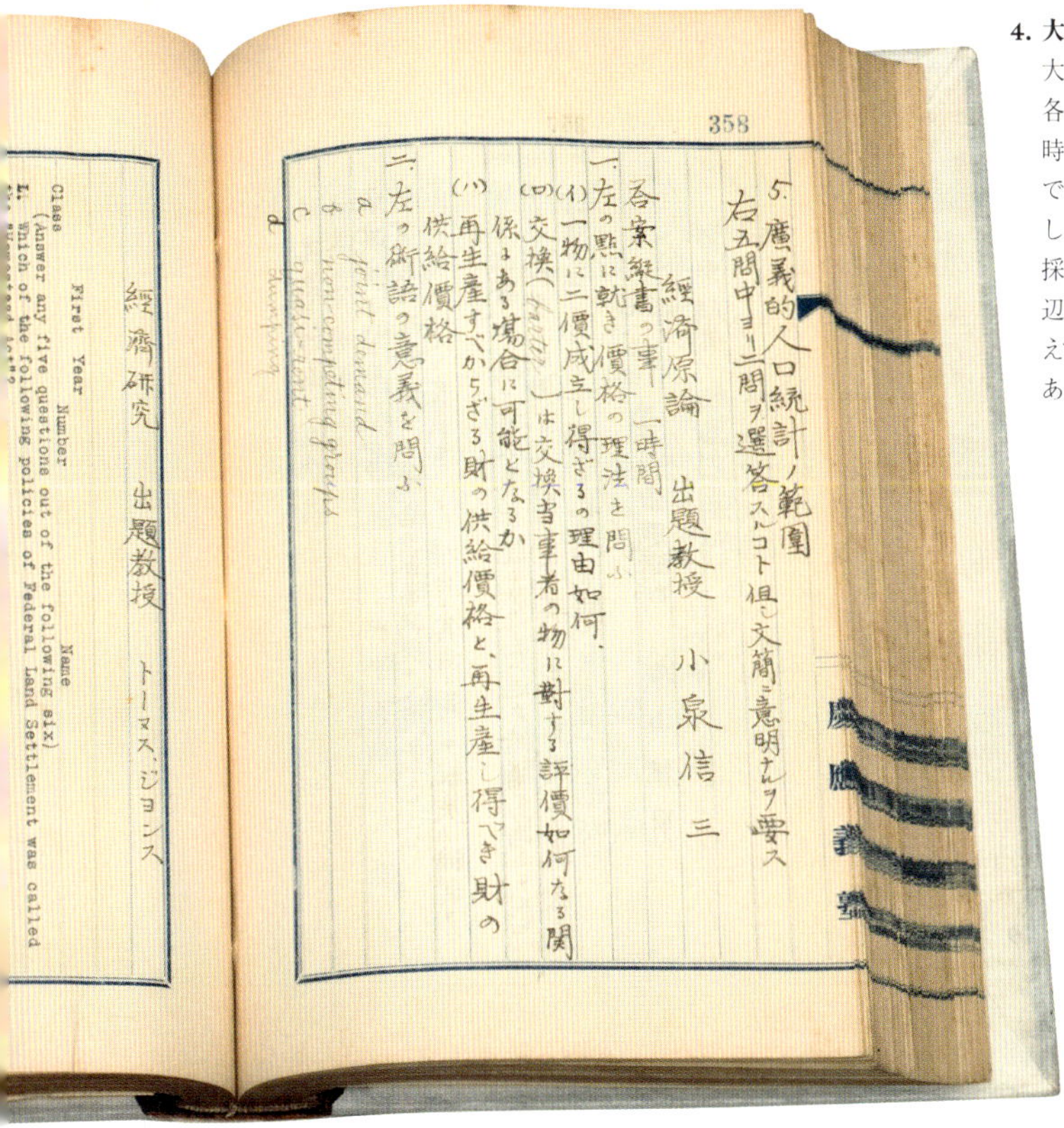

4. 大学試験問題

大正9年―14年度

各教員の試験問題を書き留めた大学の控え。当時の試験は担当教員が口頭で出題するのが通例であった。試験の採点は小泉を大いに悩ませたらしい。「これ丈けは他の世間の知らない苦しみで、採点報告の期日が迫って、しかも未閲の答案は机辺に積み上げられてあるというときには、何を間違えて教授商売なんか択んだのだろうと思ったこともある。」(『私の履歴書』)

7. 岩波茂雄宛小泉信三書簡

昭和4年7月24日付　岩波書店蔵

野呂栄太郎の学識を高く評価していた小泉は、岩波茂雄や小林勇に野呂を紹介し、その著作出版を仲介した。この書簡で小泉は、野呂が岩波から出版すると約束していたマルクスの翻訳書が遅延していることを詫び、岩波が立て替えていた印税の前払い金を自分が返済してもよいと申し出ている。

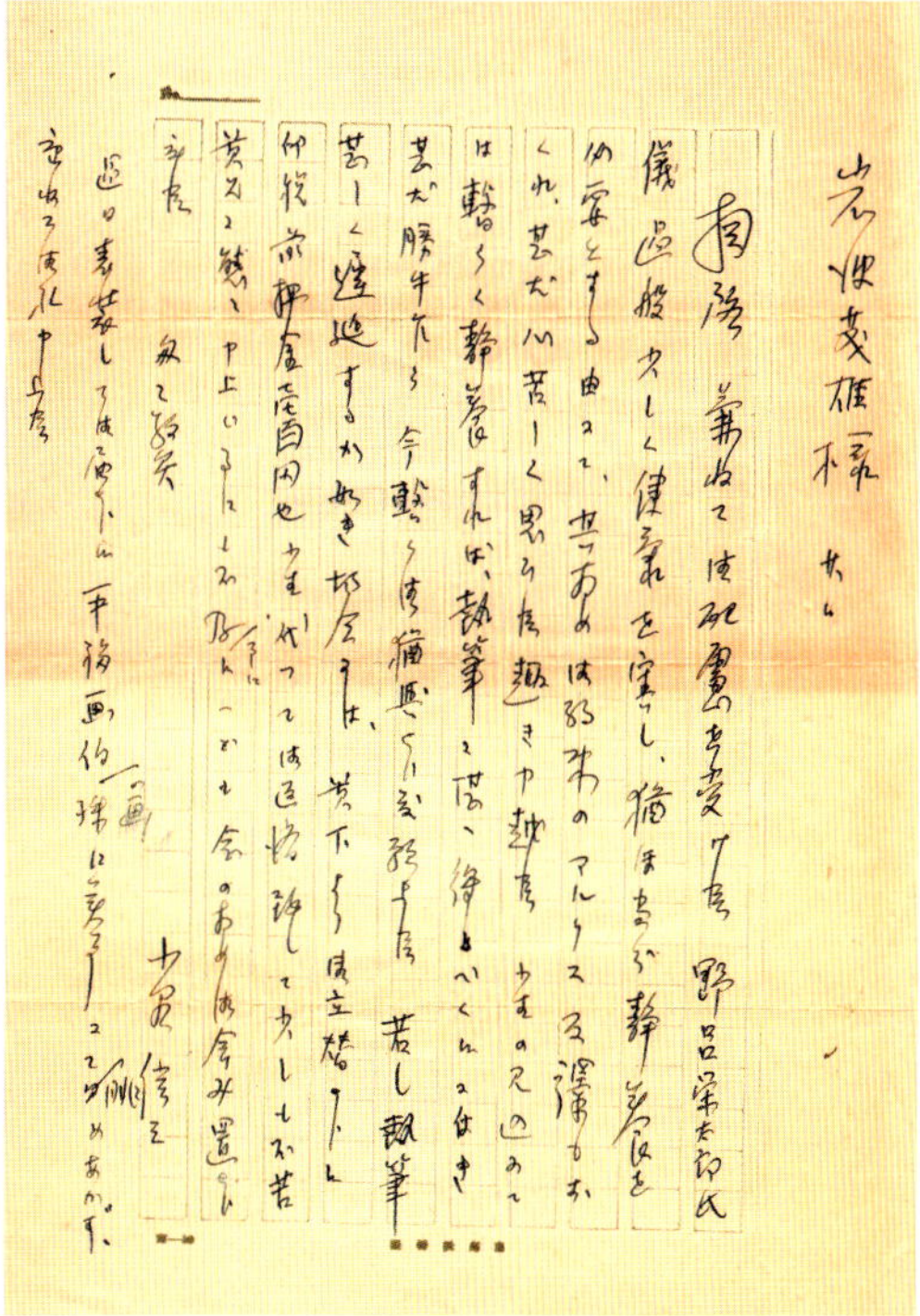

5. 野坂参三［1892-1993］

大学部本科2年の頃　『風雪のあゆみ』より

大正6年慶應義塾大学部理財科卒。小泉の研究会（ゼミナール）1期生。小泉がロンドンで購入した『共産党宣言』英訳本を一晩の約束で貸し与えられた野坂は、徹夜で筆写し、「これによってわたしがマルキシズムにはいる決意をかためた、といってもいい」(『文藝春秋』昭和41年7月号)と述べている。

6. 野呂栄太郎［1900-1934］

大正15年慶應義塾大学経済学部卒。在学中、小泉の社会問題、ドイツ語を受講し、しばしばマルクス価値論をめぐって授業中に討論した。小泉はその人物を深く愛し、彼が『日本資本主義発達史』を出版する便宜を図り、野呂は非合法活動に入ってからも小泉をしばしば訪ねた。

小泉経済学

小泉経済学の大きな特徴の一つがその総合的性格にあるといってよい。小泉の事実上の学会デビューは渡欧直前にものしたジェボンズの『経済学の理論』の邦訳であり、師である福田徳三が華麗な序文を寄せた。小泉を「義塾が近年に於て産出したる麒麟児の一人なり」と賞賛した冒頭の部分はあまりに有名である。ジェボンズの本書は経済学の歴史の上では需要サイドを重視した限界革命の成果として知られている。興味深いことは、小泉が、ジェボンズらが批判の対象としたリカードウの経済学の翻訳者としても活躍したことである。二つの異なった見方は小泉のなかでどのように整合していたのだろうか。小泉自身の経済学的立場はあえていえばマーシャリアンで、古典派経済学の最良の成果を摂取することについてはやぶさかではなかった。しかも、古典派経済学と限界革命の折衷ではなく、より高次の次元での統一的把握というのが小泉の立場であった。総合的性格というのはこの意味においてである。また、こうした経済学史、経済思想史の素養が、実際の政策議論にまで影響を与えていることも小泉経済学の無視しえない側面である。終戦後の日本経済の針路を示すために彼が依拠したスミスの資本蓄積論やベーム―バヴェルクの迂回生産の理論などを、具体的な例としてあげることができよう。これらはたんに経済学史の一ストーリーとしてではなく、現実の政策的判断の根拠として使われているのだ。いわば経済思想史研究のアクチュアリティーである。現在では失われてしまった、経済思想と経済理論、そして経済政策の幸福な結合をここに見ることができよう。まさに経済思想の骨肉化といってもよいであろう。

慶應義塾大学経済学部教授　池田幸弘

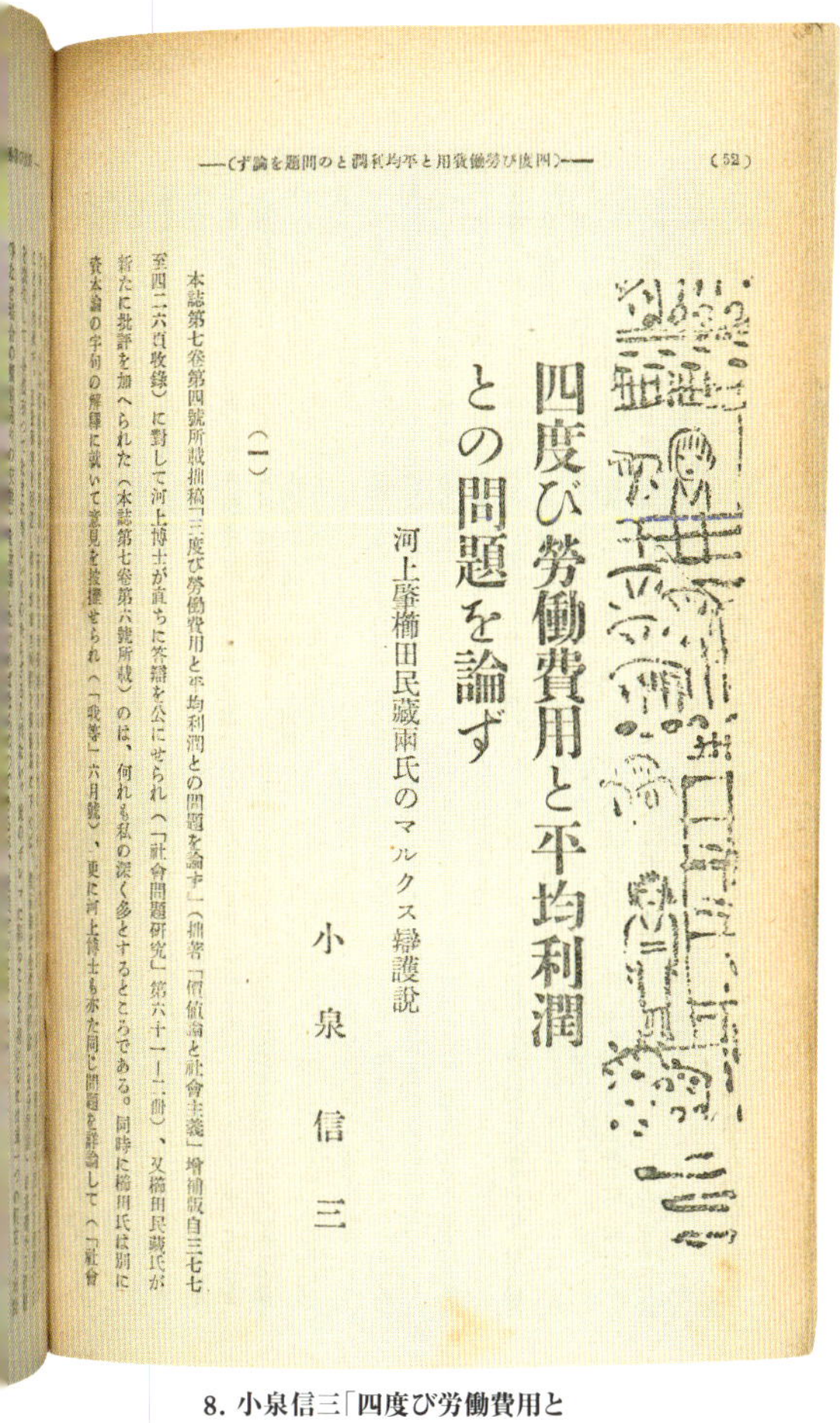

（四度び勞働費用と平均利潤との問題を論ず）　（52）

四度び勞働費用と平均利潤との問題を論ず

河上肇櫛田民藏兩氏のマルクス辯護說

小泉信三

（一）

本誌第七卷第四號所載拙稿「三度び勞働費用と平均利潤との問題を論ず」（拙著「價値論と社會主義」增補版自三七七至四二六頁收錄）に對して河上博士が直ちに答辯を公にせられ（「社會問題研究」第六十一―二冊）、又櫛田民藏氏が新たに批評を加へられた（本誌第七卷第六號所載）のは、何れも私の深く多とするところである。同時に櫛田氏は別に資本論の字句の解釋に就いて意見を發表せられ（「我等」六月號）、更に河上博士も亦た同じ問題を辯論して（「社會

8. 小泉信三「四度び労働費用と平均利潤との問題を論ず」
『改造』大正14年11月号

10. 河上肇［1879-1946］　『自叙伝』より
東京帝国大学卒。京都帝国大学教授としてマルクス経済学研究に傾注。昭和3年、大学を辞して実践活動に入り、共産党入党。昭和8年検挙され入獄した。

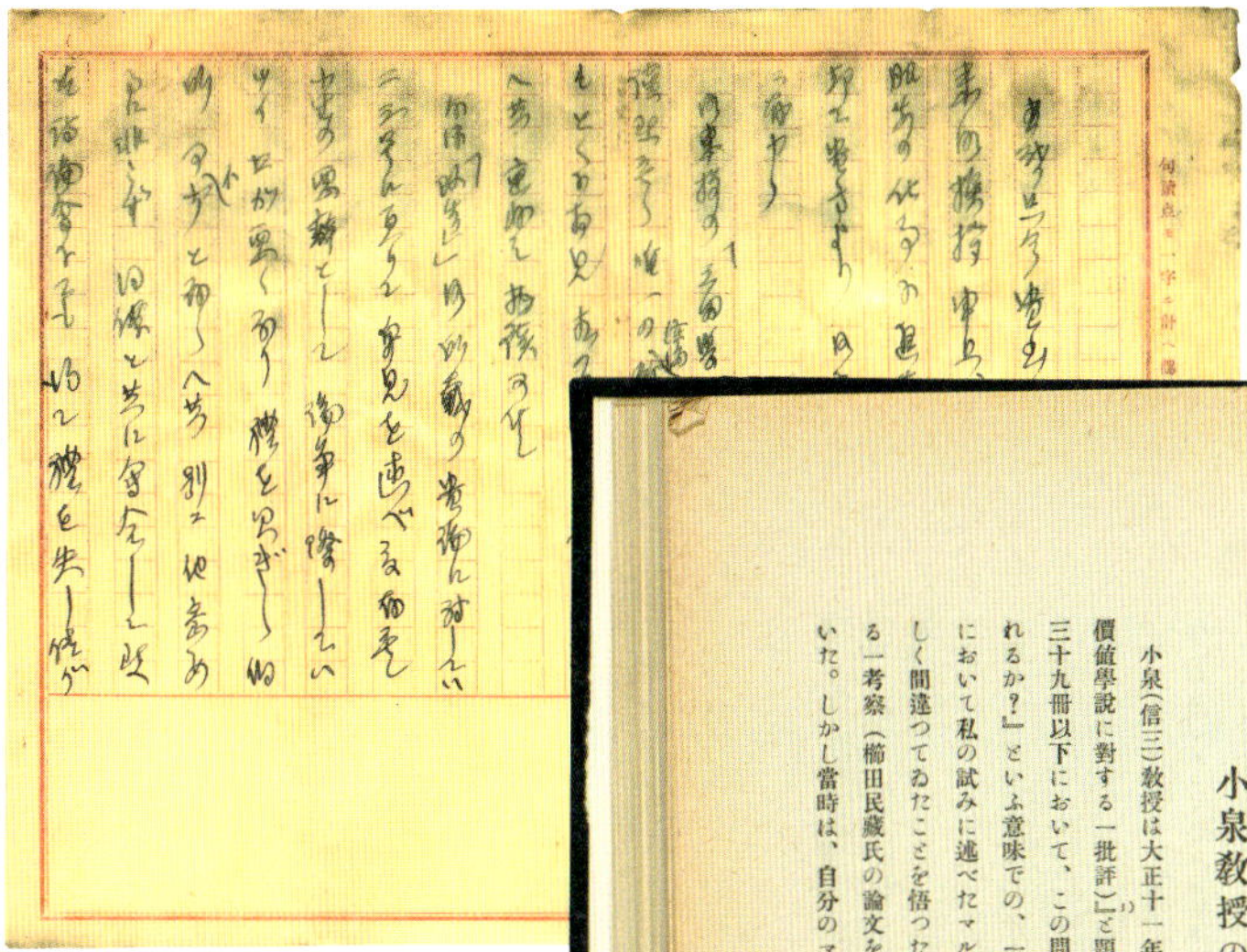

11. 小泉信三宛河上肇書簡
大正11年11月30日付
京都大学大学院経済学研究科蔵
河上は、小泉の論争における態度に敬意を表していたが、やがて感情的に小泉を批判する表現が散見されるようになる。この書簡で河上は「小生の悪癖」として「ツイ口が悪くなり礼を欠」くことを他意のない無邪気なものとして「御見のがし下され」たいと申し入れている。のちに小泉の研究を「学理の研究上三文銭にも値しない」と評したとき、小泉は激怒し、河上との議論を打ち切った。

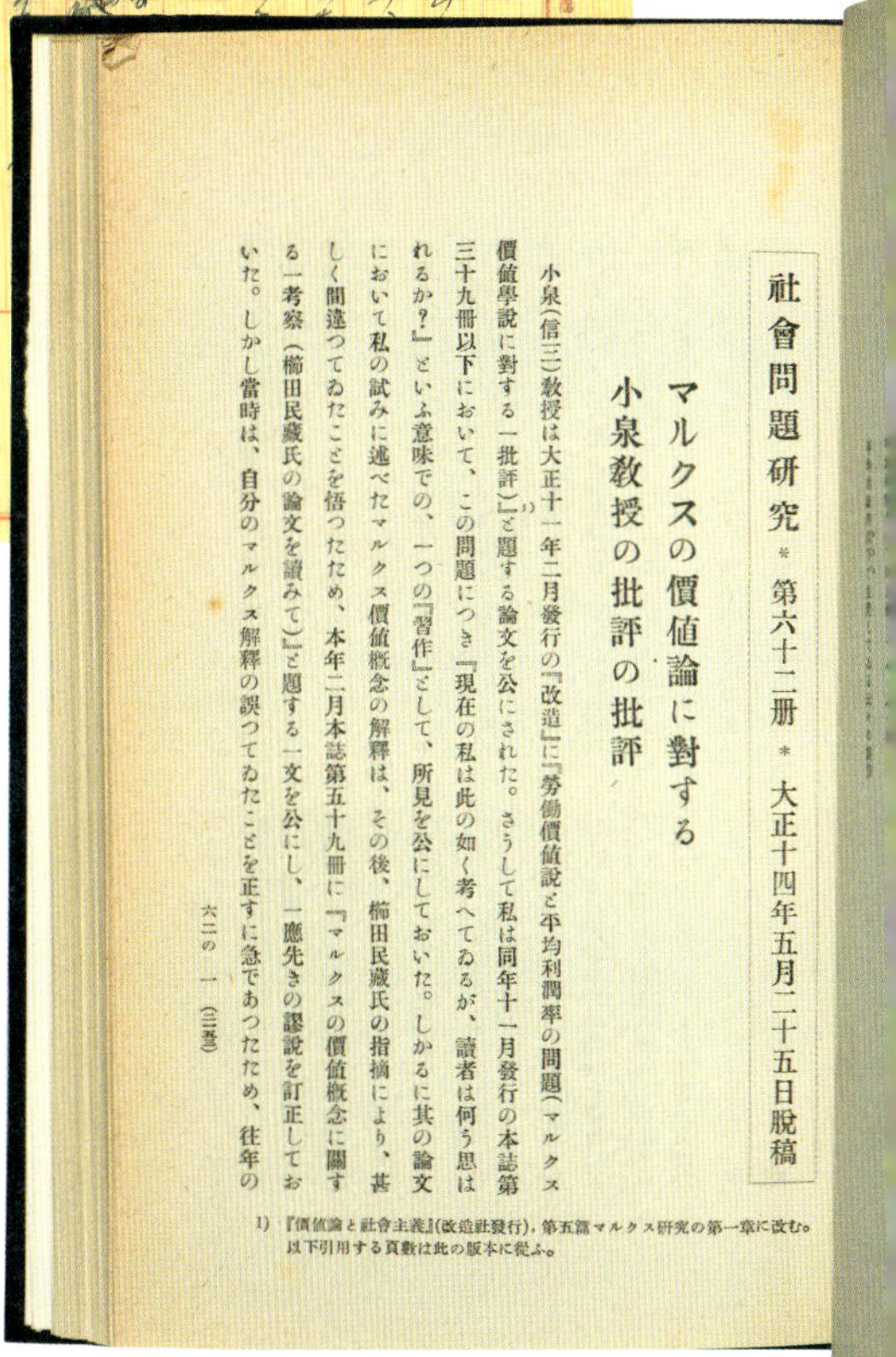

社會問題研究＊第六十二冊＊大正十四年五月二十五日脫稿

マルクスの價値論に對する小泉教授の批評の批評

小泉（信三）教授は大正十一年二月發行の『改造』に『勞働價値說と平均利潤率の問題（マルクス價値學說に對する一批評）』[1]と題する論文を公にされた。さうして私は同年十一月發行の本誌第三十九冊以下において、この問題につき『現在の私は此の如く考へてゐるが、讀者は何う思はれるか？』といふ意味での、一つの『習作』として、所見を公にしておいた。しかるに其の論文において私の試みに述べたマルクス價値概念の解釋は、その後、櫛田民藏氏の指摘により、甚しく間違つてゐたことを悟つたため、本年二月本誌第五十九冊に『マルクスの價値概念に關する一考察（櫛田民藏氏の論文を讀みて）』と題する一文を公にし、一應先きの謬說を訂正しておいた。しかし當時は、自分のマルクス解釋の誤つてゐたことを正すに急であつたため、往年の

六二の一　（三五）

1）『價値論と社會主義』（改造社發行），第五篇マルクス研究の第一章に改む。以下引用する頁數は此の版本に從ふ。

9. 河上肇「マルクスの価値論に対する小泉教授の批評の批評」
『社会問題研究』第62冊（大正14年5月）

◉マルクス価値論論争

教授時代の小泉の名を高めたのは、なんといってもマルクス主義者との一連の価値論論争である。論争は、小泉が雑誌『改造』に寄稿した論稿「労働価値説と平均利潤率の問題」（大正十一年）から始まった。マルクス主義者の側からは、山川均、河上肇、櫛田民蔵らが順に論争に加わり、結局一連の論争は昭和二年の櫛田論文まで続く。なかでも、河上と小泉との論争は一般にもよく知られている。この論争は、マルクス主義者にも大きな影響を与え、戦後マルクス主義経済学の展開に大きな成果をもたらしたといえる。たとえば、『資本論』冒頭の商品の性格をどのように把握するかなどが具体的な論点として指摘できる。これは、小泉と櫛田との論争から浮き上がった論点であった。論争での小泉の主張は、『価値論と社会主義』にまとめられている。

「庭球王国慶應」

1

1. 甲子園コートでの合宿を訪れ部員に囲まれる小泉
昭和2、3年1月
小泉は、講義を終えて試合会場にかけつけることもあり、実に多くの時間を部員と過ごした。多忙な執筆の合間に、学生の猛練習を見ては激励し、またコートサイドで筆を執ることもしばしばであった。「かく人才を知り人才に興味を持つということは教育者にとって何よりも大切な事であるが、僕は憚るところなく、自分は青年に興味を持つ人間だと言うことが出来ると自信している。そうしてそれは庭球部長をしたおかげであったと自分で思っている。」（「庭球部と私」）

2. 原田武一と
昭和5年頃
現役部員として全日本ランキング1位となり、大学卒業後にはデ杯選手として世界的にも活躍する原田の姿は部員の目標であった。

3. 熊谷一彌の強烈なフォアハンドストローク
大正10年頃

＊3

2

4. 原田武一のバックハンド
大正13年頃　大森コート
原田は、大正15年のデ杯で、世界1、2位を争うフランスのコシェ、ラコステを破った。小泉は「この記録は日本のために燦として輝く」と評した（「日本のテニスの昨今」）。

5. 全日本選手権決勝を制した隅丸次郎
昭和26年　名古屋栄コート
対戦相手は、同年世界ランキング9位のラーセン（米国）。

＊5

＊4

◉庭球部長としての十年

大正十一年より昭和七年まで小泉は慶應義塾体育会庭球部長を務めた。小泉が部長を継いで間もなく、当時最大の目標とされた対早稲田戦において慶應は六連敗を重ねた。小泉は部員と共に目標達成に尽力し、名選手を続々と輩出、遂に「庭球王国慶應」と呼ばれるまでに部を成長させた。「私は実にこの連敗の歴史が連勝の歴史に遷るその転換期の部長だったのである。」（『大学と私』）

写真＊＝『慶應庭球一〇〇年』より

6

6. 熊谷一彌の銀メダル

大正9年　秩父宮記念スポーツ博物館蔵

大正9年、オランダ・アントワープ五輪で熊谷が獲得した銀メダル。これは日本人が最初に受賞したオリンピックメダルである。翌年、熊谷は日本最初のデ杯選手となり決勝に進出。アメリカに敗れたものの、小泉はこの結果を「どんな標準で測っても成功といわなければならぬものであった」と評し、またデ杯で決勝に進出した者はその後なく、その記録が「いかに偉大なものであったかを、いまさらの如く思わせる」と書いた(「日本のテニスの昨今」)。

7. 皇太子殿下とデ杯選手たち

昭和23年6月13日　小金井東宮御所

左より鶴田安雄、中野文照、藤倉五郎、殿下、石井小一郎、隅丸次郎。石井は昭和22年より中学生から高校生にかけての殿下にテニスをご指導した。鶴田、藤倉、石井、隈丸は義塾庭球部出身。

7

8. ドイツのクラムと対戦する山岸二郎

昭和12年11月

小泉はこの対戦の頃の山岸を「技術的にテニスの最高水準を示すもの」と評しており(「日本のテニスの昨今」)、世間では「庭球界の双葉山」と呼ばれたという。

*8

9

9. ダブルスを組む山岸成一と志村彦七

昭和5年頃

山岸・志村組は庭球部現役学生として、全日本選手権ダブルスに2度優勝した。左が山岸。

熊谷一彌[1890-1968]

庭球部在籍時の大正2年、他に先駆けて軟式から硬式テニスに転向。5年、義塾卒業と同時に渡米し全米1位ジョンストンを破り、7年には日本人初の全米選手権ベスト4進出。8年の全米ランクは、強豪チルデン、ジョンストンについで3位。9年、アントワープ五輪にてシングルス・ダブルス共に銀メダル(日本人初の五輪メダリスト)。10年、日本として初挑戦のデ杯(デビス・カップ)にて決勝に進出。元デ杯監督。

原田武一[1899-1978]

大正12年、全日本選手権で優勝。パリ五輪をはじめ世界を転戦、デ杯には5度、四大大会には8度出場。大正15年のデ杯対フランス戦では、フランスの四銃士と呼ばれたラコステ(同年世界1位)やコシェを破った。同年全米ランキング3位、世界ランキング7位。デ杯通算成績は、シングルス19勝4敗、ダブルス8勝8敗。元デ杯監督。

志村彦七[1907-1996]

山岸成一と組んだダブルスで活躍、全日本選手権をはじめ多くの大会で優勝した。

山岸成一[1908-1994]

全日本選手権ダブルスでは、志村彦七と組んで昭和3年と5年、村上保男と組んで昭和6年に優勝。山岸二郎は実弟。

山岸二郎[1912-1997]

全日本選手権にてシングルス4回優勝(三連覇を含む)・ダブルス5回優勝(四連覇を含む)、4度のシングルス・ダブルス制覇を果たす。デ杯代表選手には4度選ばれると共に、ウインブルドン大会にも3度出場し、昭和13年には世界ランキング7位。元デ杯監督。

藤倉五郎[1919-1985]

全日本ランキングには常に上位にランクされ、全日本選手権ではシングルス1回・ダブルス2回優勝。昭和16年と21年に全日本ランキング1位。元デ杯選手。四大大会では全米に1度出場。

隈丸次郎[1921-2007]

全日本選手権では史上最多連覇記録となるシングルス4連覇(ダブルスは2連覇)、同24年から全日本ランキング1位を4年間守る。26年全日本選手権決勝で、同年世界9位のラーセン(米国)を破る。デ杯には2度出場。元デ杯監督。

12.『吾等の十年』

昭和13年刊

小泉部長時代、部の勢いに乗じ、部員数名の謄写刷りで始められた庭球部報は、発刊10年を期に合本として出版された。塾長となっていた小泉は序文を寄せ、この本は「日本庭球史の史料として多大の価値を持つ」ものであり、また今後の庭球部員に「所謂庭球部精神を振作する為めに実に何より貴重の資料となる」とし、何よりも「彼等自身の青春の記録である」と記した。「『吾等の十年』、『吾等の十年』、私は嘗て自ら部長として過ごした十年を憶い、本書の標題を口にくり返して我々の故郷たる庭球部の窮るところなき隆盛を祈るのである。」

10. 部長退任記念のトロフィー

昭和7年

小泉が庭球部長退任に際し庭球部より贈られたトロフィー。正面に「贈庭球部長小泉信三君　1920-1932」、下部に小泉部長時代10年間の部員の名を刻む。彼らは「泉会」と称する小泉を囲む会を作り、会合は小泉没後も続いた。「運動に興味のない人々は、青年に興味のない人々は、何という時間の浪費をしたことだろうと思うであろう。私にはこの十年は忘れられない十年であった。」(『大学と私』)

11a

11b

11. 日吉テニスコート開き

昭和9年5月23日

小泉が部長を務めた時代のテニスコートは大森にあったが、昭和8年には日吉の新キャンパス建設地内のまむし谷と呼ばれる地で練習を開始。翌年にはスタンドや部室も完成し、コート開きが行われた。塾長となった小泉もコート開きに参列、庭球部員に訓示を与えた。

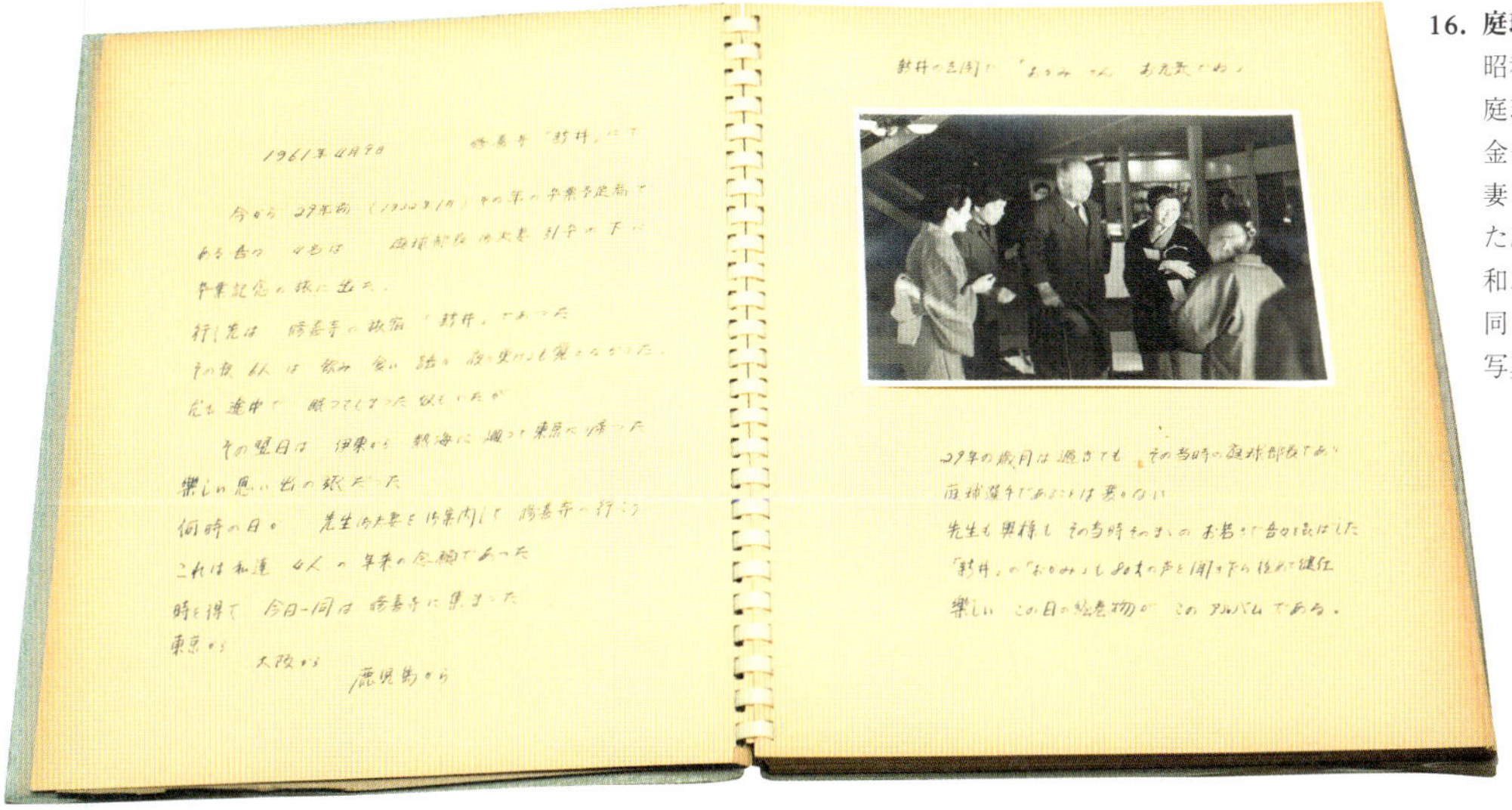

16. 庭球部OBとの旅行記念アルバム

昭和36年

庭球部の山岸成一、志村彦七、安田金吾、樋口佳雄は、昭和7年小泉夫妻の引率で修善寺に卒業旅行をした。そのことを懐かしんだ4人は、昭和36年4月、夫妻を招待し再び6人で同じ旅館への旅行を敢行、その際の写真を小泉に贈った。

14. 銀婚テニス大会での小泉

昭和16年12月7日　泉会記念アルバムより

この日は小泉ととみの結婚25周年であった。泉会では、小泉一家を招き日吉コートにてテニス大会を開催した。小泉も参戦し、藤倉五郎、山川恵三郎と組んで、それぞれ勝利。夜は虎ノ門晩翠軒で祝宴を催した。

15. 熊谷一彌と小泉

昭和15年頃　日吉テニスコートにて

「熊谷を見て、熊谷の後にだれが彼ほど押しの強い球を打つものがあったかと考えた。山岸も西村も藤倉も隅丸も、みな学ぶべき人々だがひとり塾の庭球部といわず、日本のテニス界から五人や十人熊谷を学ぶべきものが出てもいいのではないか、と、私はいつも思うのである」(「熊谷君のテニス」)

13. 泉会記念アルバム

昭和16年　庭球三田会蔵

小泉の銀婚式を祝い、泉会から贈られた50ページ余りの写真帖。小泉一家の写真から始まり、銀婚記念テニス大会の写真、その夜の宴会と続き、後半は会員一人一人の家族写真が貼り込まれている。小泉に贈られたものは戦災で焼失、泉会員は戦後、この時と同じアルバムを再製、新たな家族写真をも加え、改めて小泉に贈った。

14

15

仙波均平筆小泉信三肖像

大正末年頃　慶應義塾図書館蔵

長年普通部の図画教師を務め、藤城清治や、駒井哲郎、根本進など多くの芸術家を輩出した仙波は、小泉と普通部の同級で、生涯往来する仲であった。この絵を描いたときを振り返って次のように述べている。「小泉さんの書斎の中で赤や青やクリーム色の洋書が一杯つまっている書棚をバックにして十号へ描いたが、小泉さんは『人から自分の顔を描かれていると思うと、何となく緊張するような気持になって愉快だ』といっておられた。まだ若くて顔立は立派だが、ヒゲはなし、あまり特徴がなくむずかしい顔だった。しかし麻の白服に濃紺の蝶ネクタイはよく似合って品がよく、態度は実に堂々としていた。」(仙波均平「教授時代の肖像画」)

IV 善を行うに勇なれ

塾長時代

昭和八（一九三三）年、四十五歳の小泉は、慶應義塾長に選ばれ、爾来十四年間に亘ってその職を務めることになった。

当時の義塾は、医学部を除いて全ての学部・諸学校が三田に集中しており、敷地が狭隘になっていた。そこで小泉は、この状況を解決し、また、新たな発展の基盤を作るために、前任の林毅陸塾長の下で進められていた日吉建設計画を引き継ぎ、キャンパスの開設と大学予科の日吉移転を実現した。また、幼稚舎の広尾天現寺への移転、藤原銀次郎との協力による藤原工業大学の創立と義塾への寄付も実現に導いた。

このような中で、小泉が一貫して意識していたことは、「慶應義塾の大学として学塾としての本来の仕事が無形の方面にある」ということであった（「塾の近況」昭和九年）。西欧の大学を例にして言う。英国は、「教室の内外、殊に寄宿舎競技場等における教師と学生と、または学生相互の接触による人格的感化に重きを措き、また一大学の出身者が喜憂慶弔を共にする緊密なる精神的結合を成し、延いて同窓後進生に不言裡の訓化を及ぼす」のが長所である。一方、ドイツの大学は、最高の学問の府であることに重きをおいている。慶應義塾はその両方の長所を備える必要があるが、それは元々、義塾が使命として来たものである、と繰り返し訴えた。

そして、実際に、塾生に向けて熱心に書き、また語りかけた。「善を行ふに勇なれ」で結ばれた「塾長訓示」もその延長にあるものといえる。

小泉の塾長時代は、戦時色が強まる困難な時代でもあった。中でも慶應義塾は、西洋文明を導入した福澤諭吉の創立した学校、自由主義の学校として、様々な言いがかりをつけられた。当時野球部長を務め親しく接した平井新は、「戦争中福澤諭吉を国賊と罵り、はては慶應義塾を押し潰さんばかりの軍部の圧力に、よく抗し、よく耐えて、よく『法城』を守りぬかれたその消息はあまり世人に知られてはいないが、その『知られざる功績』は慶應義塾と共に永く生きることであろう」（「剛強不屈の小泉先生」）と追想している。思想問題から文部省に罷免を要求された義塾講師を擁護し、罷免要求を拒絶し続けたことや、文部省による官学に偏した大学院制度改革に、早稲田大学総長田中穂積と共に公然と反論し、方針を改めさせたことなど、その例は枚挙にいとまがないのである。学生スポーツについても、様々な圧迫が加えられる中、六大学野球連盟が解散を命じられると文部省の体育審議会に出向いて考えを述べるなど、その保護に努めた。昭和十八年十月に行われたいわゆる「最後の早慶戦」でも、軍部や文部省の顔色を窺うことなく、終始その実現を支援したのであった。

なお、終戦後、一部に義塾の指導者としての責任を問う動きもあったが、小泉は、自らの戦時中の言動と率直に向き合い続けた。そして、創立百年を迎えるにあたって評議員会議長に推され、最後まで義塾に尽くしたのである。

義塾の拡充

◉小泉塾長時代の慶應義塾

昭和八年　十一月、小泉信三、塾長就任。

昭和九年　五月、日吉開校、大学予科授業開始。十一月、福澤先生誕生百年並日吉開校記念祝賀会開催。

昭和十一年　八月—十一月、小泉塾長、ハーバード大学創立三〇〇年祭参列のため渡米、引き続き米国教育施設視察。十一月天現寺に幼稚舎新校舎竣工。

昭和十二年　九月、三田大学学部校舎竣工。十月、医学部北里記念図書館竣工。

昭和十四年　六月、将来の義塾への寄付を前提に、藤原銀次郎により藤原工業大学創立。小泉、同学長に就任。

昭和十五年　十月、小泉塾長「居常心得」訓示。

昭和十六年　一月、新塾歌制定。九月、報国隊結成式。十二月、日米開戦。

昭和十七年　四月、学事振興資金設定。十月、外国語学校開設。

昭和十八年　十一月、三田で塾生出陣壮行会挙行。十二月、学徒出陣。

昭和十九年　八月、藤原工業大学が義塾に寄付され、工学部になる。

昭和二〇年　四—五月、日吉、四谷(信濃町)、三田、相次いで空襲罹災。小泉、空襲により重傷。終戦後間もない九月、日吉校舎、米軍に接収される。

昭和二十一年　四月、塾長代理に高橋誠一郎。

昭和二十二年　一月、新塾長に潮田江次就任。

1. 塾長就任の頃

昭和8年11月21日、小泉は慶應義塾評議員会において林毅陸の後任として塾長に選出された。評議員会議長は山本達雄、常任理事には堀内輝美、槇智雄が選出され、同月28日就任した。山本は、小泉の父信吉が没した際、福澤諭吉が小泉家の後事を託した数名のうちの一人である。

2. 林・小泉新旧塾長挨拶

昭和8年11月29日　三田・大講堂(大ホール)にて

11月29日、大学予科・学部学生、高等部生に対し、新旧塾長の挨拶があった。この時林前塾長は次のように語っている。「願くば此の新塾長の下に於て慶應義塾が益々立派に発展して参るやうに、諸君は又学生として新塾長の指導の下に大いに学業を励まれて、益々立派に成業せられまするやうに祈って已まないのであります。慶應義塾は言ふ迄もなく社中全体の共有のものであります。職員の外、卒業生、学生、老人、若い者、是等全体を含む所の社中の共同の所有物であります。此の慶應義塾を立派にするもしないも、総て社中全体の共同の責任であり、随て学生諸君も此の塾は吾々のものであり、吾々の双肩に其の運命は懸って居るのだといふことを十分に自覚せられて、是から後も大いに自重自愛せられんことを希望するのであります。」(『三田評論』昭和9年1月号)

4

5

3

3. 三田校舎全景

昭和13年8月

当時の三田山上には、商工学校、高等部、商業学校、大学の文系学部が置かれ、現中等部の地に普通部があった。依然木造校舎が多く、現存する鉄骨コンクリート造の第一校舎は前年の9月に竣工。写真下端の国道1号は、前年造成されたもので、三田の風景は大きく変わった。正門は写真右端、三田通りに面した現東門(幻の門)。

4. 建築中の天現寺幼稚舎校舎

昭和11年

谷口吉郎設計の新校舎は、広尾天現寺の現在地に昭和11年11月竣工。明治7年の創立以来三田にあった幼稚舎は、翌年にかけて移転を完了した。教育上の配慮を尽くした構造は評判を呼び、70年以上を経た今なお現役である。

5. 四谷校舎全景

昭和10年頃

医学部設立に伴い、大正8年に開設された四谷校舎(現信濃町キャンパス)は、昭和に入り、写真上方の鉄筋コンクリート造建築、予防医学教室(現存)、病院別館が完成、昭和12年10月には両建物の間に北里記念医学図書館(現存)が竣工した。

6. 日吉校舎全景

昭和9年頃

三田の土地狭隘から新しい校地を求めていた義塾では、昭和3年東京横浜電鉄株式会社(現東京急行電鉄)から現在の日吉キャンパスの地の提供を受けて整備に着手、昭和8年には日吉建設の資金募集を開始、翌年、第一校舎(現慶應義塾高等学校校舎)と陸上競技場などが完成、5月より大学予科の授業を開始した。11年には第二校舎(医学部予科)、12年には寄宿舎が完成。また現在大学校舎のある場所には、藤原工業大学の校舎が建築された。

7

7.『伸び行く慶應義塾』

昭和9年

昭和9年11月2日、三田大ホールにおいて福澤先生誕生百年並日吉開校記念祝賀会が催され、参列者に、日吉の新校舎や慶應義塾の現況を紹介する写真集『伸び行く慶應義塾』が配布された。翌3、4日は日吉デーと称し、義塾関係者に日吉が開放されたのをはじめ、数日にわたって国内各地の三田会(義塾の同窓会組織)により盛んに祝賀行事が催された。

6

10. 台湾訪問に際して

昭和15年1月10日

塾長に就任後の小泉は、日吉、三田、四谷等の総合的拡張のための資金募集を先導する責任から、日本全国、遠くは台湾まで三田会を訪問し、親しく応援を求めた。台湾には3週間にわたって滞在し、台北・台中・嘉義・台南・屏東・高雄の各三田会、台湾慶應倶楽部を訪問した。写真は三田会員の案内で原住民を訪問した際のもの。小泉（前列中央）の右は秘書の坂村儀太郎。

9. ハワイ大学訪問

昭和11年8月29日　山本敏彦提供

小泉塾長は、昭和11年8月から11月、およそ3か月にわたり渡米した。写真は途中立ち寄ったホノルルでの一コマ。帰国後にまとめた『アメリカ紀行』では、「船が着くと、いきなり紅、白、黄の幾つかの輪飾りを首にかけられ、慣れぬこととて些か照れた」と記している。塾長の左は、同行した秘書の山本敏夫（後に文学部教授）。

8a

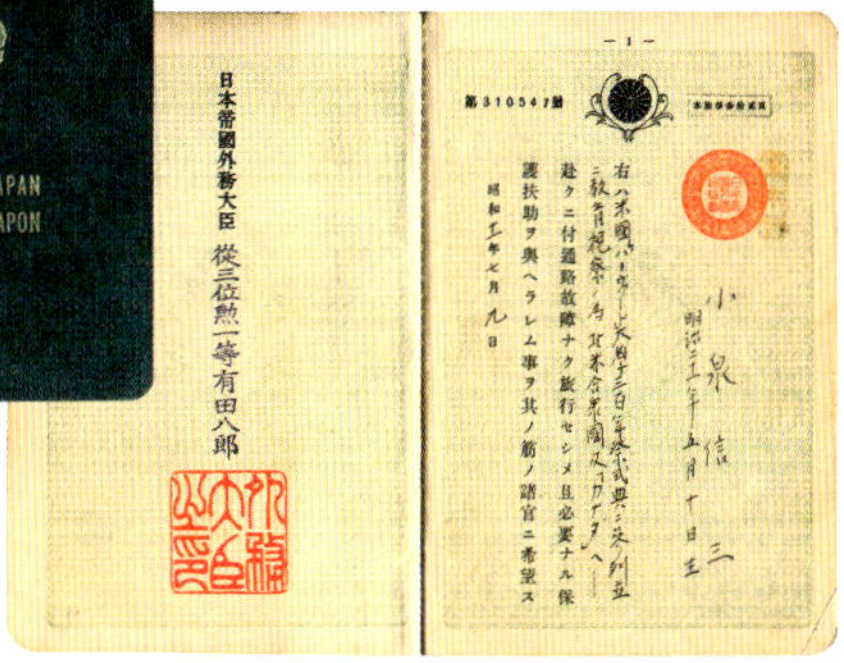

8b

8. 渡米時の旅券

昭和11年　山本敏彦蔵

渡米の際に使用されたパスポート。主な目的はハーバード大学創立300年祭式典への参列であったが、全米各地の教育施設を視察した小泉は、アメリカの理想主義と青年の気力には大いに学ぶべきであると感じ、この時の見聞は戦後の教育改革にも参考になったと述べている。

11. 藤原工業大学開校式で祝辞を述べる小泉

昭和14年6月17日

藤原工業大学は、義塾出身の藤原銀次郎が、その資産を擲ち設立したものであるが、将来義塾に寄付することを条件に、土地や教職員はじめ義塾が全面協力し、学長も小泉が兼ねた。開校式は理事長に就任した藤原の70歳の誕生日に日吉で挙行された。

12. 藤原工業大学予科校舎

昭和14年頃

藤原工業大学の校舎は、日吉キャンパスの銀杏並木の左側、現在大学校舎が置かれている一帯にあった。建物は、三田の旧建築を移築したもの3棟を予科校舎に充て(現在の塾生会館付近)、本科校舎は木造で新築された(現在の日吉図書館、第四校舎付近)。写真は予科校舎。

13. 藤原銀次郎[1869-1960]

明治22年に義塾を卒業した藤原は、三井の重鎮の一人となり王子製紙社長として「製紙王」と呼ばれた。藤原は、私費800万円を投じて「すぐに役に立つ人間を作る」工業教育を目指す工業地帯での大学開設を構想、基礎教育をも重視する教育、日吉での開設を望む小泉とは理念について8か月交渉し妥結をみたが、その後もしばしば議論となった。藤原は開校を「初孫が一度に二百人もできた」と喜び、学生を自宅に招いたり、激励状を送って可愛がった。

14. 谷村豊太郎[1885-1972]

藤原工業大学初代学部長。元東京帝国大学教授、海軍造兵中将で、軍艦大和の主砲設計者。谷村は教育方針について「すぐに役立つ人間はすぐに役に立たなくなる」と主張、小泉と共に、役に立つ人間は、基礎的な研究を十分尊重することによって生まれるという理解を構築することに力があった。この問題は、しばしば経済学における「迂回生産」になぞらえて語られた。

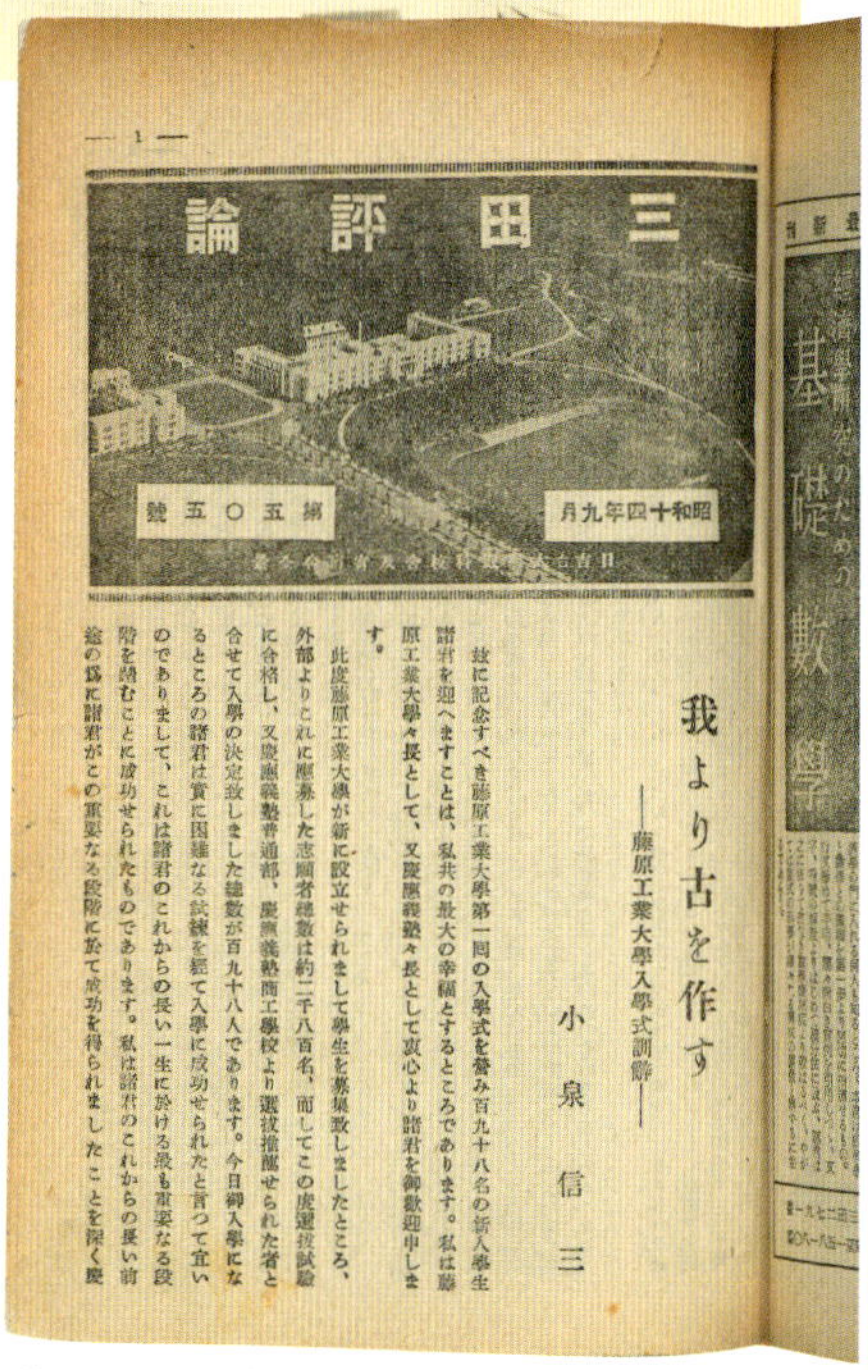

三田評論

昭和十四年九月

第五〇五號

我より古を作す

――藤原工業大學入學式訓辭――

小泉信三

玆に記念すべき藤原工業大學第一回の入學式を營み百九十八名の新入學生諸君を迎へますことは、私共の最大の幸福とするところであります。私は藤原工業大學々長として、又慶應義塾々長として衷心より諸君を御歡迎申します。

此度藤原工業大學が新に設立せられまして學生を募集致しましたところ、外部よりこれに應募した志願者總數は約二千八百名、而してこの度選拔試驗に合格し、又慶應義塾普通部、慶應義塾商工學校より選拔推薦せられた者と合せて入學の決定致しました總數が百九十八人であります。今日御入學になるところの諸君は實に困難なる試煉を經て入學に成功せられたと言つて宜いのでありまして、これは諸君のこれからの長い一生に於ける最も重要なる段階を踏むことに成功せられたものであります。私は諸君のこれからの長い前途の爲に諸君がこの重要なる段階に於て成功を得られましたことを深く慶

15. 「我より古を作す」

『三田評論』(昭和14年9月号)

昭和14年7月8日、小泉は藤原工大の1期生198名の入学式に当たり「自我作古」(我より古をなす)という言葉を特に引いて次のように続けた。「諸君の歴史が即ち藤原工業大学の歴史になる、諸君の成績如何が藤原工業大学の成績如何に関するのであります。此の大学をして声価高き信用あるものとなさしむるか然らざるかは、全く諸君の力に依って定まるものであります。」この言葉は福澤諭吉が義塾の命名と藩からの独立を宣言した「慶應義塾之記」(慶応4年)の中で用いて以来、久しく忘れられていたものであったが、再び人口に膾炙するに至り、こんにち義塾の精神の一つとして語られる。

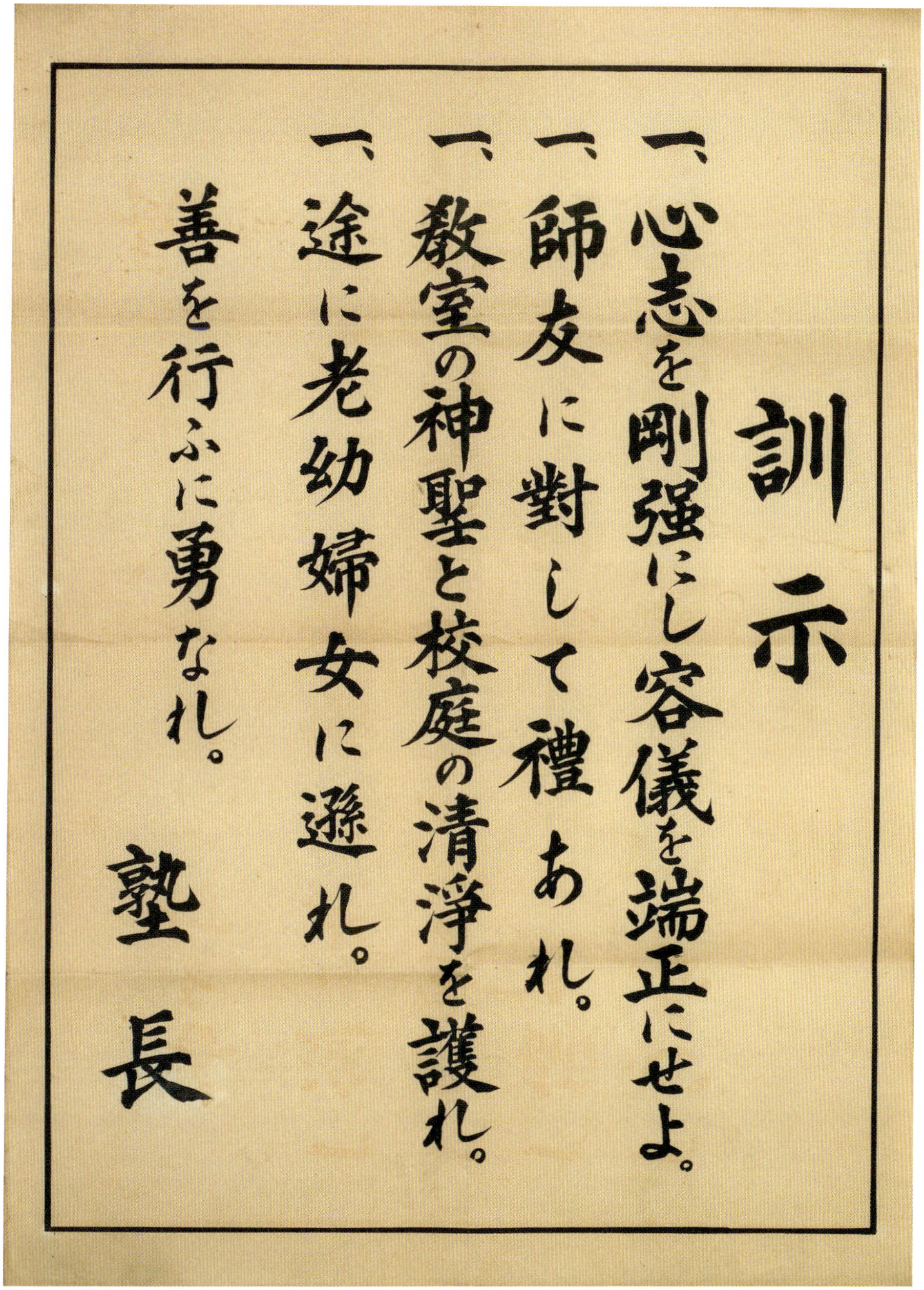
訓示

一、心志を剛强にし容儀を端正にせよ。

一、師友に對して禮あれ。

一、敎室の神聖と校庭の清淨を護れ。

一、途に老幼婦女に遜れ。

善を行ふに勇なれ。

塾長

16. 塾長訓示

昭和15年

塾長小泉は、福澤が慶應義塾の目的として掲げた「気品の泉源、智徳の模範」を教育の一基軸として重視していた。塾生の容儀礼節を高からしめることがすなわち義塾の名を輝かしめることであるとして、昭和14年末に塾生に対して「塾の徽章」と題する講演を行い、以後率先規律の励行を先導、この動きは「塾生道徳化運動」と呼ばれ、各方面から注目を浴び、追随する学校も現れた。15年10月、小泉は学生による自発的な動きを促すため、塾生の居常の心得を数か条にまとめたものを各教室に掲げ、さらに各条に注解を付した小紙片を塾生に配布し、常時携帯させた。また、同月末には、服装規程を制定した。小泉は塾長就任早々の昭和10年に大学予科生徒に短髪と制服着用を求め、一部生徒の反発を受けたこともあったが、容儀礼節を高めることは、時局への対応というより、小泉の年来の信念であったといえよう。

17. 木曜会のメンバーと小泉家の人々

昭和5年秋

右端に小泉と子供たち。「木曜会」は大正13年頃、週の講義が終わる木曜夜の小泉邸に、ゼミの学生などが自然と集うようになって始まった会合。のち月1回第一木曜日を定日とし、小泉が品川御殿山に転居するといよいよ盛んになり、卒業生や見知らぬ学生も参加して大いに賑わった。小泉の言に依れば8畳に28名を詰め込んだこともあり、遂に家を建て増し、最高70人に達したことがあったという。しかし小泉の長男信吉の戦死を受け、昭和17年11月の会合を最後に中断、戦局の悪化と共にそのまま自然消滅となった。

19a

18. 学生向けの随筆集から

小泉は塾長就任前後より学生に向けた著作を多く発表している。『師・友・書籍』(昭和8年)はその最初で、序文を寄せた水上瀧太郎は「ひととなり随筆流にあらざる人の随筆集」と評した。その後、『学窓雑記』『アメリカ紀行』『大学生活』『学府と学風』『師・友・書籍 第二輯』『学生に与ふ』と続き、戦後も『大学と私』を出している。

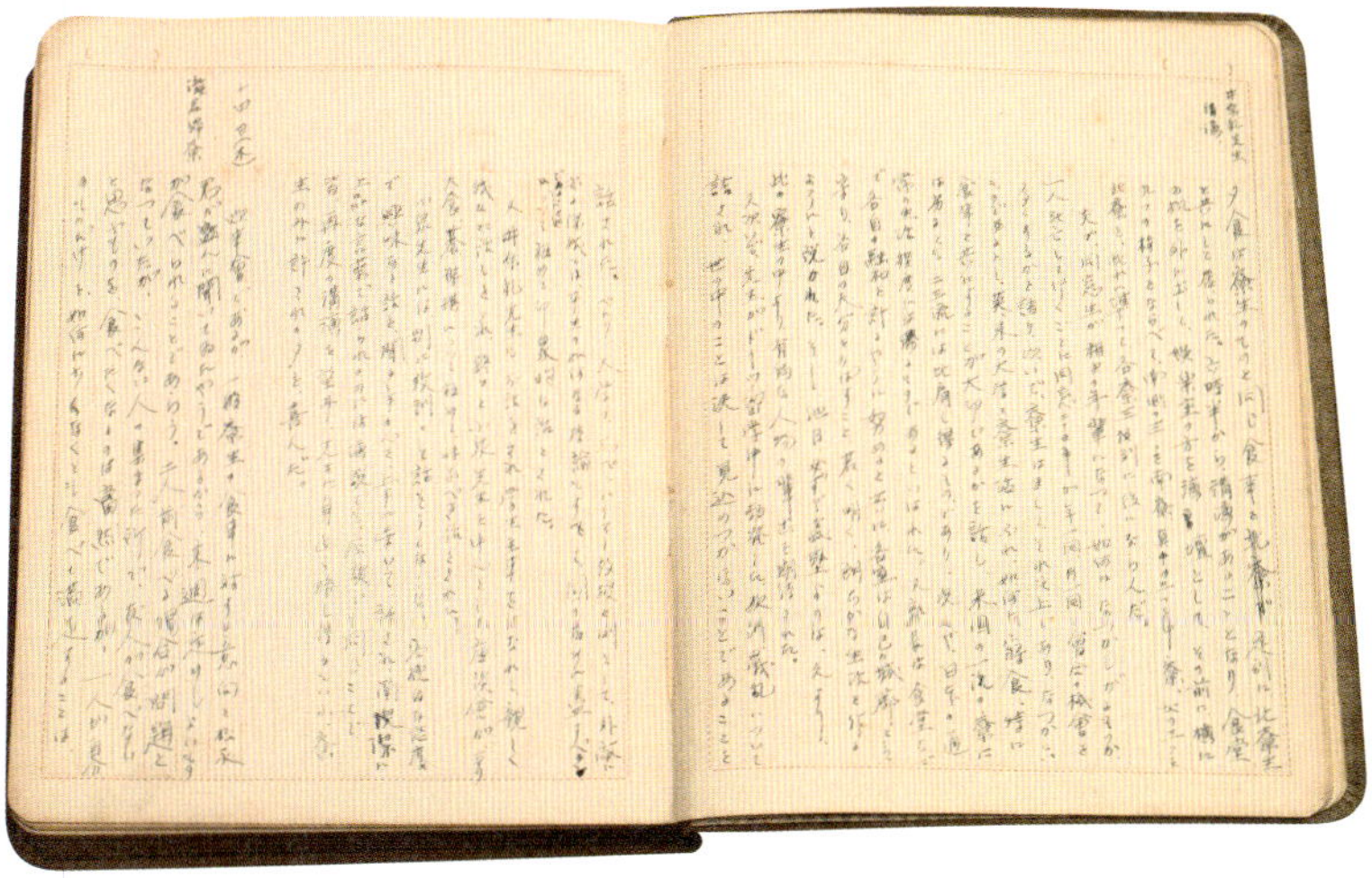

19.　当時の塾生生活

19a. 三田での休み時間。大学学部校舎（現第一校舎）前から五号館（現図書館新館の地）を望む。昭和16年4月

19b. 日吉の銀杏並木を上る予科生。昭和16年2月22日

19c. 日吉での英語の授業　昭和16年1月

19d. 神宮球場での慶應応援席　昭和10年頃

19e. 大ホールでの明治節祝賀式を終えた学生たち。昭和17年11月3日

19f. 大ホールに集い、早慶戦勝利を祝う学生。昭和10年頃

20.　日吉寄宿舎中寮「舎生日誌」

昭和12年10月13日条

この日、小泉は日吉寄宿舎を訪れ、南寮の生徒と野球に興じ、夕食後中寮で講演、その後寮生と親しく懇談した。日誌の中で小泉の語り口は「別に教訓として話そうとはしない、客観的な態度」と評され、「先生に身近く話し得るといふ寮生のみに許される夕を喜んだ」と結ばれている。

19b

19c

19d

19e

19f

2. 早稲田大学総長田中穂積宛書簡案文

昭和18年1月25日

3.「大学院関係書類綴」

昭和18年7月

昭和18年1月、文部省は新制大学院、特別研究生の制度を官立大学のみに限定して設置する方針を明らかにした。これに対し小泉は官学偏重として意見書を提出するなど強硬に反対、早大総長田中穂積と共に私学の立場を表明した。6月に至り慶應・早稲田にも大学院の設置が認められたが、その後も官学偏重の傾向に常に注意していた様子が、大学院問題について残された書類にみえている。

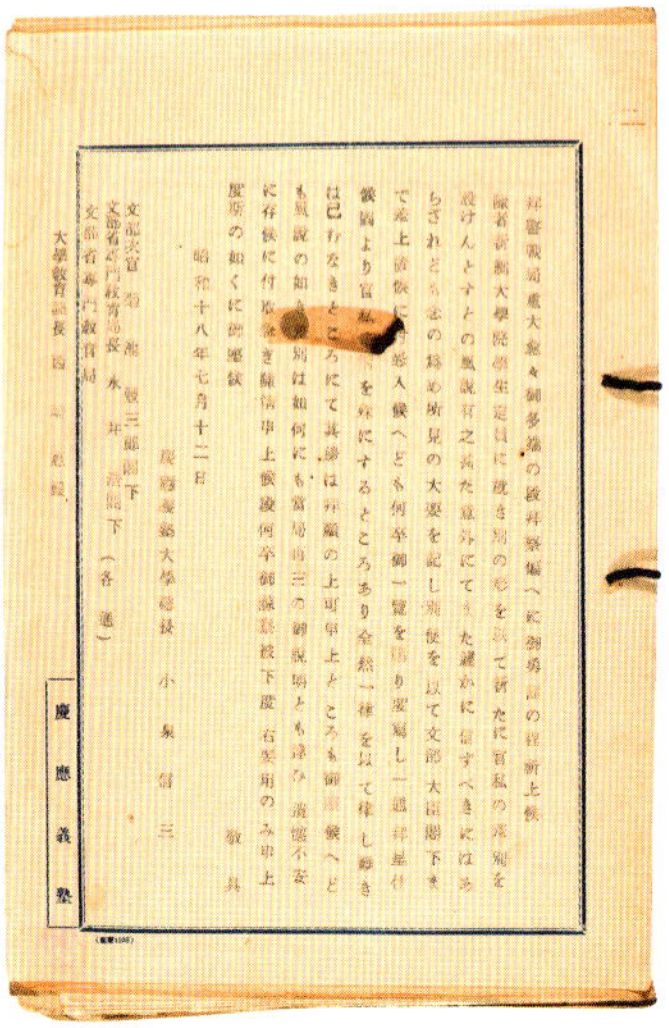

昭和十八年七月十二日

慶應義塾大學總長 小泉信三

文部次官 藤野惠三郎閣下

文部省専門教育局長 永井浩閣下

文部省専門教育局 大學教育課長 西崎恵殿 （各通）

慶應義塾

3

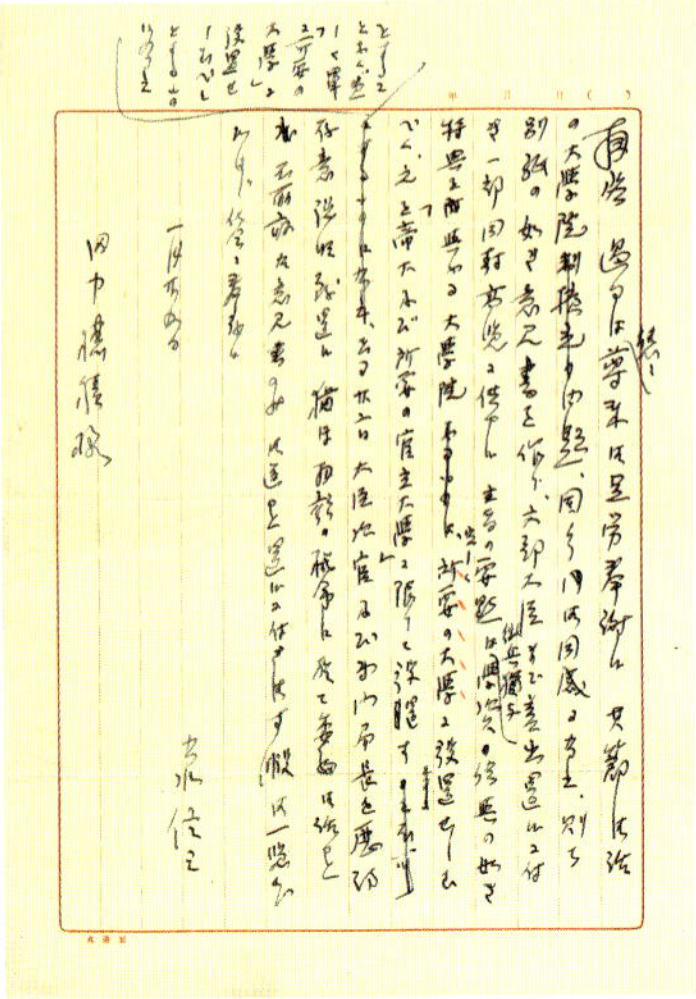

2

4

1. 開戦前夜の小泉塾長（前列中央）と庭球部OBたち

昭和16年12月7日

日米開戦は小泉が庭球部OBに銀婚式を祝われた翌日であった。早朝、塾長室を訪ねた藤原銀次郎は、小泉に「もう、聖断を仰ぐこともなくなりましたね」と呟いたと、同席した常任理事槙智雄が伝えている。時局切迫を憂えた小泉が、戦争回避にはそれしか方法がない、と口にしていた言葉であった。

4. 大ホールにおける卒業生への告辞

昭和18年9月26日

戦時下、慶應義塾は、創立者福澤諭吉は国賊であるとか、自由主義者の巣窟であるなどとしてしばしば攻撃の的となった。陸軍の教科書では福澤批判が展開され、福澤著作の刊行に、抗議が寄せられる世相であった。大ホールには和田英作の筆になる着流しの福澤諭吉像が設置されていたが、その前で勅語奉読とは恐れ多いとして、義塾の配属将校が撤去を申し入れていた。小泉は福澤と義塾の擁護に常に苦悩したが、福澤像の撤去には遂に応じなかった。

1

5. 学徒出陣に際して贈られた日章旗

昭和18年秋　肥田野淳蔵

昭和18年10月、徴兵猶予が停止されると、小泉はじめ教職員は入隊を控えた学生の求めに応じて国旗に揮毫した。小泉の揮毫は決まって「征け○○君」「忠孝不二」というものだった。理財学会委員で、「最後の早慶戦」では塾旗の旗手を務めた肥田野は、大学からこの日章旗を特に贈られた。下段は経済学部の教員で、上段右から中央にかけては配属将校の揮毫。

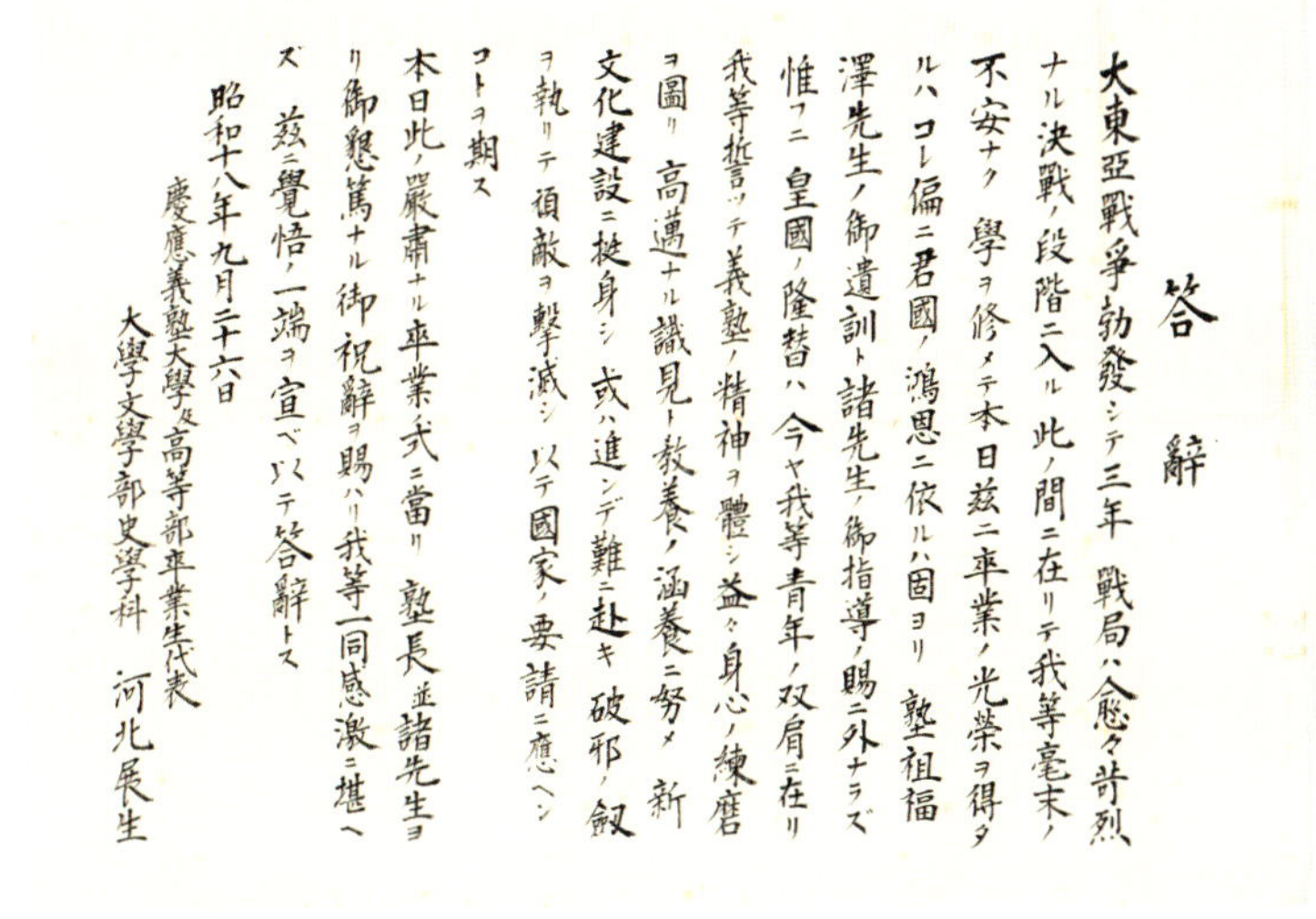

答辞

大東亜戦争勃発シテ三年　戦局ハ愈々苛烈ナル決戦ノ段階ニ入ル　此ノ間ニ在リテ我等毫末ノ不安ナク　學ヲ修メテ本日茲ニ卒業ノ光榮ヲ得タルハ　コレ偏ニ君國ノ鴻恩ニ依ルハ固ヨリ　塾祖福澤先生ノ御遺訓ト諸先生ノ御指導ノ賜ニ外ナラズ　惟フニ　皇國ノ隆替ハ　今ヤ我等青年ノ双肩ニ在リ　我等誓ッテ義塾ノ精神ヲ體シ　益々身心ノ練磨ヲ圖リ　高邁ナル識見ト教養ノ涵養ニ努メ　新文化建設ニ挺身シ　或ハ進ンデ難ニ赴キ　破邪ノ剱ヲ執リテ頑敵ヲ撃滅シ　以テ國家ノ要請ニ應ヘンコトヲ期ス

本日此ノ厳粛ナル卒業式ニ當リ　塾長並ニ諸先生ヨリ御懇篤ナル御祝辞ヲ賜ハリ　我等一同感激ニ堪ヘズ　茲ニ覺悟ノ一端ヲ宣ベ以テ答辞トス

昭和十八年九月二十六日

慶應義塾大學及高等部卒業生代表

大學文學部史學科　河北展生

6. 昭和18年度卒業式卒業生答辞

昭和18年9月26日

文学部総代河北展生（文学部名誉教授）が読み上げた答辞。河北は時局に合わせた表現の盛り込みに苦心し、福澤研究者として知られる塾監局職員富田正文とともに「この位でよいかな」と相談したことを鮮明に覚えている。

7. 壮行会を終え、三田を後にする出陣塾生［7a］と、大ホール前で見送る教職員（中央手前に小泉塾長、左後方に福澤八十吉社頭）［7b］。

昭和18年11月23日

3000人の出陣塾生は、屋外での式典の後、ホール前広場で在校生と出陣壮行歌、応援歌を合唱、その後福澤諭吉の墓に詣でた。彼らが去った後の情景を小泉は次のように描写している。「校庭は空しく広く、人影は疎らであった。墓参を終えた学生の中には、名残りを惜しんで、また山の上に帰ってきたものもある。今別れて来た許りのその学生等に会うことが、遠い旅から帰って来た人々と再会したように懐かしく思われた。」（『海軍主計大尉小泉信吉』）

7b

7a

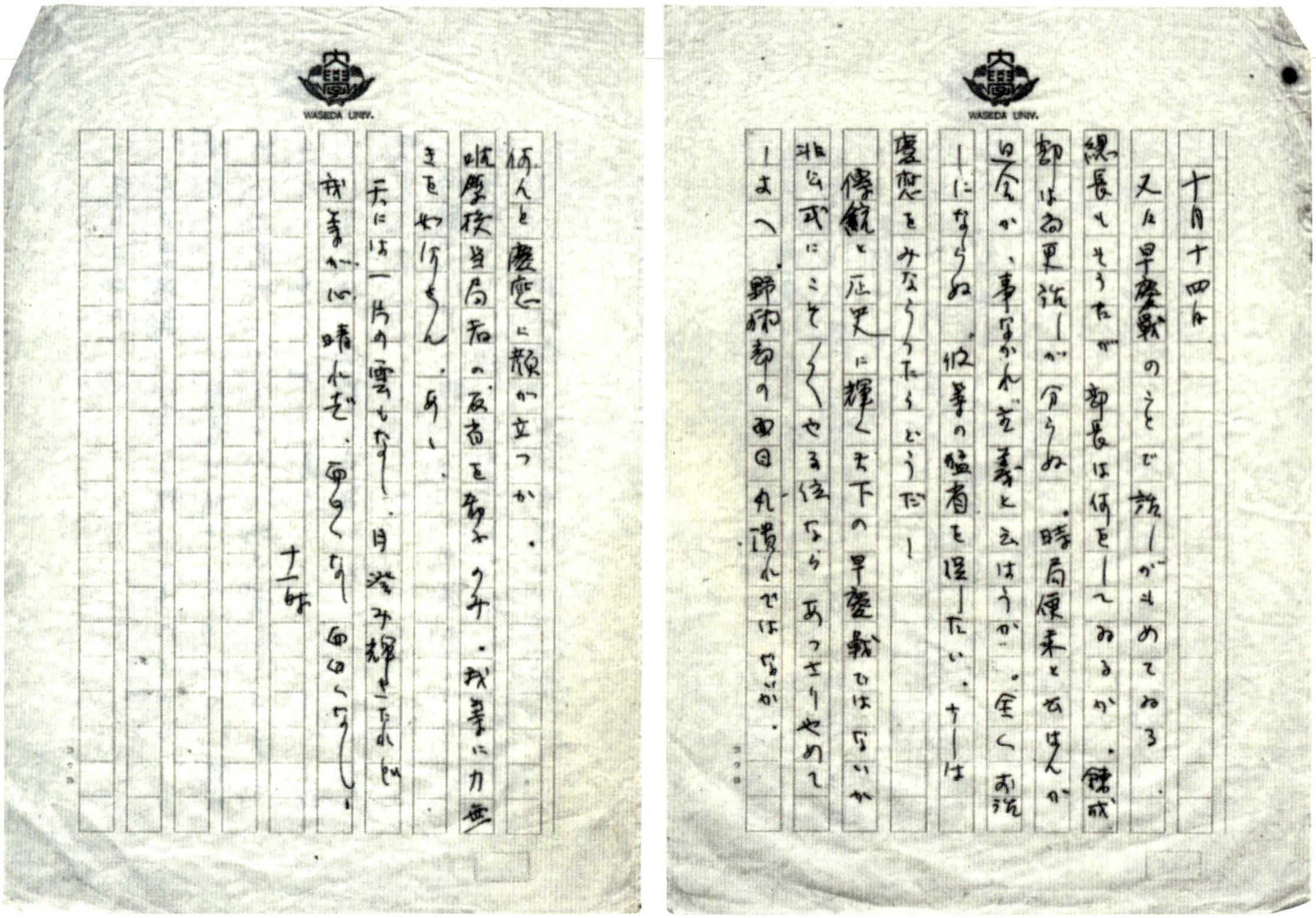

十月十四日
又々早慶戦のことで話しがもめてゐる。
総長もそうだが部長は何をしてゐるか。錬成
部は更に話しが分らぬ。時局便乗と云はんか
日和見か、事なかれ主義と云はうか。全くお話
しにならぬ。彼等の猛省を促したい。少しは
慶應をみならったらどうだ！
伝統と歴史に輝く天下の早慶戦ではないか
非公式にこそくくせる位ならあっさりやめて
しまへ。野球部の面目丸潰れではないか。

何んと慶應に顔が立つか。
既学校当局者の反省を乞ふ次第。我等に力無
きを如何せん。あゝ
天には一片の雲もなし。月冴え輝きて美し
我等が心晴れざる。何となく面白くなし。
十時

8. 森武雄日記

昭和18年10月　早稲田大学大学史資料センター蔵

早稲田大学野球部員として出場した森武雄は、「最後の早慶戦」前後を含む、出陣に至る日々の率直な気持ちを綴っていた。10月14日、なお早慶戦開催に消極的な気配の早稲田当局について「少しは慶應をみならったらどうだ！」と記している。

◉「最後の早慶戦」と小泉信三

昭和十八年十月十六日、早稲田戸塚球場において「最後の早慶戦」と呼ばれる野球戦が行われた。日米開戦前より学生スポーツに対する締め付けは厳しくなっており、十八年春に至り六大学野球もリーグ解散を命じられた。同年十月、徴兵猶予の停止が決定されると、戦地に赴く前に早慶戦をしたいと、義塾野球部主将阪井盛一が、部長平井新に申し出た。対校試合を許可する立場の塾長小泉はこれを言下に承諾した。ところが、打診に対して、早大当局は難色を示す。時局切迫の中で大学の存続すら危ぶまれていたのは慶應側も同じであったが、かねてより文部省・軍部のスポーツ弾圧について強固な反対姿勢を鮮明にしていた小泉の下、慶應側は開催の方針を一貫して動かさず、早稲田側は野球部顧問飛田穂洲らの奔走により実施にこぎ着けた。試合は1対10で慶應が敗れたが、試合後は勝者も敗者もなく、どこからともなく起こった「海ゆかば」の大合唱が早稲田の杜に響き渡った。

9c

10a

10b

9.　最後の早慶戦当日の情景
昭和18年10月16日　松尾俊治提供[9a-b]

10.　三塁側慶應応援席
関口存彦提供
「……小泉信三塾長以下慶應の教職員たちが揃って姿を見せた。『小泉先生どうぞ、こちらへ』と感激した早大の相田マネジャーがネット裏へ案内しようとすると、『いや、私は学生と一緒にいるのが楽しいのです。そうさせて下さい』と学生のいる三塁側スタンドへと進もうとして『そう、飛田さんには一応、挨拶しておきましょう、お手すきなら』といい、相田マネジャーの急報でかけつけた飛田穂洲氏と外岡部長に『よかったですね。晴天で』と挨拶して、ゆっくりと三塁側の慶應スタンドに向かった。塾生たちはそれを拍手で迎えた。」(笠原和夫・松尾俊治『学徒出陣 最後の早慶戦』)三塁側慶應応援席本塁寄り中段には、確かに小泉の姿がある[10b]。

9a

9b

塾監局　　図書館（書庫以外焼失）

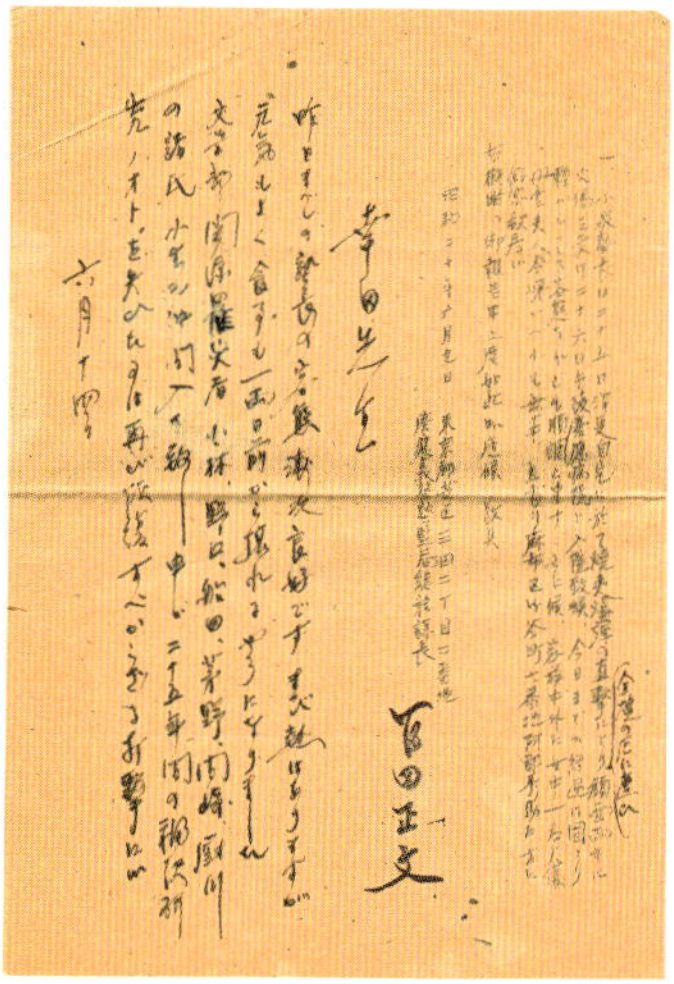

11. 幸田成友宛富田正文書簡
昭和20年6月14日付
慶應義塾関係者に義塾の罹災状況を報告する謄写刷り書簡に、富田正文が小泉の容態を加筆している。「まだ熱はありますが元気もよく食事も一両日前から摂れるようになりました」とある。しかしこの後、重度の大腸カタルを併発して重体に陥った。「その幾日間の記憶が私にはない。ただ日夜つづけて幻想に襲われていた。その一つは、冷製鮭のマヨネエズと、鮎の塩焼きを貪り食う幻想である。」（「わが食物」）病床で終戦を迎えた小泉は、さらに脚気となり、12月1日の退院後も歩行が困難となった。また、眼と口は完全に閉じなくなり、夜は手ぬぐいで眼を縛って寝る習慣となった。

◉小泉信三の罹災

小泉は昭和十八年十一月末、慶應義塾綱町グラウンドの北側にある三階建洋館に転居、二十年五月二十五日、この家で空襲に遭い重傷を負った。小泉はその夜三階ベランダにいた。強い南風が吹いていた。「私には、爆弾が見えたんですよ。飛行機がだいぶそれていたので、見ていた。ところが、弾がぐっとカーブしてきて、大きく見えたと思った瞬間、私は気を失ったんです。」目覚めると火に囲まれていた小泉の頭に浮かんできたのは、父信吉の命日に福澤の弔詞を読み上げている場面であったという。消火を試み、無駄とわかると、燃えている階段を突進し、目をつぶって駈け降りた。火を抜けたところで、小泉は再び失神し、家族三人の呼び声に、目を覚ました。「『ヤレヤレ起きるのか。もうこの儘寝ていたいものだ』と、その時思った」（「わが住居」）。しかし妻と二人の娘が無事だったことを意識した「その瞬間、猛然と闘志が湧いてきた。そうだ。この家族のため、どんな事をしても、生き抜かなければならないと、その時私は深く決心しました。」小泉は焼けた階段の手摺りを頼りに一階に下りた。その姿を娘の加代は「半ば意識を失ったようなぼう然としたようすで、顔は異様にはれて出てきた」（「空襲と父の負傷」）と描写する。

12. 多くの校舎が焼失した三田山上

終戦前後

昭和20年に入りにわかに激しさを増した空襲により、慶應義塾も大きな被害を被った。4月15日には一部校舎の貸与により海軍が同居していた日吉校舎において木造校舎の8割が焼失、5月24日には三田の普通部校舎が全焼、同日四谷も木造の医学部校舎・病院施設がことごとく焼失した。翌25日には三田の木造校舎及び大講堂、図書館が焼失する甚大な被害を被った。写真は五号館(現図書館新館の位置)の焼け跡から見た惨状。

13. 三田本塾戦災状況報告書

昭和20年6月10日付

三田が空襲を受けた5月24、25日の様子を、病床の小泉に報告するためまとめられた報告書。両日山上にいた、特設防護団本部総務班長奥井復太郎(後の塾長)と昆野和七が聞き取り調査などを行って3日がかりでまとめ上げたもの。筆者は奥井。昆野はなかなか小泉への報告の機会を得ず、塾長任期満了が迫った21年10月頃報告した。小泉邸被弾は次のように記録されている。「本塾第一次被弾アリシ二二時五六分マデニ屋上ヨリ東方ニ望ミ得シ敵機ハ約十七機ニシテ其ノ内六、七機ハ本塾上空ヲ通過シソノ東西側ニ大型焼夷弾ヲ投下セリ(綱町塾長邸ニ被弾シタルハ第十機二二時四九分頃ト思ハル)」。

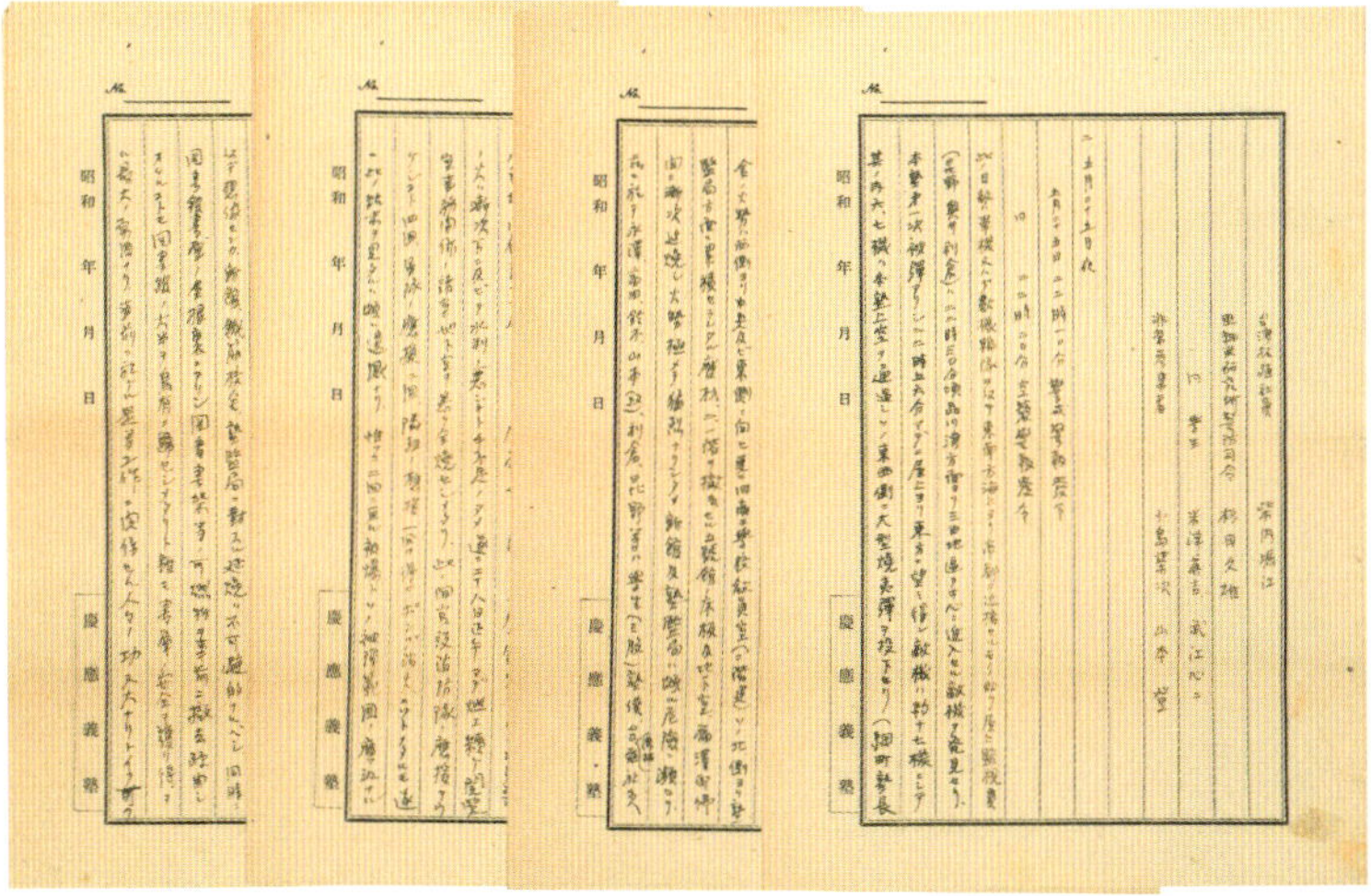

小泉は義塾亜細亜研究所(現義塾女子高の地)の防空壕に避難、翌日慶應病院に運ばれた。小泉は顔面の火傷以外にも、手摺りをつかんだ左手の自由を失い、十二月の退院時、体重は二十五キロも減っていた。(記載のない引用は、昆野和七「焼夷爆弾」、「小泉信三先生との対話」)

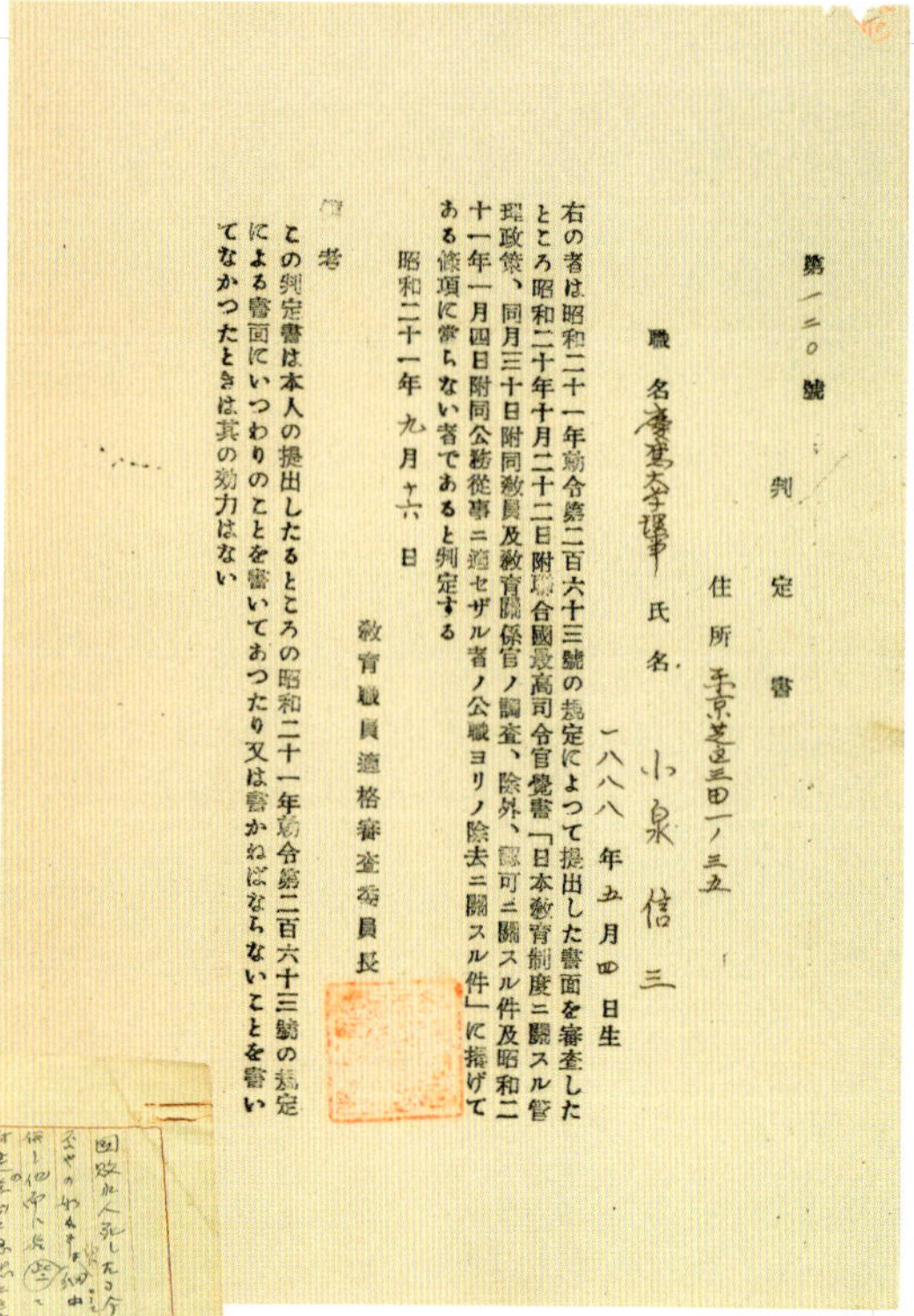
第一二〇號

判定書

住所 東京都芝区三田一ノ三五

職名 慶應義塾長　氏名 小泉信三

一八八八年五月四日生

右の者は昭和二十一年勅令第二百六十三號の規定によつて提出した書面を審査したところ昭和二十年十月二十二日附聯合國最高司令官覺書「日本教育制度ニ關スル管理政策」、同月三十日附同教員及教育關係官ノ調査、除外、認可ニ關スル件及昭和二十一年一月四日附同公務從事ニ適セザル者ノ公職ヨリノ除去ニ關スル件」に掲げてある條項に當らない者であると判定する

昭和二十一年九月十六日

教育職員適格審査委員長

備考

この判定書は本人の提出したるところの昭和二十一年勅令第二百六十三號の規定による書面にいつわりのことを書いておつたり又は書かねばならないことを書いてなかつたときは其の効力はない

15. 適格審査判定書

昭和21年9月16日付

適格審査の結果、適格と認定されたことを通知する判定書。塾長、各校長らは文部省の委員会で、各教員は学内で審査され、慶應義塾では6名の教員が不適格と判定された。

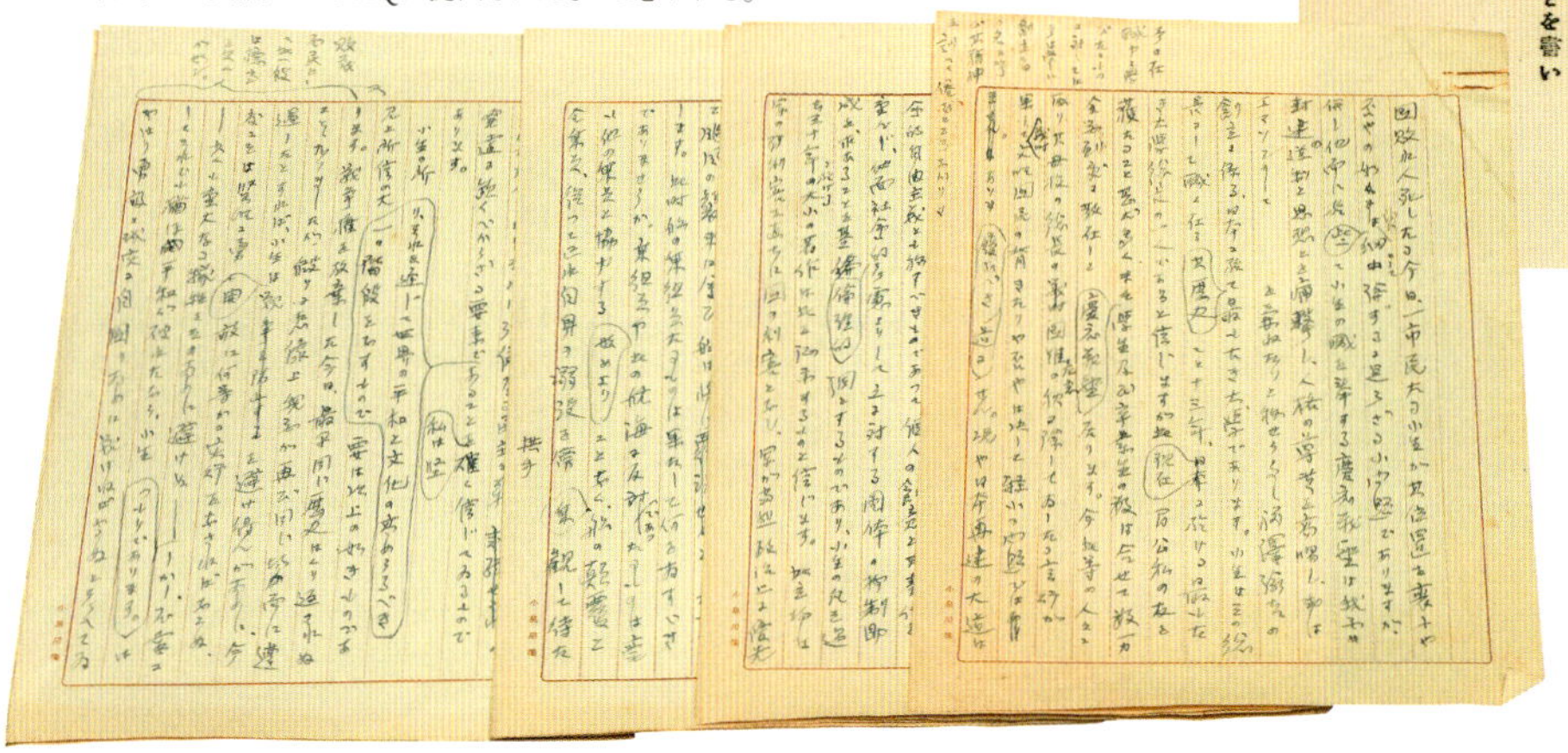

14. 教員適格審査に対する弁明書草稿

昭和21年

連合国軍総司令部（GHQ）の指令により全国の諸学校教職員に対して実施された適格審査の際作成された小泉の弁明書草稿。文語と口語の草稿があり、最終的には英訳の上GHQに提出されたものと思われる。

◉GHQに対する小泉信三の弁明書

小泉は、GHQに対する弁明の邦文草稿でまず、「此戦ひに対して冷淡なりしことを強調して自ら護らんとするもの」を「陋」といい「卑怯」といって、そのような立場を取らないことを言明、自分は「開戦に至る最終の瞬間まで平和に恋々」としつつ、「開戦を妨げるためには寸毫の効果ある実行をも為し得なかった」ことを認め、「省みて懺悔に堪へず、今之を記しつ、深き苦痛を感ずる」と書いている。戦中の言動については、荒天に出港した船に喩えて次のように説明した。

「乗組員の或者は危険を指摘して出港を止めました。それにも拘らず出港論は勝を制して船は解纜し、大洋に出でて颱風の襲来に会ひ、船は将に櫂は折れ、浸水は始まったとも《ママ》のとします。此時船の乗組員たるものは果たして何を為すべきでありませうか。乗組員や始めより此の航海に反対であったるものは毫も他の乗員と協力することなく、乗船の転覆と全乗員、従って己れ自身の溺没を傍観して待たなければならぬものでありませうか。……苟も出港に反対なるものは航海中船の如何なる危難に会ふことあるも決して船員としての勤めに勤めてはならぬといふ論理は小生の服せざるところであります。」そして最後において、「仮りに想像上我国が再び同じ場面に遭遇したとすれば、小生は開戦を避け得んが為めに、今度こそは賢明に勇敢に何等かの実行をなさねばならぬ――少くも重大なる犠牲をその為めに避けぬ――つもりであります。しかし、不幸にしてそれでも猶ほ平和が破れたなら、小生はやはり勇敢に誠実に自国の為めに戦はねばならぬと考へてゐます」と記している。

17. 戦後最初の写真（署名入）

昭和24年　今井康道撮影

戦災で顔面を負傷後最初の写真。「今井（康道）君のすすめに従い、写して貰う気になった。出来たものを見ると、鏡で見る自分よりはたしかに好いが、しかしレンズは嘘はない筈だから、光線の具合によってはこのように見えることも真実であろう。」（『小泉信三全集』第14巻口絵）周囲の者に「今日も子供が俺に見とれたよ」と冗談を言うこともあったが、子供に泣かれたと語ることもあった。後に長女秋山加代は「父の顔は、やけどのあとの方が本物で、昔の写真を見ると、浅いような気がする」（「空襲と父の負傷」）と記している。

16. 鏑木清方筆「春の野辺」

昭和21年頃

かねてより小泉と親交のあった日本画家の鏑木清方は、妻に小泉邸を訪ねさせ「お見舞いのお菓子がわりに」とこの画を贈った。

18

19

18.「平和来」除幕式

昭和32年12月1日

左より小泉、朝倉文夫、塾長奥井復太郎。小泉は三田の山から戦地に赴き没した者たちを欧米の大学同様に記念することを希望した。その志を生かそうとする昭和7年卒業生有志が卒業25年を記念して拠金し、朝倉文夫作のブロンズ青年像「平和来」が建てられた。この日挨拶に立った小泉は「このたび台石に何か言葉を書くようにと依頼されたとき、自分はその任ではないと断ったが、考えてみれば、この三田山上から学徒が出陣したのは、私の塾長時代であったので、思いかえしてこの拙い言葉を刻ませてもらった」と語った(『三田評論』昭和33年2月号)。

19.「平和来」碑文

20. 戦災記念日の食事会

昭和32年6月25日

小泉は、戦災に遭った5月25日を記念日と定め、昭和21年から毎年、治療に当たった慶應病院長西野忠次郎、主治医竹内實、内科教授石田二郎などを自宅に招き、謝恩の食事会を開くこととした。昭和32年は一月遅れで開催。背を向けているのが小泉、その正面に西野。この会は36年、西野の死去まで続く。

V 勇気ある自由人

戦後

小泉は、昭和二十(一九四五)年八月十五日の終戦を慶應病院の別館の病室で迎えた。五月二十五日の空襲で、三田綱町グラウンド脇の自宅が大型焼夷弾の直撃を受け、全身に重度の火傷を負ったのである。

塾長を退任し、傷も癒えつつあった昭和二十二年、小泉は『文藝春秋』に「読書雑記」と題する連載を書き始めた。戦後の文筆活動の始まりである。その連載の一編、「エドワアド・グレイ」に次の一節がある。

「グレイは人を幸福にするもの四つを数える。一は、吾々の行動を導く何等かの道徳的基準、二は、よき家族と友、三は、己れの存在を有意義ならしめる何等かの仕事、四は、或る程度の閑(レイジュア)とその閑の或る使い方これである。」

以後、文筆家として新聞や雑誌に随筆を書き続けたが、それは恰もグレイの四か条を思い起こさせるもので、楽しみに待つ愛読者が多かった。

また、敗戦からの国の再建の道標が求められていたので、その論説は広く歓迎された。たとえば、年来のマルクス主義批判を基にした『共産主義批判の常識』は昭和二十四年のベストセラー第二位になった。吉田茂内閣が米国を中心に自由主義諸国との講和条約の締結、いわゆる単独講和を目指したのに対して、ソ連なども含めた全面講和と非武装中立を目指すべきだとの批判が起こった時には、実現不可能な全面講和よりも、単独講和によって占領下から早期に独立することの必要性を「平和の名より平和の実を」と説いた。慶應義塾の元塾長石川忠雄は「感嘆しているのは、全言論界が全面講和論で一色に塗りつぶされているようなその状況の中で、敢然として反対の部分講和論を主張されたその勇気です」(『三田評論』平成八年八・九月号)と述べている。

小泉は、昭和二十二年一月に塾長の任を退いて以後、様々な公職の依頼を全て断った。唯一の例外が東宮御教育常時参与としての仕事であった。皇太子殿下(今上天皇)の御教育に携わったヴァイニング夫人はその著『皇太子の窓』で、「田島氏が私に語ったところによると、小泉博士を口説きおとすまでには、田島は十四度び「田島によれば九度」博士のところへ足を運んだという。……一旦決意されると、博士は精魂をうちこんで仕事に当った」と書いている。小泉は、福澤諭吉の『帝室論』や『ジョージ五世伝』をテキストに、その中に書かれている様々な問題についてお話をした。五百余頁の大部の『ジョージ五世伝』は、約五年をかけて読み終えた。巻末に読了の日付が書き記されているが、それは御成婚の一週間前であった。

昭和三十三年十一月八日、慶應義塾が罹災から復興を遂げ創立百年を祝う式典で、小泉は塾員代表で祝辞を述べた。皇太子殿下のご婚約が公表されたのは、同じ月の末のことであり、翌三十四年四月、御成婚の儀が行われた。

文筆生活

1. 安田靫彦筆小泉信三肖像
昭和38年
生前小泉が最も気に入っていた肖像。昭和38年3月、朝日新聞PR版への小泉の寄稿に、挿絵として添えられたもので、当初輪郭だけであったが、朝日の担当者が安田に彩色してもらった上で後日小泉に贈った。

3. 出版社への談判書案文

昭和24年4月17日付

『共産主義批判の常識』発売直前に、その内容を危惧する者たちの出版社への運動などがあったものか、小泉の元に副社長が来訪して発売の取り止めを求めるかの如き申し入れがあった。これは、その時小泉が書き送った談判書である。綿密な推敲の跡が伺え、その中には「これは一体どうしたのですか」という加筆や社を諭す言葉、「共産主義者が拙著の出版を不利と感ずるあらば、公然拙著の論旨を論駁して公衆の批判を仰げば宜しい」といった鋭い言葉が見える。結局予定通り発売され、たちまちベストセラーとなった。

3

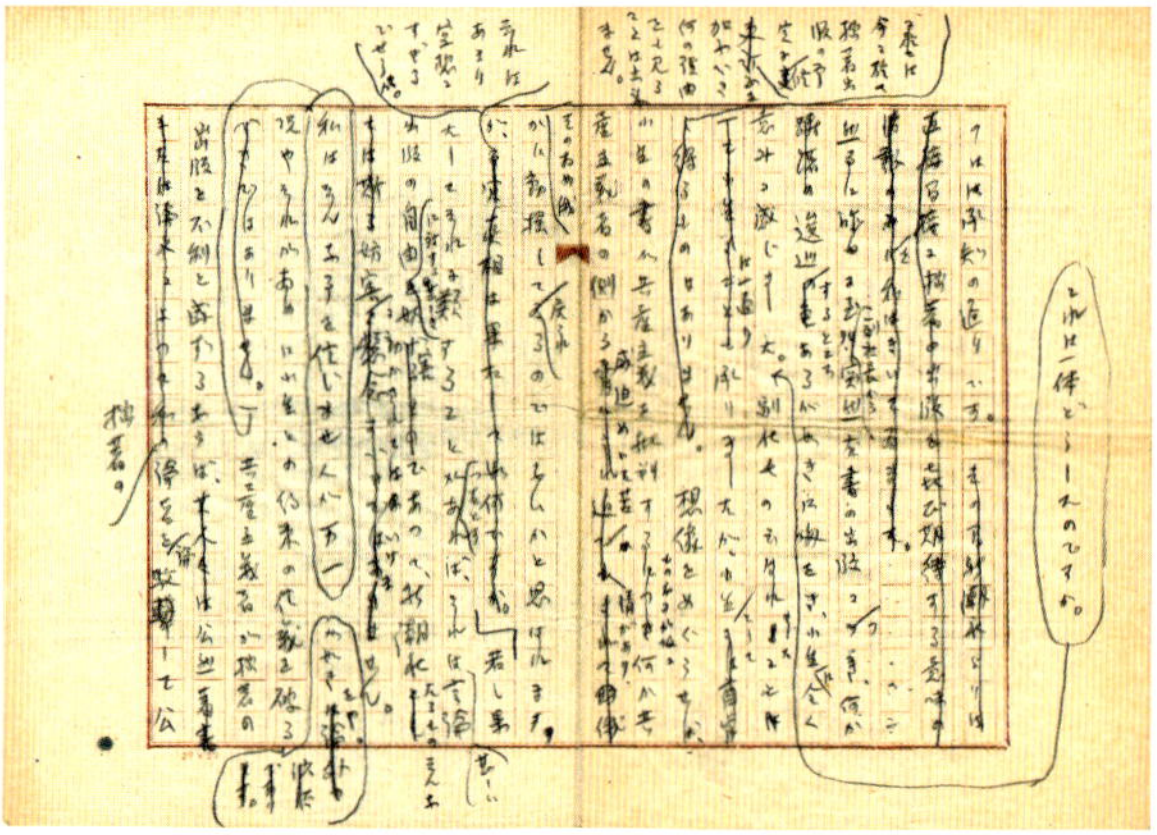

2

2. 共産主義批判三部作と『平和論』

昭和24年—27年

小泉の共産主義批判三部作と呼ばれるのは『共産主義批判の常識』(昭和24年)、『私とマルクシズム』(昭和25年)、『共産主義と人間尊重』(昭和26年)である。昭和24年1月の衆院選挙で大躍進を遂げた共産党は、政権奪取の闘争を展開、世相はにわかに混迷の色を深めていた。それにもかかわらず、世の学者や評論家が明確な共産党批判を憚る風潮を憂えた小泉は、平易に共産主義批判、マルクシズムの本質を解説してこの3作にまとめ、1作目は年間書籍売り上げ2位を記録した。

一方で最大の外交課題となっていた講和問題では、東側諸国を含めて講和を実現すべきとする全面講和論や中立論が台頭していた。小泉はこの問題への発言を控えていたが、世論を座視できず、昭和26年秋より、論壇ではほとんど主張する者のなかった、単独講和論の立場を明確にした。全面講和が非現実的であることを論理的に指摘し、それが結果として占領の継続を願うことに他ならないとして、「平和の名より平和の実を」求める主張であった。一連の論文が『平和論』(昭和27年)にまとめられている。

5. 吉田茂と談笑する小泉

昭和41年1月　三井倶楽部にて

寛仁親王殿下御成年の御招宴時の写真。

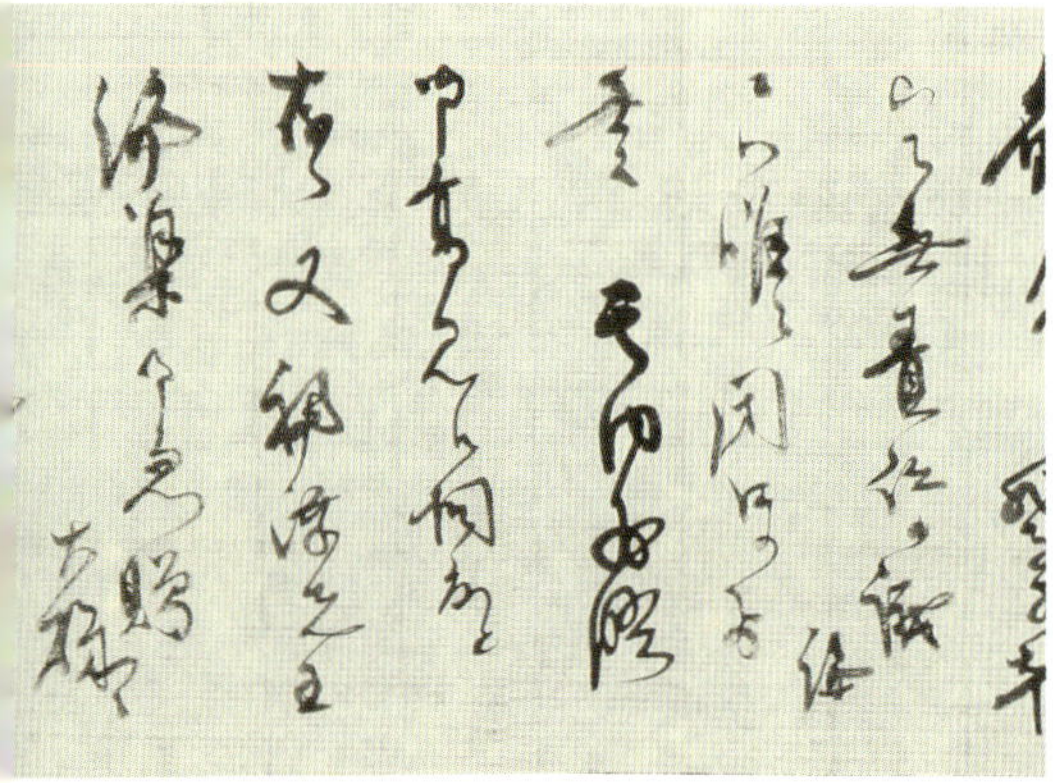

5

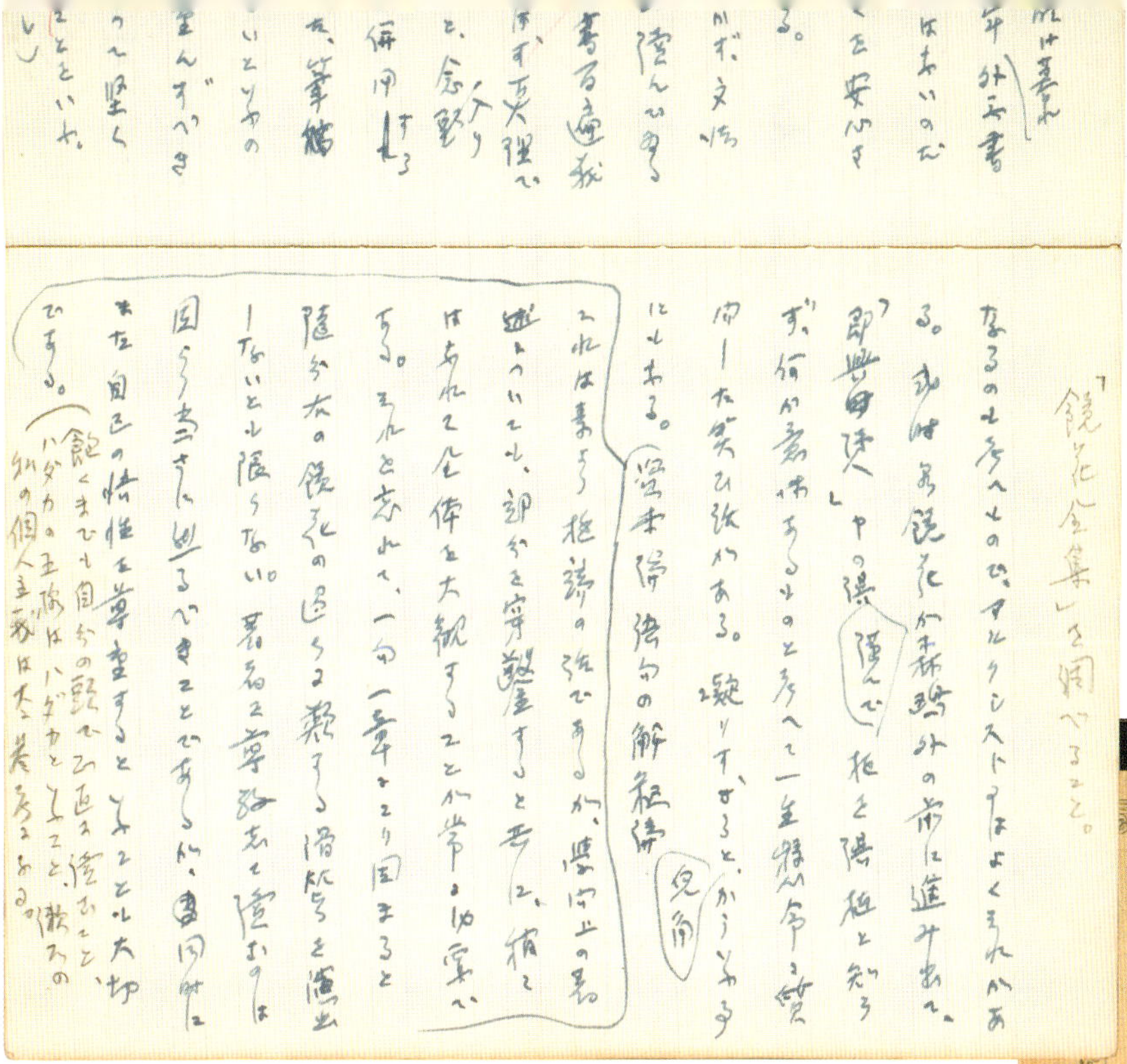

6. 読書論ノート

昭和25年頃か

小泉の実質的に戦後最初の著作『読書雑記』、次いで出た『読書論』は、知識に飢え、混乱した戦後の国内にあって大いに読まれた。このノートは、その前後に準備されたものかと思われ、読書は「全体を大観することが常に必要」と記し、欄外に「飽くまでも自分の頭で正直に読むこと、ハダカの王様はハダカといふこと、漱石の私の個人主義は大に参考になる」「『鏡花全集』を調べること」などとメモがある。この頃から小泉は名文家として聞こえるようになる。

6

7. 散歩中の小泉

昭和34年3月　有栖川宮記念公園にて

戦災による負傷後、小泉は歩行困難となり、退院後もしばらくは壁に伝ってもほとんど歩けない状態であった。戦前から、護身を兼ねて常用していた杖は、戦後は欠かせないものとなった。

7

4

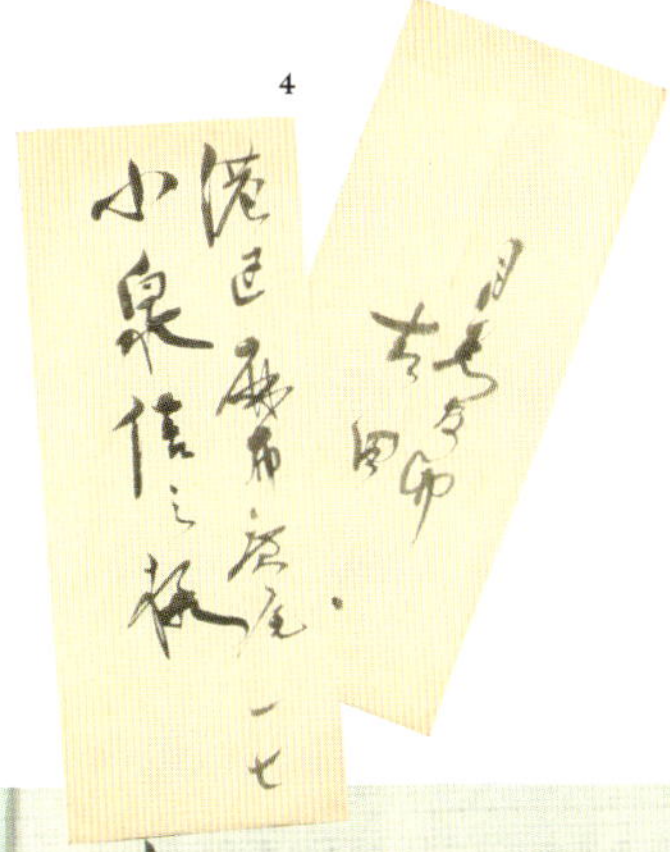

4. 小泉信三宛吉田茂書簡

昭和27年1月30日付　吉田茂国際基金蔵

小泉が福澤諭吉の論集を贈ったことへの礼状。講和条約発効を前に、「米人のみならず、邦人中にも心なき輩、浅薄な愛国心、国際観念なき輩、相率ひて無責任の議論には唯々閉口」、福澤の時代にも「今日我等と同様憂ふべき議の不尠りしが如く、何れの時代も心配は絶えぬと相見候」と述べている。吉田は小泉としばしば往来し、重要な人選や政治課題の方策について議論を交わしていた。吉田からの来信は80通以上現存する。

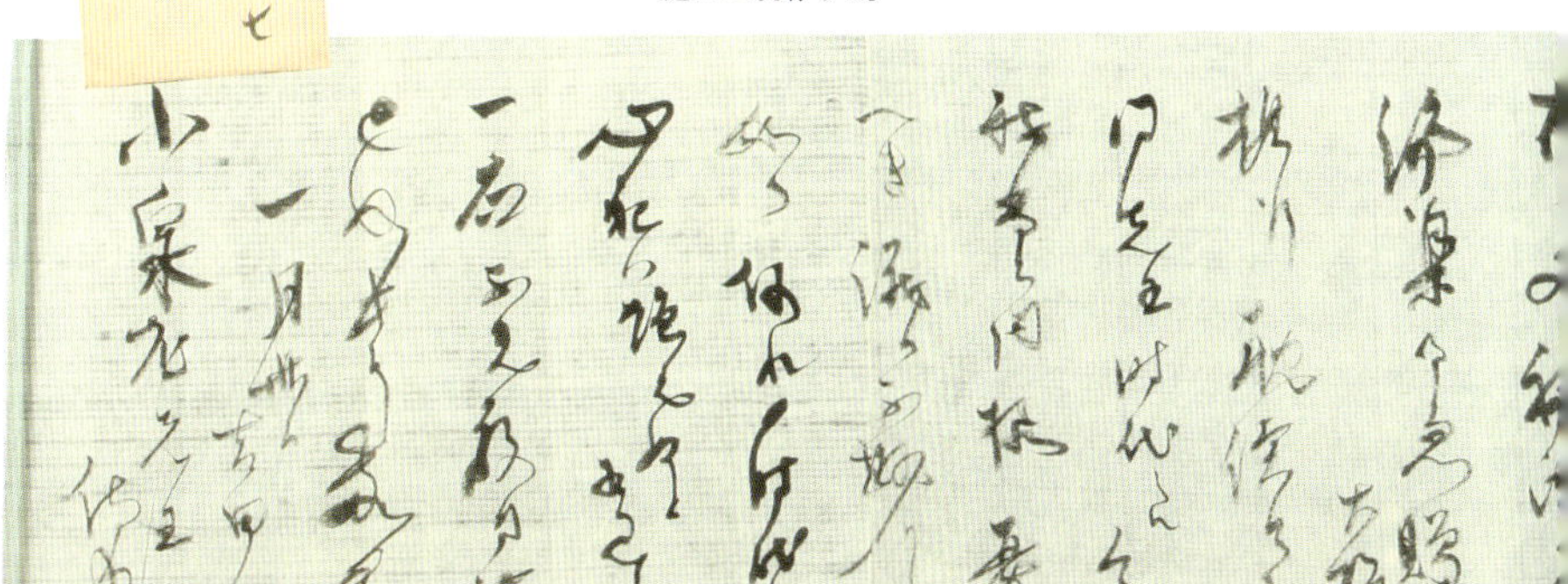

8

8.　原稿に目を通す小泉

昭和32年8月　軽井沢万平ホテル

9.　『文藝春秋』（昭和38年6月号）掲載「筆の暴力」

10.　「筆の暴力」原稿

昭和38年　河原一慶寄贈

戦後、『文藝春秋』にも積極的に寄稿していた小泉は、昭和38年6月から没するまで、同誌の巻頭随筆を担当した。「筆の暴力」はその初回を飾った随筆である。後に同誌の巻頭随筆は『座談おぼえ書き』にまとめられた。

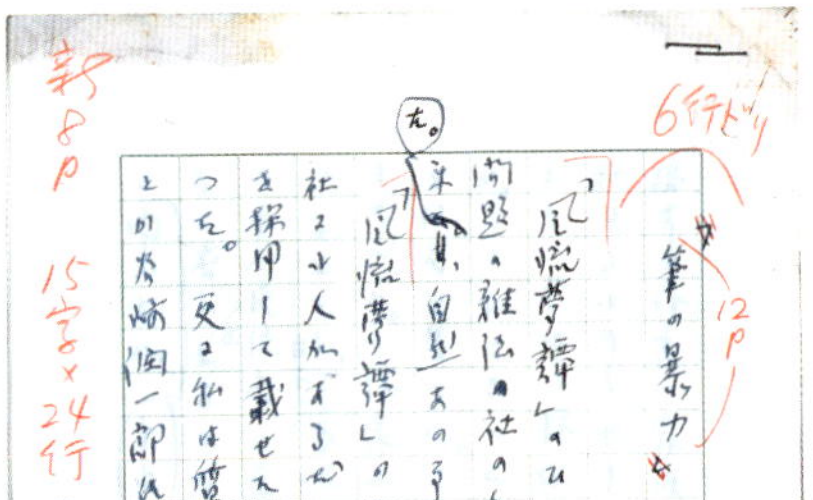

10

9

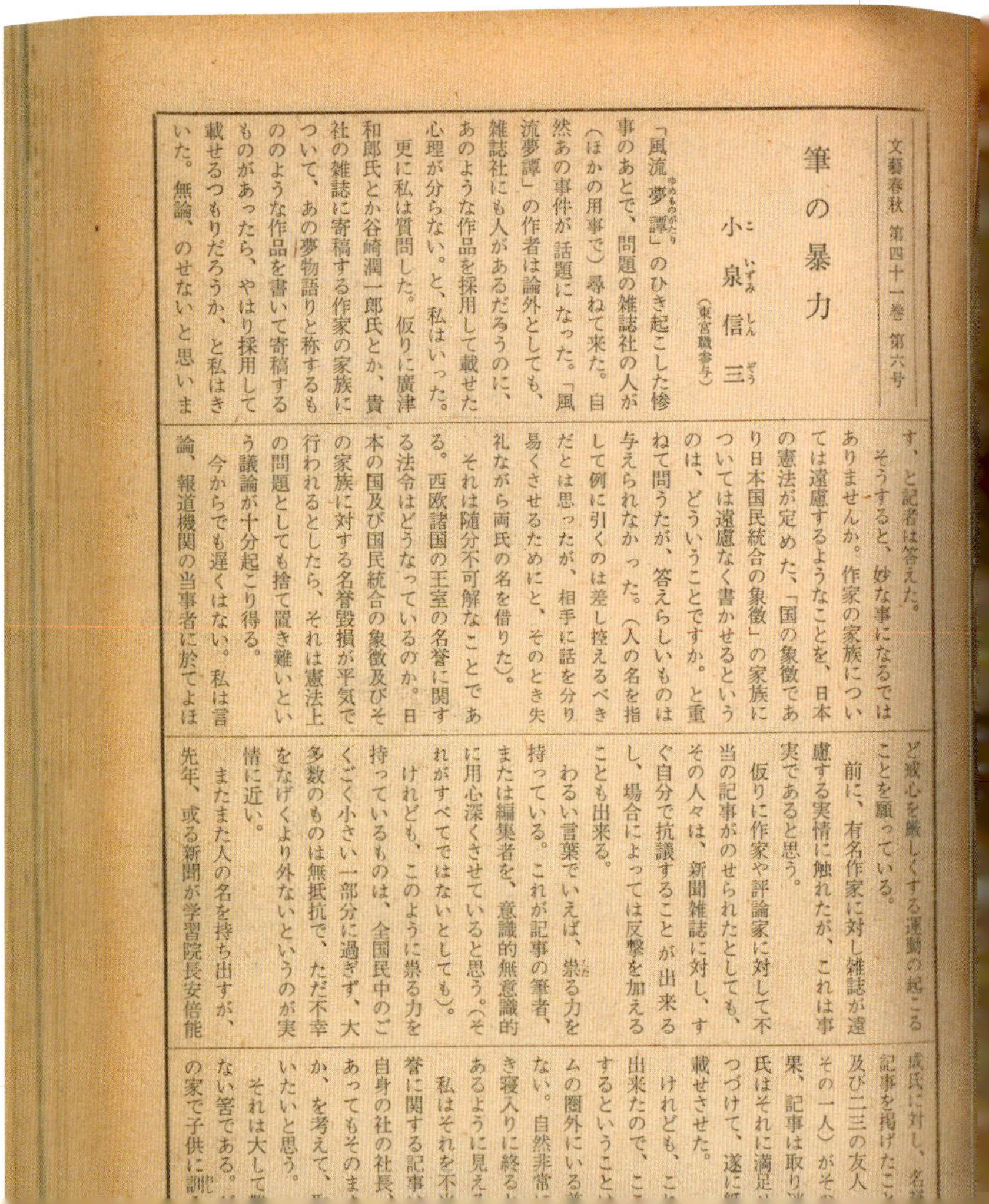

文藝春秋 第四十一巻 第六号

筆の暴力

小《こ》泉《いずみ》信《しん》三《ぞう》（東宮職参与）

「風流夢譚《ゆめものがたり》」のひき起こした惨事のあとで、問題の雑誌社の人が（ほかの用事で）尋ねて来た。自然あの事件が話題になった。「風流夢譚」の作者は論外としても、雑誌社にも人があるだろうのに、あのような作品を採用して載せた心理が分らない。と、私はいった。

更に私は質問した。仮りに廣津和郎氏とか谷崎潤一郎氏とか、貴社の雑誌に寄稿する作家の家族について、あの夢物語りと称するもののような作品を書いて寄稿するものがあったら、やはり採用して載せるつもりだろうか、と私はきいた。無論、のせないと思います、と記者は答えた。

そうすると、妙な事になるではありませんか。作家の家族については遠慮するようなことを、日本の憲法が定めた、「国の象徴であり日本国民統合の象徴」の家族については遠慮なく書かせるというのは、どういうことですか。と重ねて問うたが、答えらしいものは与えられなかった。（人の名を指して例に引くのは差し控えるべきだとは思ったが、相手に話を分り易くさせるためにと、そのとき失礼ながら両氏の名を借りた）。

それは随分不可解なことである。西欧諸国の王室の名誉に関する法令はどうなっているのか。日本の国及び国民統合の象徴及びその家族に対する名誉毀損が平気で行われるとしたら、それは憲法上の問題としても捨て置き難いという議論が十分起こり得る。

今からでも遅くはない。私は言論、報道機関の当事者に於てよほど戒心を厳しくする運動の起こることを願っている。

前に、有名作家に対し雑誌が遠慮する実情に触れたが、これは事実であると思う。

仮りに作家や評論家に対して不当の記事がのせられたとしても、その人々は、新聞雑誌に対し、すぐ自分で抗議することが出来るし、場合によっては反撃を加えることも出来る。

わるい言葉でいえば、祟《たた》る力を持っている。これが記事の筆者、または編集者を、意識的無意識的に用心深くさせていると思う。（それがすべてではないとしても）。

けれども、このように祟る力を持っているものは、全国民中のごくごく小さい一部分に過ぎず、大多数のものは無抵抗で、ただ不幸をなげくより外ないというのが実情に近い。

またまた人の名を持ち出すが、先年、或る新聞が学習院長安倍能成氏に対し、名

記事を掲げたこと

及び二三の友人

その一人）がそ

果、記事は取り消

氏はそれに満足

つづけて、遂に

載せさせた。

けれども、こ

出来たので、こ

するということ

ムの圏外にいる

ない。自然非常

き寝入りに終る

あるように見え

私はそれを不

誉に関する記事

自身の社の社長

あってもそのま

か、を考えて、

いたいと思う。

それは大して

ない筈である。

の家で子供に訓

13

13. 文化勲章授与式を終えて

昭和34年11月3日　皇居にて

前列左より小泉、川端龍子、里見弴、後列丹羽保次郎、吉田富三。初めて勲章を佩用しての記念撮影。

14. 文化勲章と勲記

昭和34年

経済学者として初めて授与された文化勲章。福澤門下に連なる者として一切の栄典を辞した小泉であるが、文化勲章だけは栄誉として受けた。昭和35年9月、皇太子同妃両殿下渡米に随行し、大統領主催歓迎晩餐会に列した際、留め金が外れてアイスクリームに落とし、リボンにはその際のシミが残る。「I scream!」とおどけてポケットにしまい込み、笑いを誘ったと伝わる。

14a

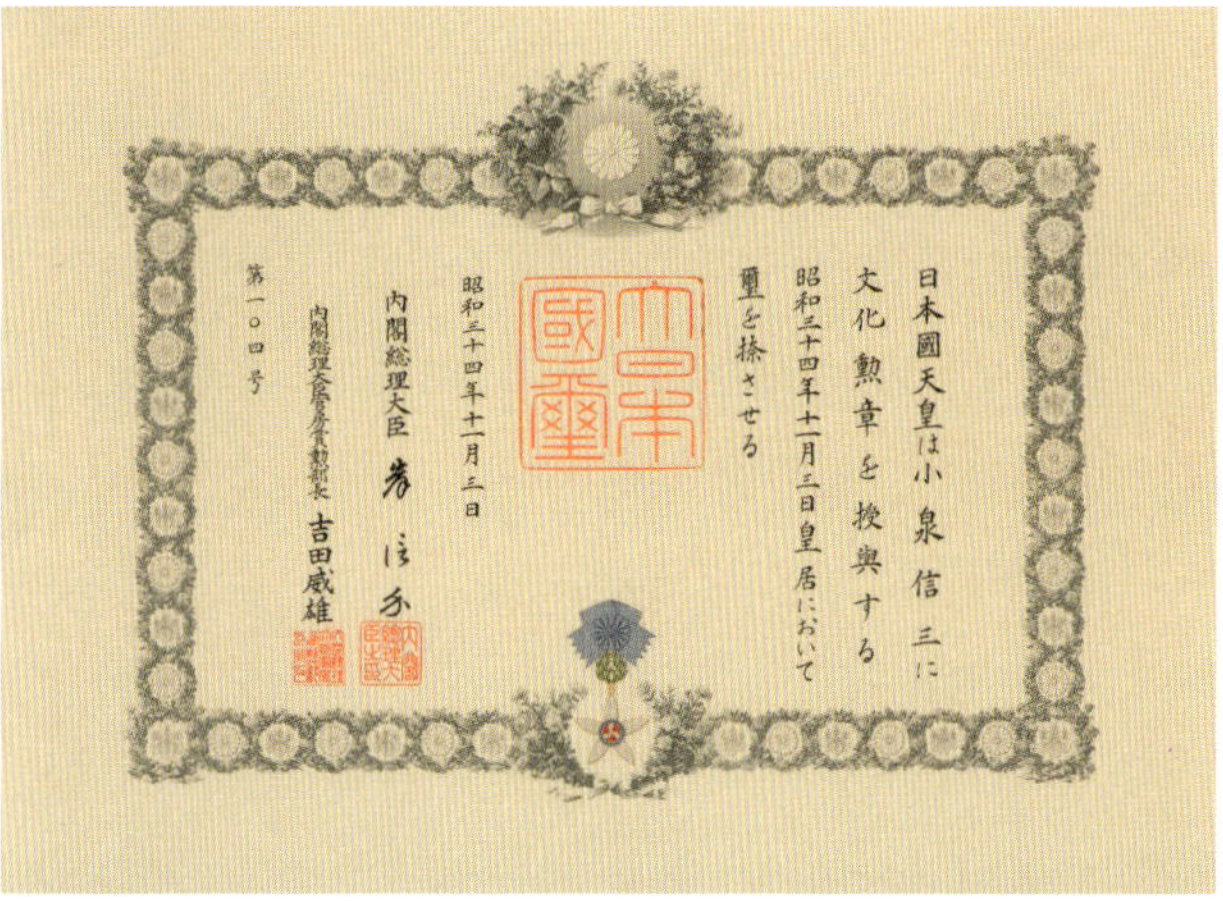

日本國天皇は小泉信三に
文化勲章を授與する
昭和三十四年十一月三日皇居において
璽を捺させる

昭和三十四年十一月三日
内閣総理大臣　岸信介
内閣総理大臣官房賞勲部長　吉田威雄
第一〇四号

14b

11. 米国メリーランド大学名誉学位授与式

昭和34年3月23日

九段会館にて

12. ガウンと角帽

昭和29年頃

名誉学位授与に際して調製したガウンと角帽。昭和29年6月、米国コロンビア大学創立200年祭に列して名誉学位を受けた際、着用。その後、昭和34年にメリーランド大学の名誉文学博士号を受けたときにも使用した。

12

11

東宮御教育参与として

1
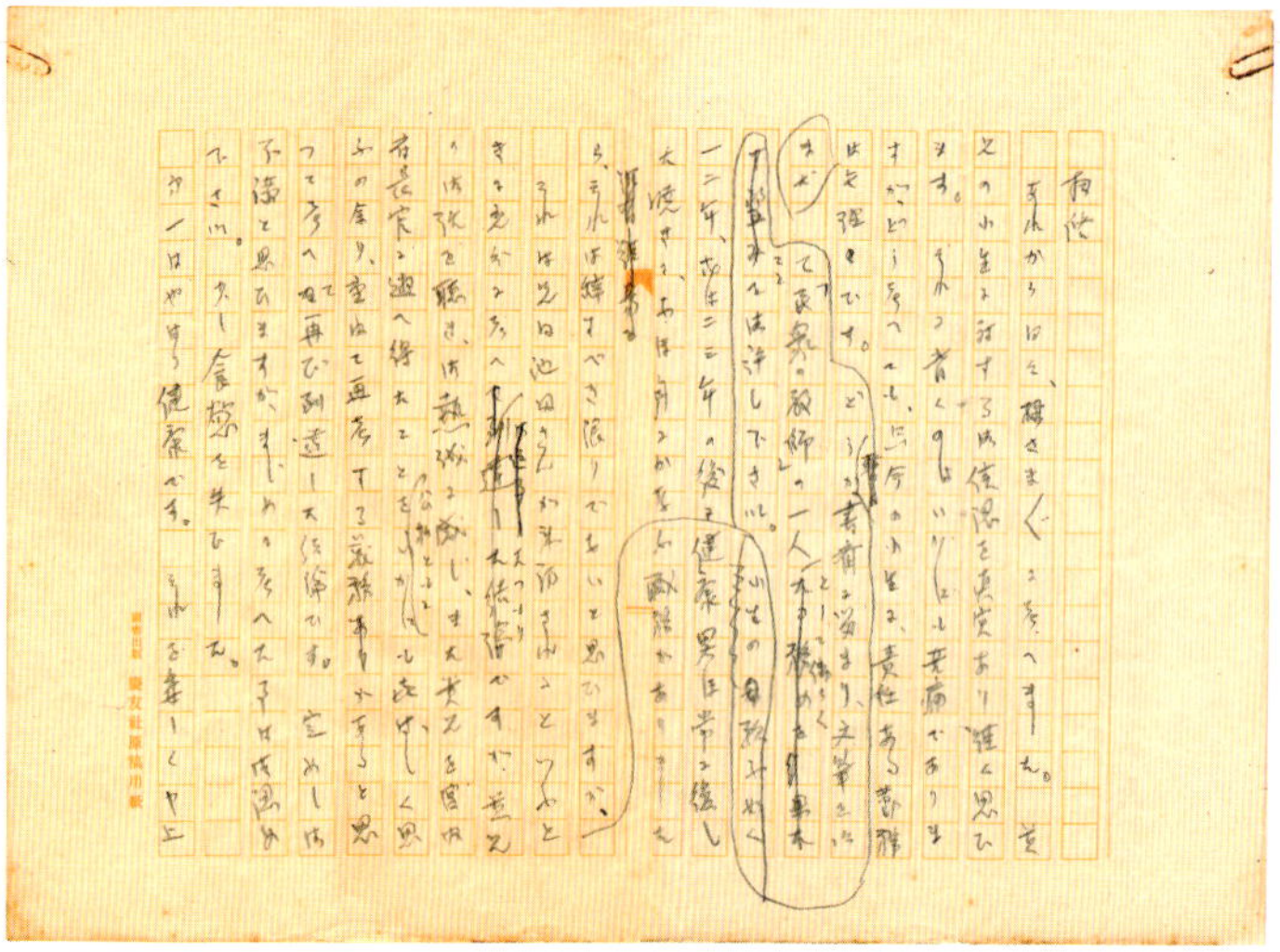

1. 田島道治宛書簡案文

昭和23年7月30日付

昭和21年4月、小泉は東宮御学問参与に就任した。23年6月、宮内府長官に就任した田島道治は、御教育の実質的な責任者である常時参与を引き受けるよう小泉に依頼、固辞する小泉の元を田島は少なくとも9回「精魂込めた執拗さ」で訪問した（「小泉君を憶う」）。この書簡には、「書斎に留まり、文筆を以て『民衆の教師』の一人として働らくことを御許し下さい」「定めし御不満と思ひますが、まじめに考へた事は御認め下さい。少し食慾を失ひました」とある。田島は、小泉の義兄松本烝治や池田成彬にも説得を依頼、小泉は翌年2月、常時参与への就任を承諾した。

2. 皇太子殿下（今上天皇）と御教育参与、侍従たち

年未詳　東宮仮御所（常盤松御殿）

前列左から佐藤仁（侍医）、小泉、野村行一（東宮大夫）、殿下、安倍能成、松平信子、坪井忠二。後列は侍従ら。

2

4

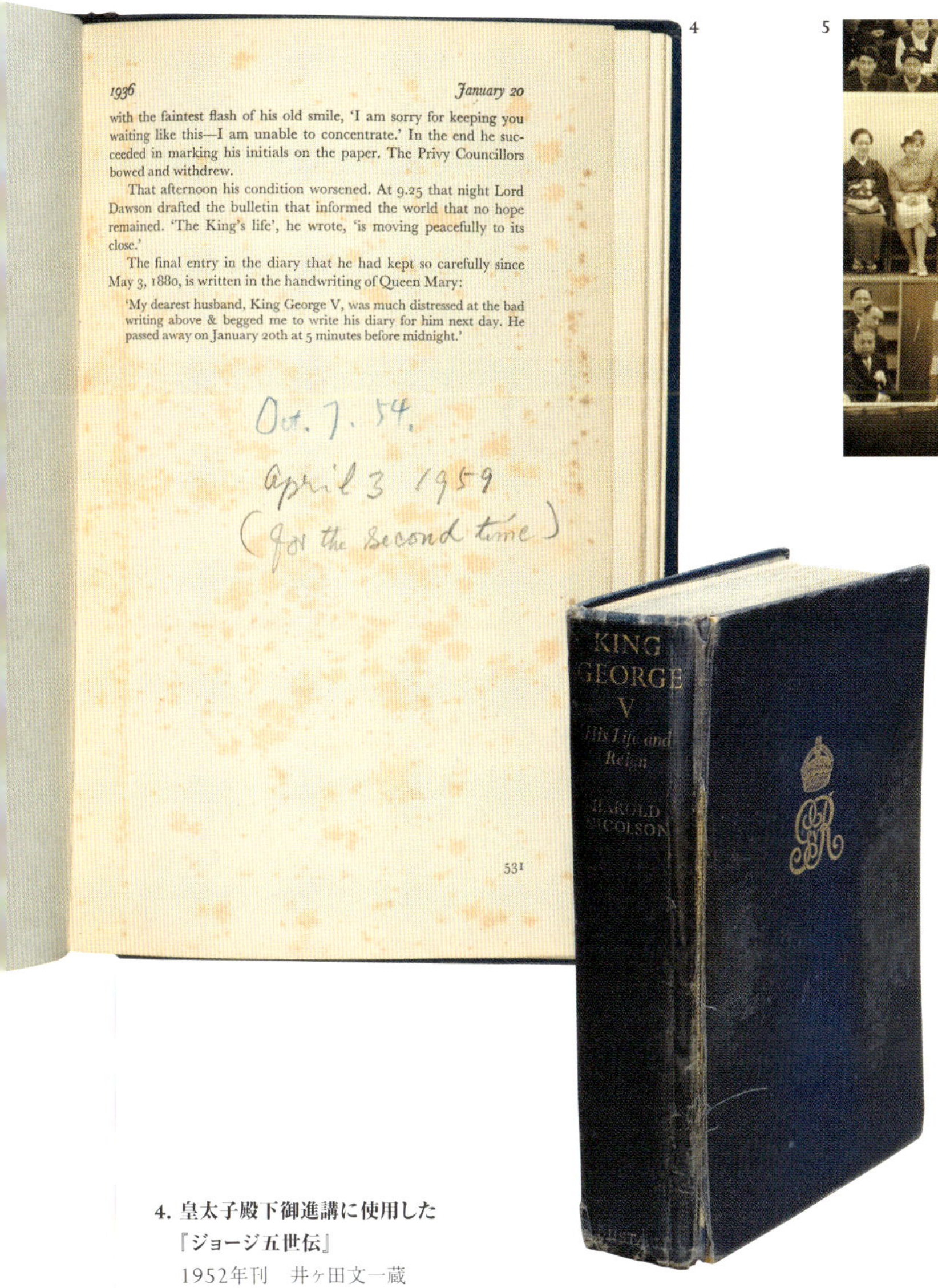

1936 January 20

with the faintest flash of his old smile, 'I am sorry for keeping you waiting like this—I am unable to concentrate.' In the end he succeeded in marking his initials on the paper. The Privy Councillors bowed and withdrew.

That afternoon his condition worsened. At 9.25 that night Lord Dawson drafted the bulletin that informed the world that no hope remained. 'The King's life', he wrote, 'is moving peacefully to its close.'

The final entry in the diary that he had kept so carefully since May 3, 1880, is written in the handwriting of Queen Mary:

'My dearest husband, King George V, was much distressed at the bad writing above & begged me to write his diary for him next day. He passed away on January 20th at 5 minutes before midnight.'

Oct. 7. 54.
April 3 1959
(for the second time)

531

5

5. デビスカップ観戦中の皇太子殿下と小泉

昭和30年頃

小泉は皇太子殿下の御教育にもスポーツを重視した。従来軟式庭球をされていた殿下に硬式をお薦めし、小泉が庭球部長をしていた当時部員であった石井小一郎をコーチに推薦している。「殿下が球を受け損じて逃がしても、東宮御所の侍従たちと申し合わせて、誰もこれを拾って差し上げないことにし、たとい水たまりの中に落ちていても、殿下御自身で拾ってくるまでは、これを見ていることにした」(富田正文「戦後の小泉先生」)と伝えられる。殿下と石井の試合の審判をした小泉は、石井に「フォアーハンドの球ばなれは君よりいいよ」などということもあった。写真はテニスのデ杯予選を観戦中の殿下と、すぐ後ろに小泉、左にはとみ夫人。

4. 皇太子殿下御進講に使用した『ジョージ五世伝』

1952年刊　井ヶ田文一蔵

イギリス国王ジョージ5世[1865-1936]の生涯を詳細に記したサー・ハロルド・ニコルソンの530ページに及ぶ大著。小泉は、英国大使松本俊一よりこの本を贈られ、皇太子殿下の御進講に採用した。巻末の余白に「Oct. 7. 54./ April 3 1959/(for the second time)」と2度の読了が記載されており、後者は殿下ご結婚の儀の1週間前に当たる。小泉はこの国王が「義務に忠なる国王」であり、天才でも英雄でもなく、花々しくもない25年間の治世を送り、責任と負担ばかり多く、慰楽と休息の少なかった姿を学ぶことは、「殿下を、一面において励まし、他面においてお慰めするであろうと思う」(「立憲君主制」)と記した。ときに殿下にレポートの提出を課すこともあり、逐語的に読むのではなく、議論の端緒を得るように読み進めたという。

3

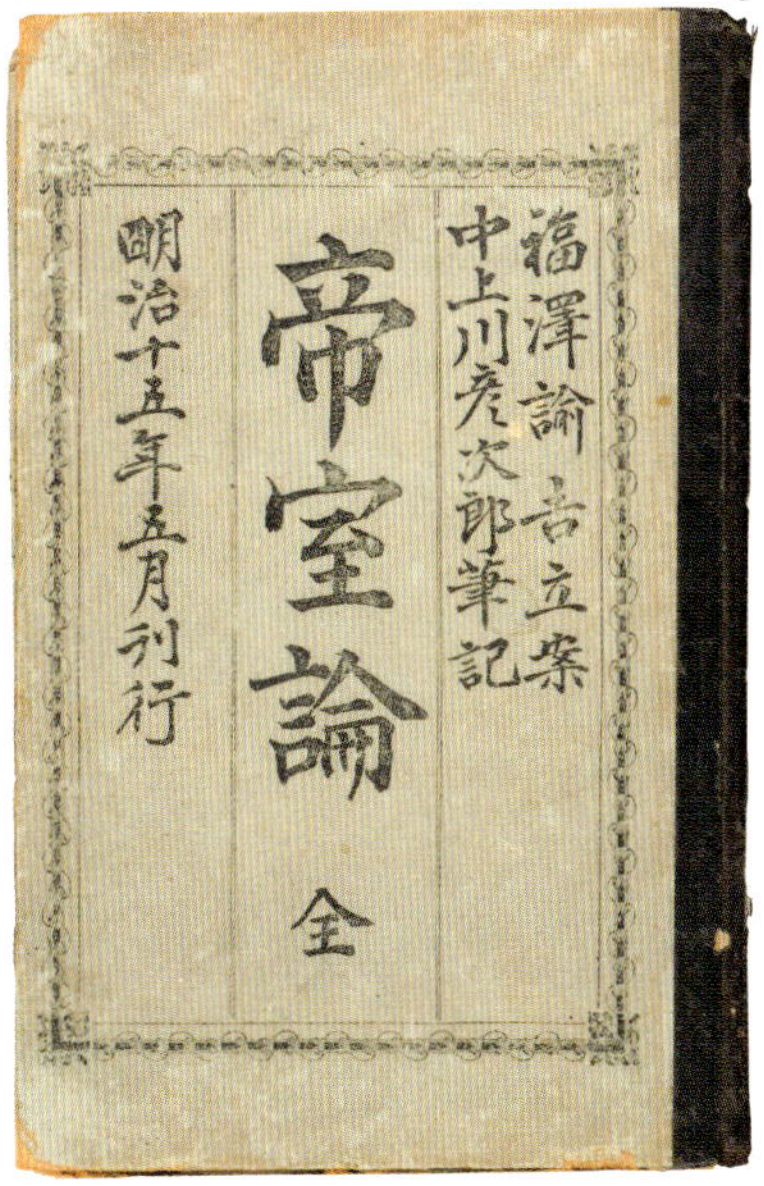

3. 福澤諭吉『帝室論』

明治15年刊

明治15年、帝室を笠に着て保守論陣を張る帝政党の登場を憂えた福澤が、皇室は政治社外に高く仰ぐ存在とするべきことを説いた書。当時もその後も少なからず物議を醸し、戦前期には慶應義塾編『福澤文選』への収録を、文部省の注意で削除されたこともあった。小泉は、皇太子殿下の御進講に使用するため、古書店でこの本を2冊求め、御進講中は殿下と代わる代わる音読した。他に幸田露伴の『運命』も好んで音読に使用したという。

6. ヴァイニング夫人と皇太子殿下

昭和25年

アメリカ人を殿下の家庭教師にすることは、昭和天皇自身の意向によるもので、「狂信的でない婦人のキリスト教徒」で「日本ずれしていない」者が選ばれることとなった（『皇太子の窓』）。エリザベス・グレイ・ヴァイニング［1902-1999］はクエーカー教徒の児童文学者で、夫と死別していた。昭和21年10月来日し、以後まる4年間英語指導を担当、帰国後に出版した『Windows for the Crown Prince』（邦題『皇太子の窓』）は日本でもベストセラーとなった。

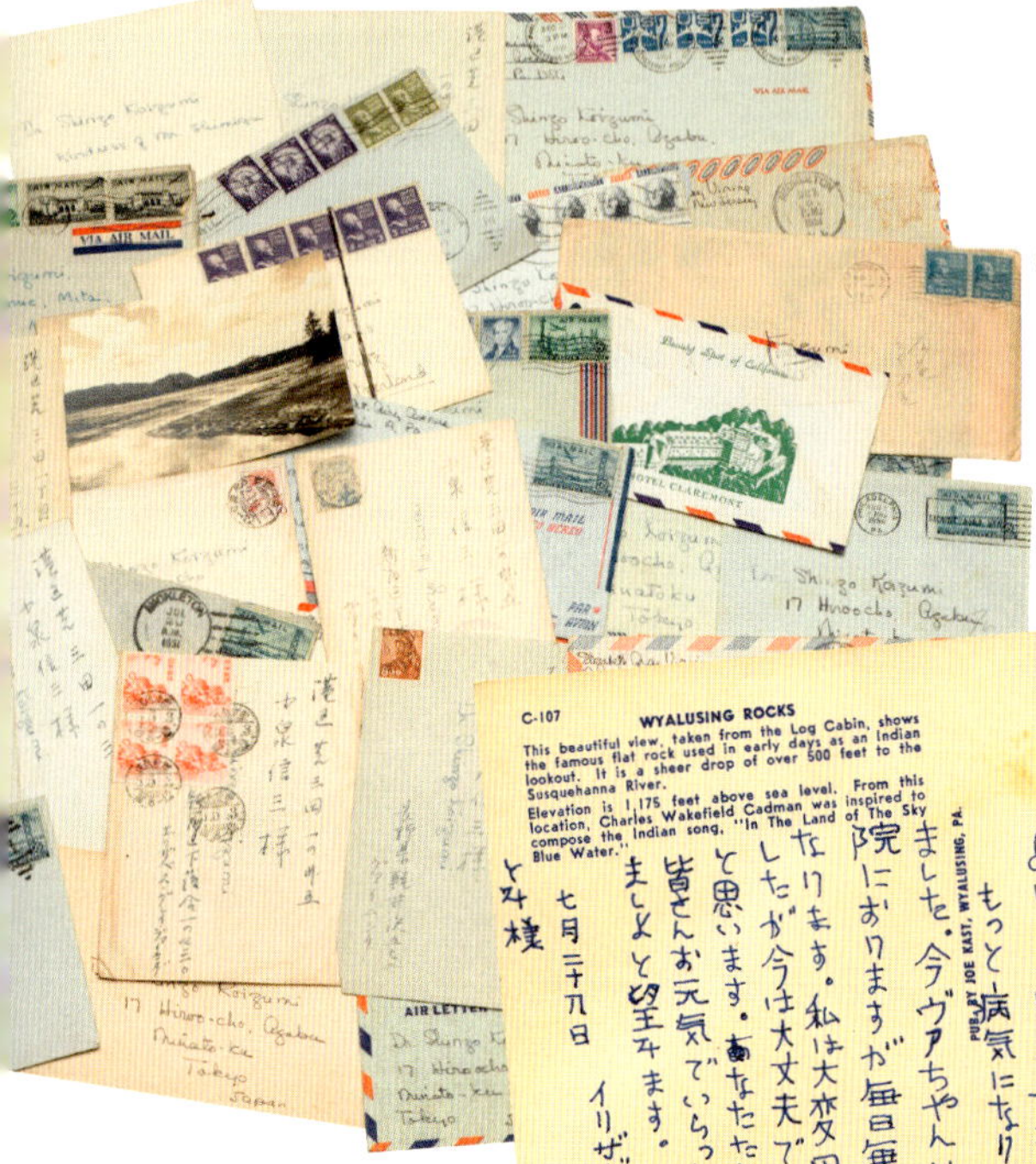

8

10

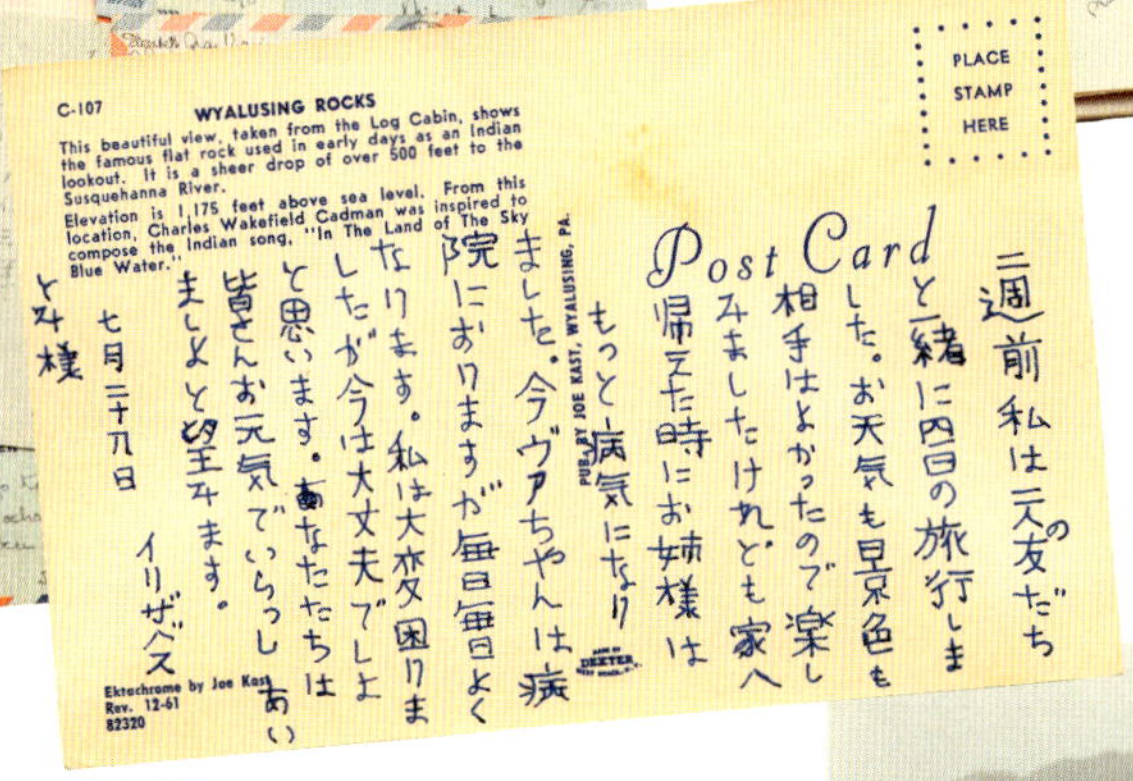

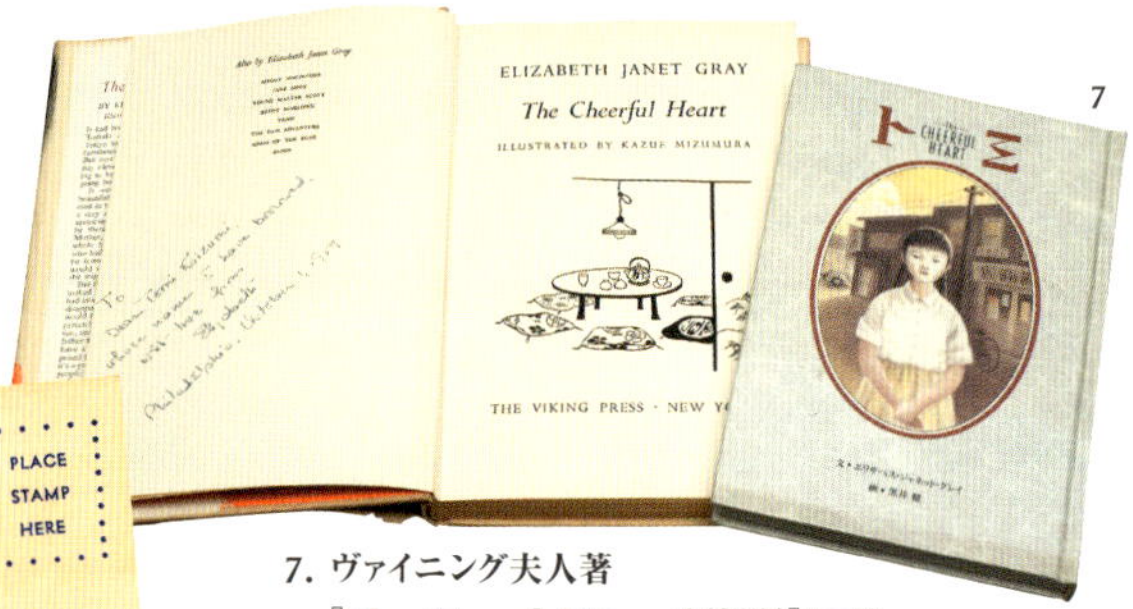

7. ヴァイニング夫人著
『The Cheerful Heart』（邦題『トミ』）

1959年刊

ヴァイニング夫人が、東京で住んでいた頃の近所の一家をモデルとして書いた小説。挿話もその頃見聞したものであるという。主人公の少女にはトミという名前が与えられているが、これは小泉の妻とみから名前を借りたもので、献辞にもそのことが記されている。

8. 小泉信三宛ヴァイニング夫人書簡

ヴァイニング夫人と小泉は昭和23年3月に初めて対面して以来公私にわたって交流を続けた。二人の文通は、小泉の死まで絶え間なく続き、その中には皇太子妃決定の報に「私は彼女の顔にゆたかな知性と優しさ（スイートネス）とユウモアと勇気とを見た。この方なら大丈夫だと思った」（「この頃の皇太子殿下」）と記す夫人の書簡も含まれている。内容は夫人の生前の希望で未公開。

9. 箱根に遊ぶとみ、信三、ヴァイニング夫人

昭和34年4月

ヴァイニング夫人が、皇太子殿下御成婚にあわせて来日した際、小泉夫妻は夫人と二女妙を伴って箱根旅行に出掛けた。小泉はおよそ2週間の接待を好んで引き受けた。

10. 小泉とみ宛ヴァイニング夫人葉書

昭和41年7月29日付

ヴァイニング夫人と小泉家の交流は信三没後も継続した。この葉書は、小泉が5月に没した後、とみ夫人を元気づけようと、たどたどしい日本語で綴られたヴァイニング夫人の葉書である。文中「ヴァちゃん」とあるのは、夫人の姉ヴァイオレットのこと。

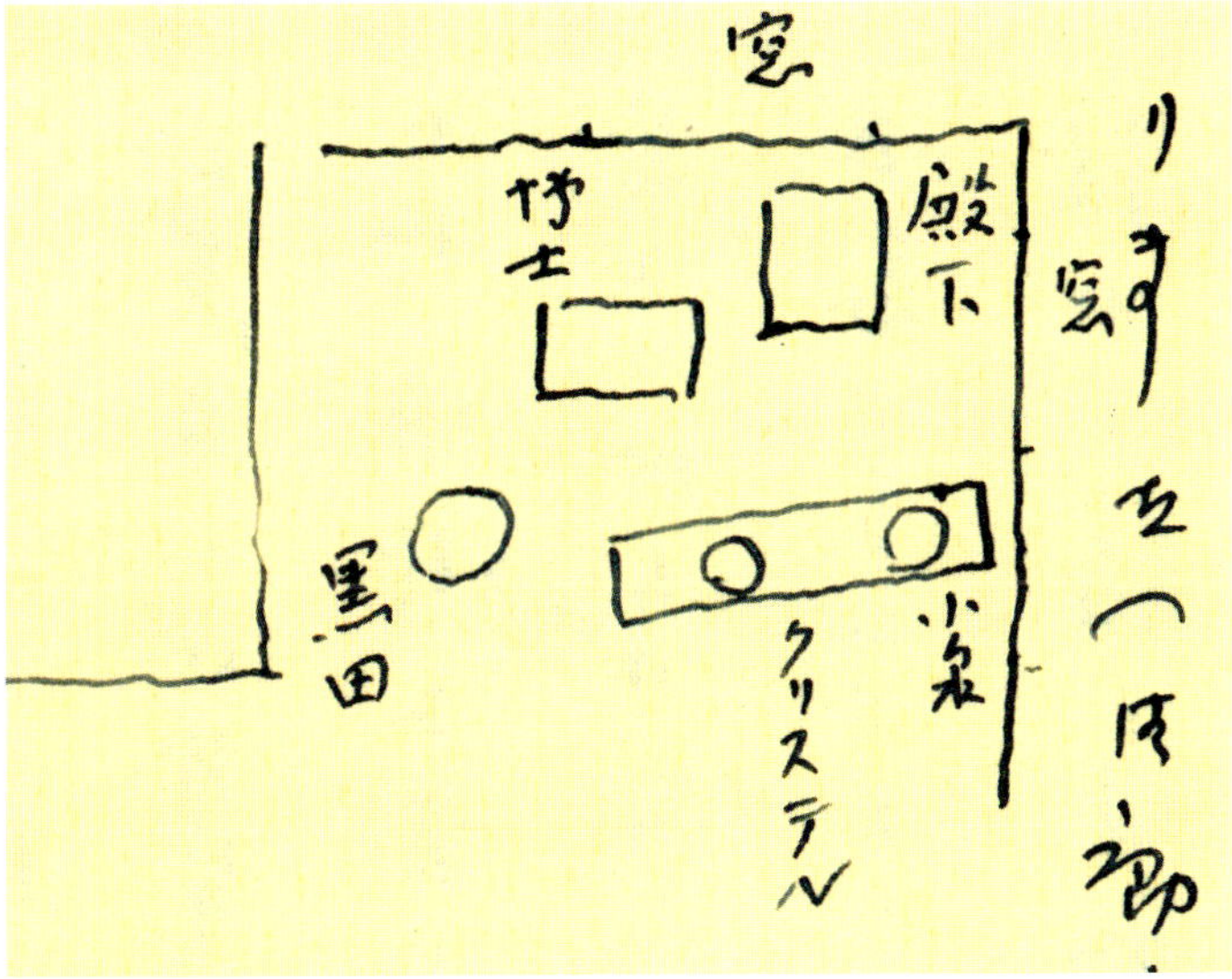

11

11. 田島道治宛小泉信三書簡（部分）
昭和27年4月29日付　田島圭介蔵
宮内庁長官であった田島に宛て、皇太子殿下の日々のご様子を書き送った小泉書簡は50通近くにのぼり、殿下のご成長に心を躍らせる教育者としての姿が垣間見える。小泉は、殿下と国内外要人とのご接見の様子について、挿絵を描いて報告することがよくあり、この絵は、殿下がスウェーデン人少年とその指導教員（「博士」）とのご接見の様子を報告するもの。退室後、「博士」は「Splendid boy!」と叫び、小泉は「君は我等のクラウン・プリンスに感心したか」と念を押した様子も記されている。

12. 田島道治宛小泉信三書簡
昭和27年6月4日付　田島圭介蔵
前日のフランス大使とのご接見を報じるこの書簡では、フランス語で応答する殿下について「少々お吃りになりつつ、しかし、云ふべき挨拶は完全に云ふといふ御態度で、ゆっくり仰せあり、それが却て御宜しかったやうに思ひます」と記している。

12

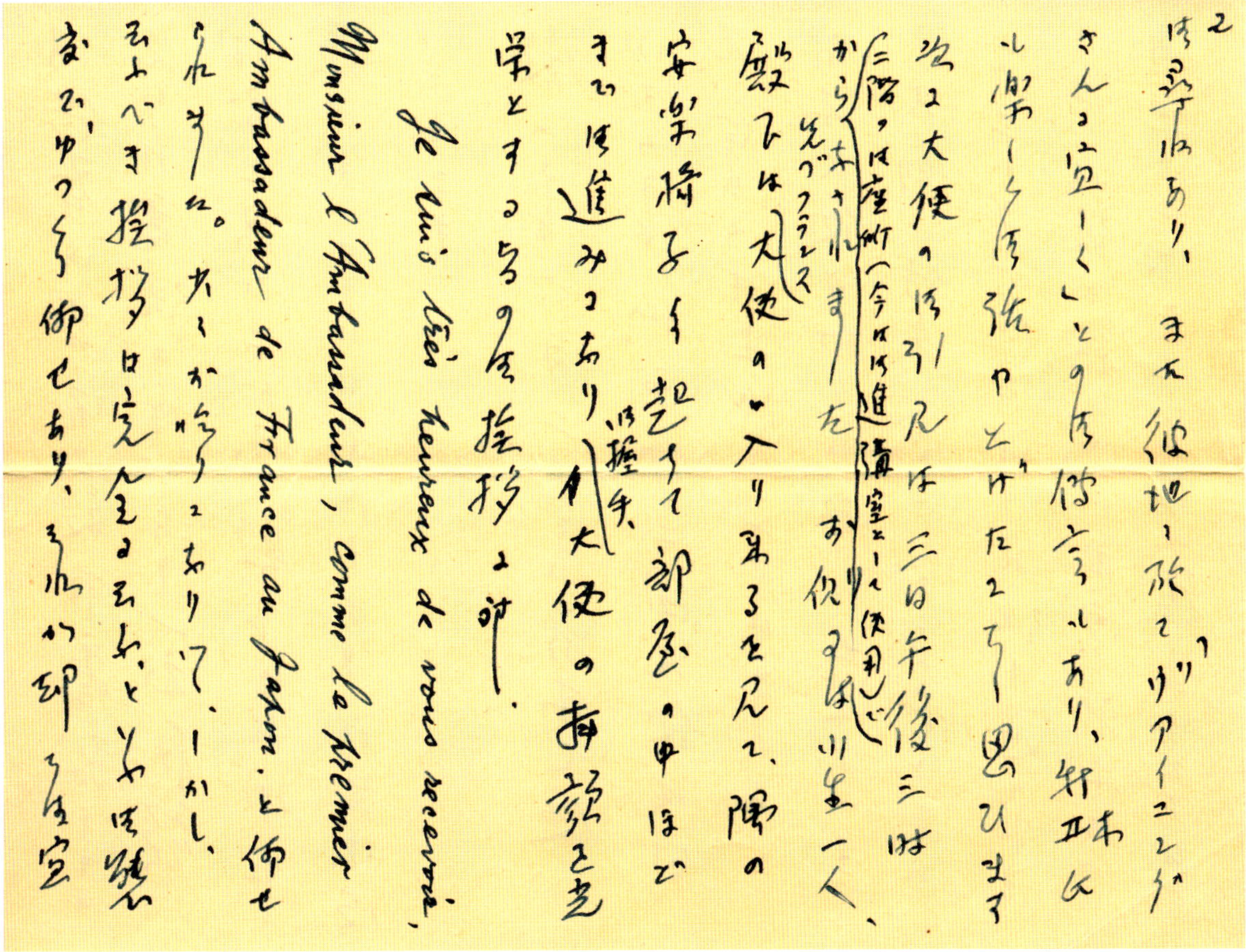
2
殿下は大使の入り来るを見て、
Je suis très heureux de vous recevoir,
Monsieur l'Ambassadeur, comme le premier
Ambassadeur de France au Japon. と仰せ
られました。少々お吃りになりつゝ、しかし、
云ふべき挨拶は完全に云ふといふ御態度
で、ゆっくり仰せあり、それが却て御宜しかった

13

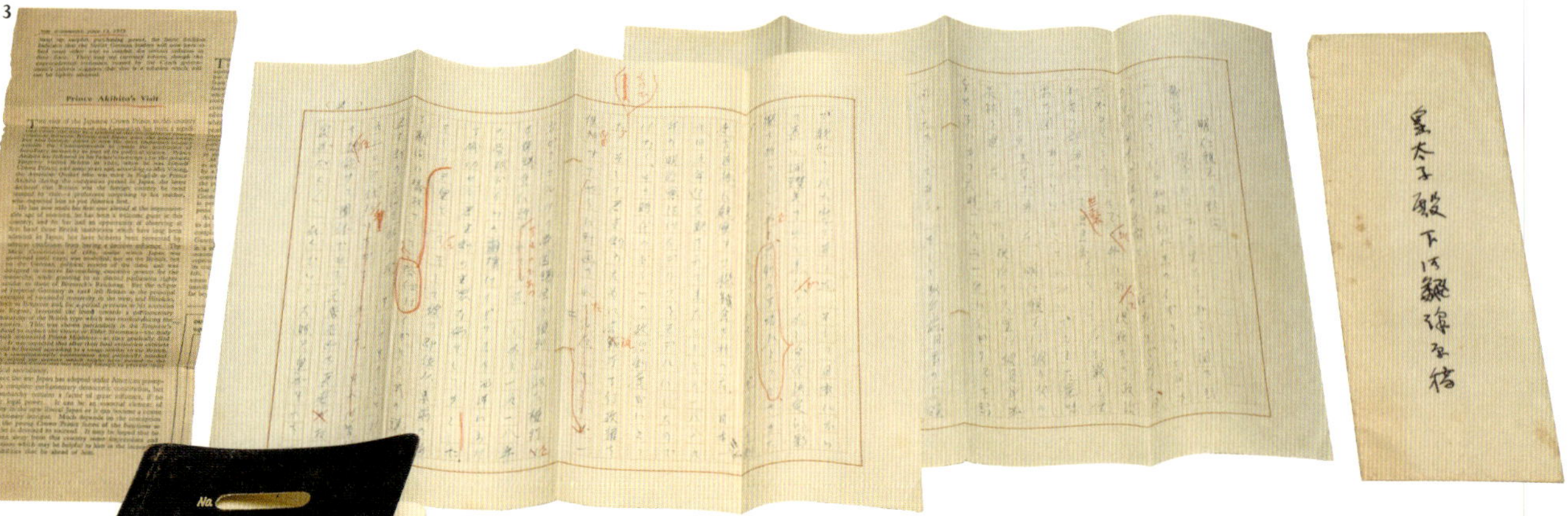

14

15

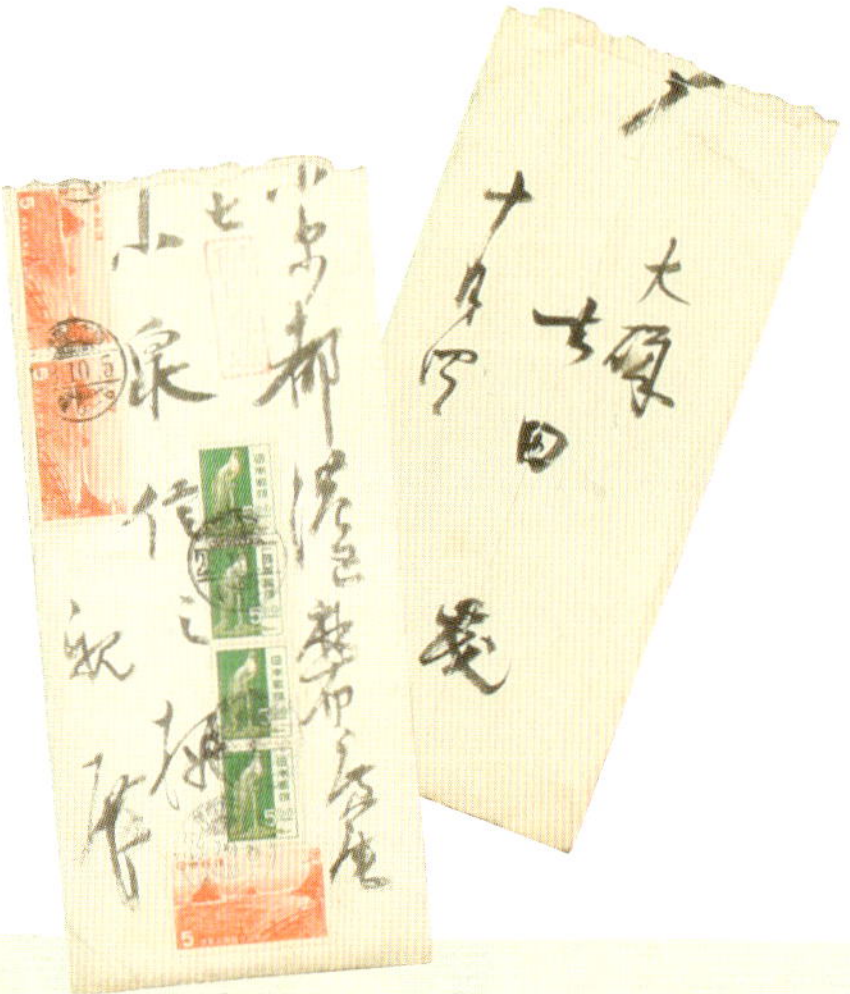

13. 皇太子殿下御翻訳原稿

昭和28年6月

皇太子殿下の訪問を報じるイギリスの新聞記事（左）の殿下による英訳原稿に小泉が添削を加えたもの。小泉が外遊中に殿下に与えた課題であろうか。『ジョージ五世伝』中の国王書簡のご翻訳に添削を加えたものも残されている。

14. 外遊時の旅券

昭和28年

この時の外遊は首相吉田茂の勧めにより「殿下御帰りの暁、その御教育参与者が戦後の西洋を知らなくてはお役を辱めるであらう」（谷村豊太郎宛書簡）との考えに基づくものであった。とみ夫人を同伴し、殿下と付かず離れずの旅は、8か国144日に及んだ。

15. 小泉信三宛吉田茂書簡

昭和28年10月4日付　吉田茂国際基金蔵

帰国の翌日、吉田が労をねぎらって書き送った書簡。「殿下到る処御態度御立派にて何よりも難有、唯々感涙の外無之、之れ一に貴下其他の御補導之結果と存、心より御礼申上候」と記す。

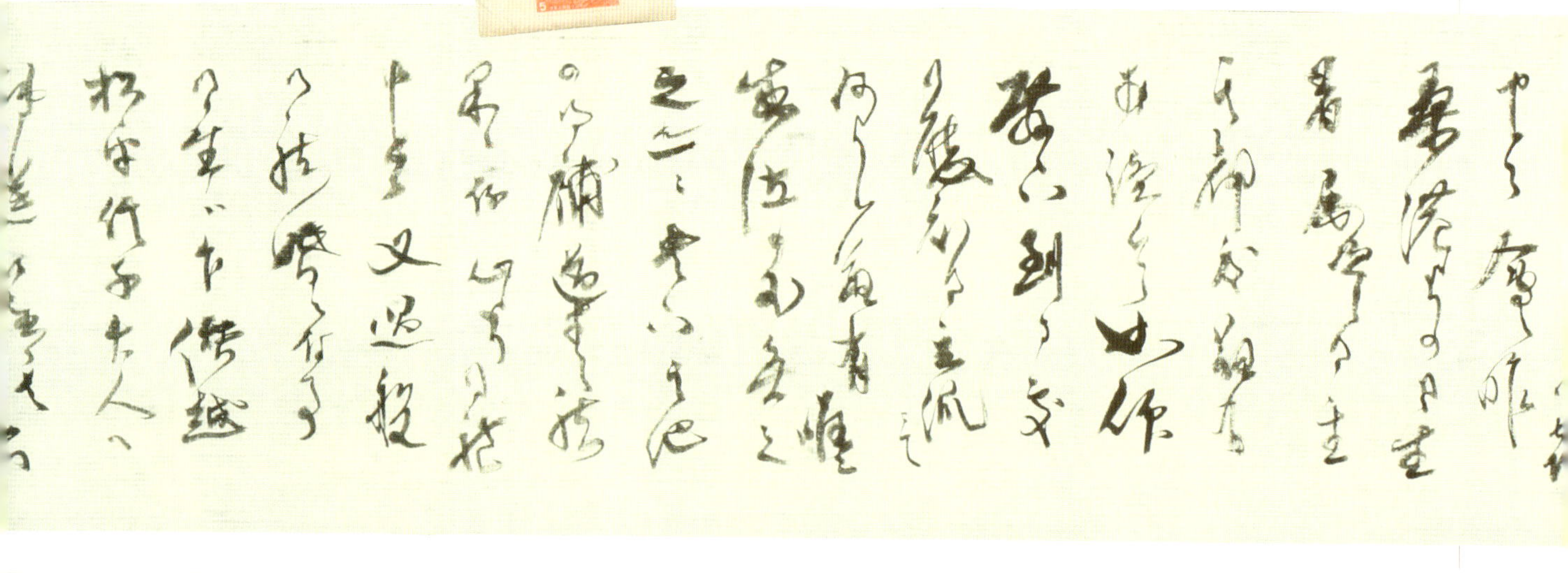

17

16a

16. 外遊日記と原稿

昭和28年

この外遊に当たり、小泉は見聞を7冊のノートにつぶさに書き留め、帰国後それを『外遊日記』（昭和29年）としてまとめた。

17. 帰国の際、羽田空港で

昭和28年10月3日

とみ夫人はこの外遊同行にはかなり消極的であった。旅行先で楽しみを問われると、決まって「日本に帰ること」と答えたという。

16b

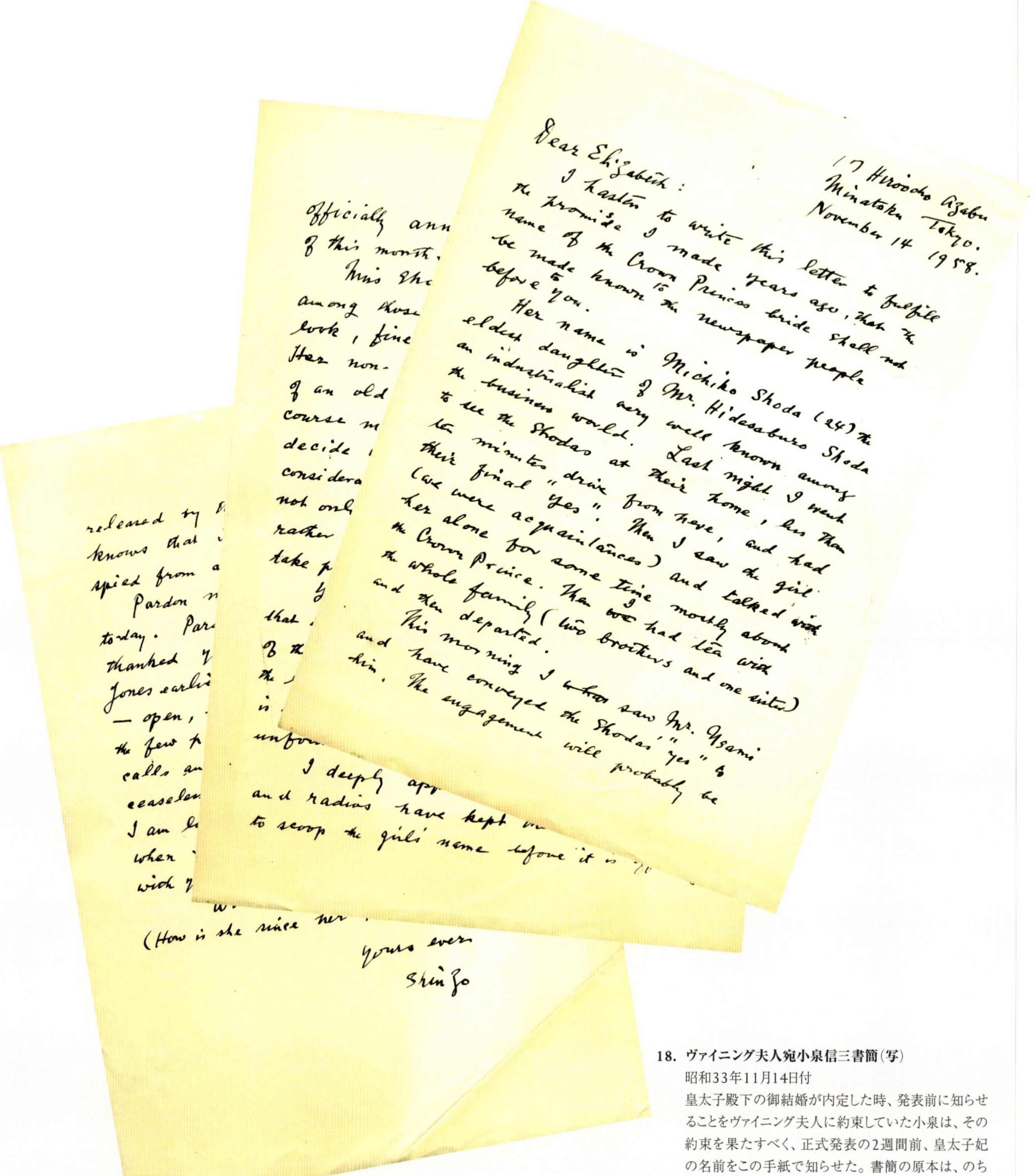

17 Hiroocho Azabu
Minatoku Tokyo.
November 14 1958.

Dear Elizabeth:

I hasten to write this letter to fulfill the promise I made years ago, that the name of the Crown Princess bride shall not be made known to the newspaper people before you.

Her name is Michiko Shoda (24) the eldest daughter of Mr. Hidesaburo Shoda an industrialist very well known among the business world. Last night I went to see the Shodas at their home, less than ten minutes drive from here, and had their final "yes". Then I saw the girl (we were acquaintances) and talked with her alone for some time mostly about the Crown Prince. Then we had tea with the whole family (two brothers and one sister) and then departed.

This morning I saw Mr. Usami and have conveyed the Shodas' "yes" to him. The engagement will probably be

Yours ever

Shinzo

18. ヴァイニング夫人宛小泉信三書簡（写）

昭和33年11月14日付

皇太子殿下の御結婚が内定した時、発表前に知らせることをヴァイニング夫人に約束していた小泉は、その約束を果たすべく、正式発表の2週間前、皇太子妃の名前をこの手紙で知らせた。書簡の原本は、のちに小泉家を通じて宮中に贈られた。

19. 御成婚4日前のご対面
昭和34年4月6日　小泉邸
御結婚の儀参列のため来日したヴァイニング夫人は、儀式の4日前、小泉邸にてご結婚直前の皇太子妃殿下と対面した。皇太子殿下のこと、十二単のこと、英文学のことなどを語り合ったという。

皇太子殿下のご婚約を知らせる小泉信三氏からの手紙

ヴァイニング夫人著　秦剛平・和子訳『天皇とわたし』(原題『Quiet Pilgrimage』)より

1958年の秋には皇太子のご婚約についての観測——それは少なくとも6年間の間人びとの興味を引き起こしたものだった——が新聞や雑誌に掲載されはじめた。ご婚約が日本とアメリカで発表される二週間前の11月14日、小泉信三博士はわたしにこう書いてよこされた。

「この手紙をあなたに急いでしたためます。それは皇太子殿下の妃の名前はあなたに知らせる前に新聞記者には明かさないと何年か前にしたわたしの約束を守るためです。

彼女の名前は正田美智子さんで、実業界では誰でも知っている実業家正田英三郎氏のご長女、二十四歳です。昨晩わたしは拙宅から車で十分足らずの正田家にご挨拶に伺い、最終的なご承諾をいただきました。その後でお嬢さん(わたしどもは相識の間柄です)に会い、二人きりでしばらく話をしました。もっぱら皇太子殿下のことでした。それからご家族全員(二人のご兄弟と一人の妹さん)とお茶をいただき、その後辞して帰ってまいりました。今朝わたしは宇佐美氏(宮内庁長官)に会い、正田家のご承諾を伝えました。ご婚約は今月の終わり頃に公式に発表されると思われます。

正田嬢の美しさや、立派な性格、知性などは彼女を存じ上げる人たちの間では最高の評判をとるものであります。華族の出でない事実は(立派な家柄の旧家の出ですが)、選択にさいして確かにわたしどもを躊躇させるものでした。しかし、わたしどもは慎重熟慮の上でこの決定を行ないました。皇太子殿下ばかりかわたしどもの選択でもありました(わたしどもの方が少しばかり先に選択しました)。ご婚儀は多分来年の遅くに執り行われるでしょう」。

23. 皇太子同妃両殿下肖像写真

昭和34年頃

御成婚後、お二人でご署名の上、小泉に贈られた肖像写真。小泉はこの写真を応接間に常時飾っていた。

22. 金田一京助「馬車行列」

昭和34年4月

御結婚内定の発表、御結婚の儀に当たり、小泉に対して、多くの知友から祝福や慰労の手紙が寄せられた。その中には金田一京助から贈られた「馬車行列」と題する詩もあり、「一人のをとめ斯くしてこの国の歴史に新しいページを繰りたり／この蔭には国の師表の血のにじむ一心があり万古に照らむ」と結ばれている。

21. 週刊誌各誌による小泉信三特集

昭和33年12月　山内慶太蔵

マスコミ報道が加熱することを憂慮した小泉は、報道協定締結に奔走し、33年11月27日に御婚約が発表されると、各紙に協定承諾の代わりとして約束していた原稿を執筆した。またお二人の間を取り持った人物として世間では小泉への注目が集まり、週刊誌などは盛んに特集を組んだ。

20. お二人が出会われた国際親善テニストーナメントの試合

昭和32年8月19日　軽井沢会テニスコート

昭和32年8月10日から10日間、小泉はとみ夫人と二女の妙を連れて軽井沢の定宿万平ホテルに滞在していた。お二人の出会いのきっかけとなったテニスの試合を小泉は観戦、妙がシャッターを切った写真が残されている。手前側右が殿下、対戦相手左がのちの妃殿下。小泉は、予定があったため「この試合は殿下が勝つであろう」と言って第1セット後中座した。しかし結果は殿下の逆転負けであった。

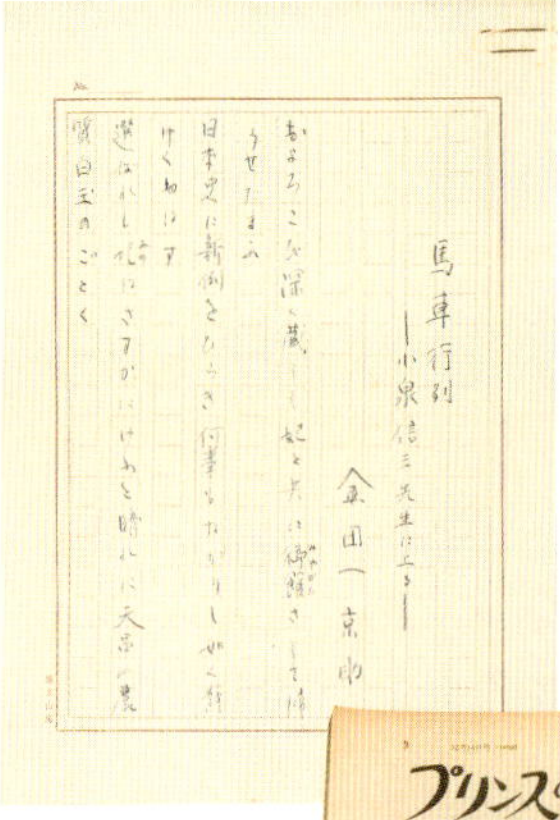

22

21

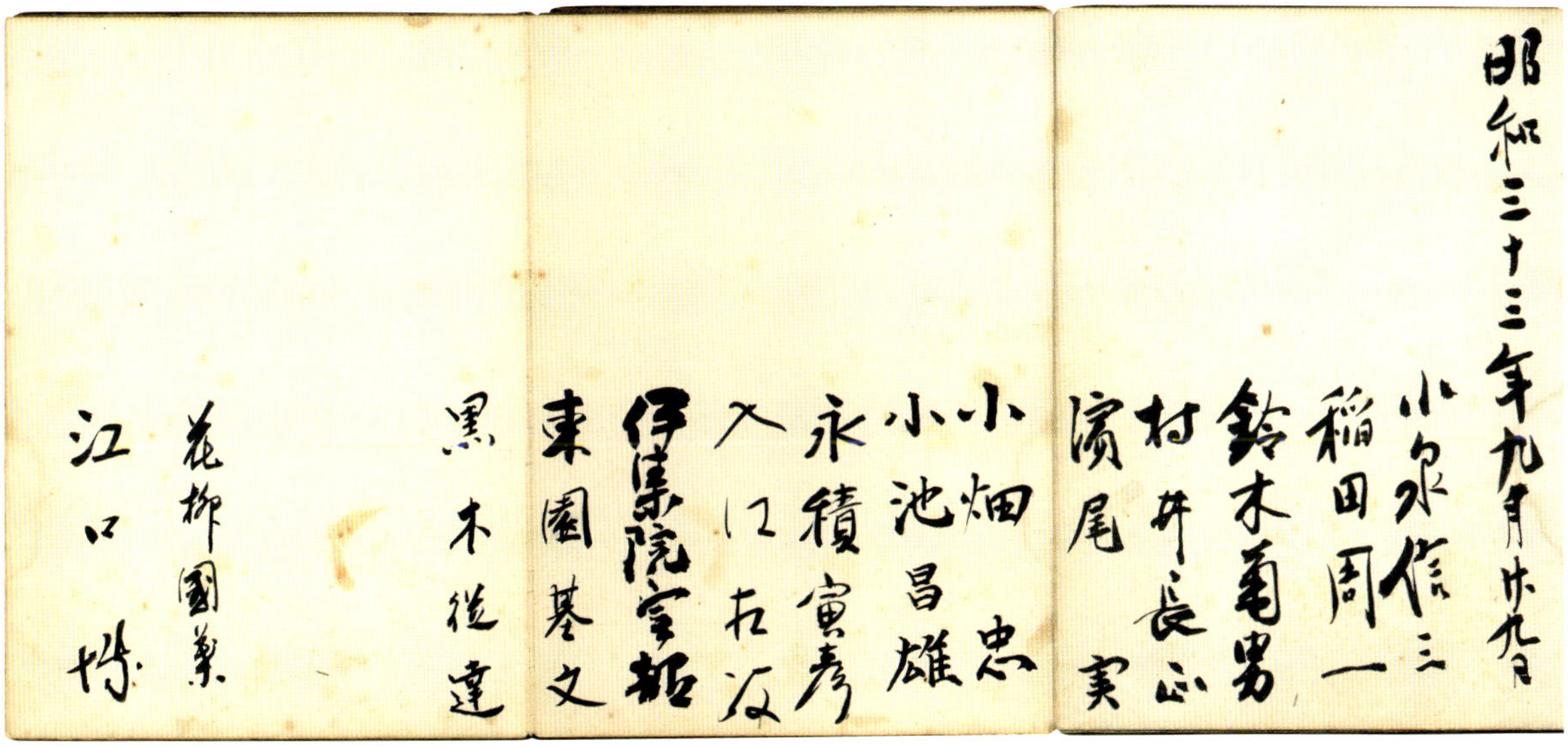

24

24. 野田岩芳名帖

昭和30年代　野田岩蔵

小泉のひいきにしていた鰻専門店野田岩の芳名帖。昭和33年9月、小泉が多くの宮中関係者と連れ立って来店した際の記帳がある。稲田、永積、入江は侍従、鈴木は東宮大夫、村井、浜尾、伊集院、東園、黒木は東宮侍従。

25. 両殿下を囲んだ集合写真

昭和35年9月26日　在ロサンゼルス日本国総領事公邸にて

後列左より3人目に小泉。皇太子同妃両殿下のアメリカご訪問中、西海岸での歓迎行事がすべて無事終わっての記念写真。

26. 御成婚記念御下賜花瓶

昭和34年

25

26

1

1. 岩波写真文庫
『野球の科学―バッティング―』
昭和26年
岩波の編集者の遊び心であろうか、ジョー・ディマジオのスウィング写真の隣で、スマッシュを打つのは、銀婚式を祝う庭球部OBとのテニス大会での小泉の姿である。戦後の小泉は負傷の影響でラケットを握れなくなったが、スポーツの良き奨励者、観戦者として知られるようになった。

2

2. 慶應野球部による東村山・多磨全生園での紅白試合
昭和27年春
娯楽の少ないハンセン病療養所の入所者たちが一流選手の野球試合を見たいと希望していることを旧知の野瀬秀敏司教より聞いた小泉が仲介して実現した試合。選手たちはこの企画に感激し、試合は熱の入った好ゲームになったという。

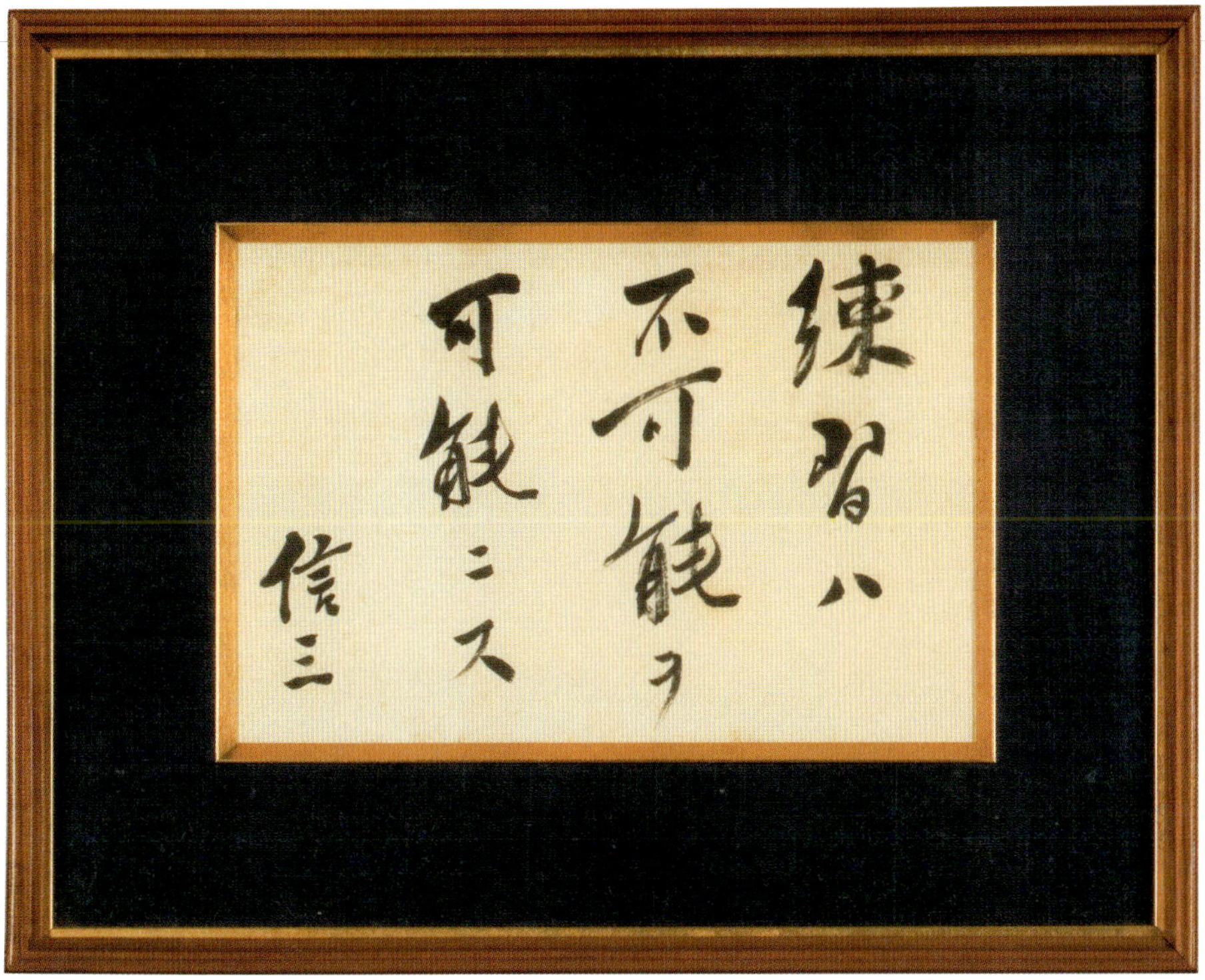

3

3. 小泉信三遺墨「練習ハ不可能ヲ可能ニス」

年未詳

小泉が慶應義塾体育会70周年記念式典で語った「スポーツが与える三つの宝」の一つとして有名な言葉。昭和42年庭球三田会によって義塾日吉テニスコートに建立された小泉の記念碑は、当初、小泉の執筆原稿から文字を取って刻まれたが、後に小泉家からこの遺墨が発見されたため、昭和56年に刻み直された。

4. 慶應義塾体育会70周年記念式典で講演する小泉

昭和37年10月28日

義塾日吉記念館で挙行された体育会70周年記念式典に招かれた小泉は、功労者の一人として表彰され、記念講演を行った。練習は不可能を可能にするという体験、フェアプレーの精神、生涯の友の三つを「スポーツが与える三つの宝」であると述べた講演は、小泉の数ある講演の中でも名スピーチとして名高い。【特別付録CD収録】

5. 日吉テニスコート記念碑除幕式

昭和42年3月26日

写真左より、とみ夫人、(秋山)加代、妙、秋山正、小泉準蔵(妙の夫)

4

5

6. 六大学野球リーグ始球式
昭和40年4月10日
＊＝松尾俊治提供

6a

◉「自慢高慢」

ラケットを握れなくなった小泉に戦後も残されたスポーツの楽しみにキャッチボールがあった。六十を越えてキャッチボールが上達したと自ら記し、死の数日前も道に出て壁当てに興じていたという。小泉は生涯二度始球式を経験した。その一回目は昭和三十九年全日本学生選手権大会の時であったが、この時はキャッチャーの頭を越える大暴投となった。翌四十年四月十日、六大学野球リーグの始球式に登板した際は、内角いっぱいのストライクで、子供のように喜んだ。見事な投球と報じる各紙を切り抜き、時々取り出しては眺めていたという。『新文明』に投じた「自慢高慢」と題した一文に「自慢高慢バカのうち」というように「私もバカと思われたくないのは山々であるが、ところが、したい自慢はやはりしたい」と断わった上で、次のように投球の瞬間を描写している。

「一寸考えた。暫く野球の球を握らないから、指が締まらず、スナップが利かないだろう。遠目の（右打者に）高い球を投げるくらいのつもりで、丁度ストライクになるのではないか。と思っていると、審判が高く右手を挙げ、ビックリするような大声で「プレーボール」と叫んだ。私は右足に堅いプレートを踏み、投げた。一瞬、

6b

＊6c

＊6d

とどくかな、と思ったが、球はベースの上、打者の膝のあたりを通過した。スタンドに一斉に拍手が起り、歓(?)声を揚げるものもあった。私は学校の試験がすんだ少年の気持を味わった。その時の打者は塾のショートの大瀧で、たしかにバットを空振りした筈であるが、彼れの顔も動作も、私の目には入らなかった」。投球時の写真を、小泉は方々に送り、その中にはマッカーサー前米国大使やヴァイニング夫人もいる。

7

9

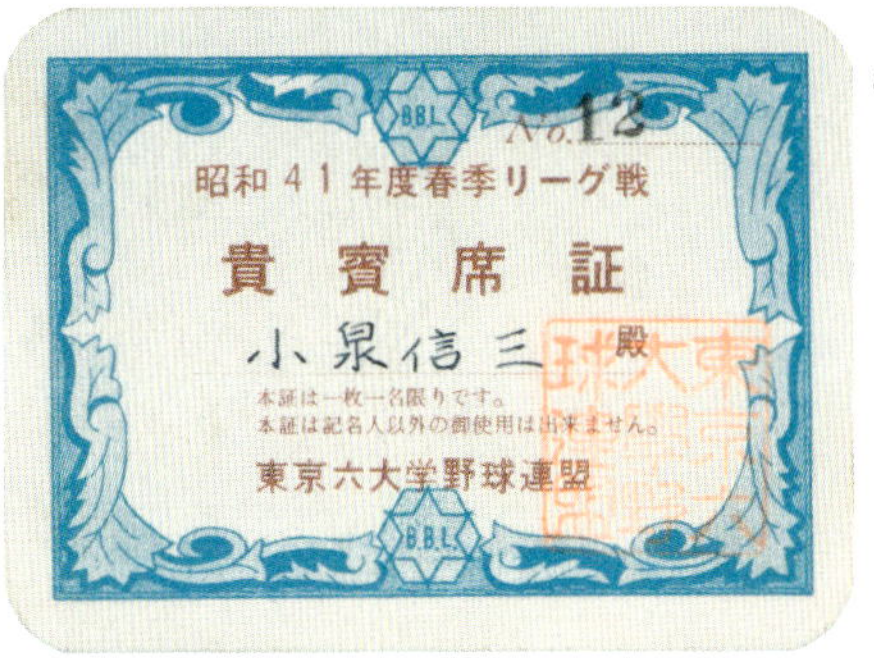
No.13
昭和41年度春季リーグ戦
貴賓席証
小泉信三 殿
本証は一枚一名限りです。
本証は記名人以外の御使用は出来ません。
東京六大学野球連盟

8

8. 東京六大学野球貴賓席証

昭和41年春

小泉は、六大学野球の熱心な観戦者としてよく知られ、早慶戦に至っては明治36年11月、三田綱町グラウンドで行われた第1回から観戦していた。野球部とも親交が深く、リーグ優勝したときには、部から記念のアルバムを贈られたこともある。観戦者の態度として「九回裏を待たずにあきらめて席を立つのは、観客としても、応援者としても面白くない態度だね」とよく口にし、自らも必ず最後まで観戦していたという。

7. 双眼鏡

戦後

野球観戦に常用した双眼鏡。OBには、神宮球場の貴賓席から双眼鏡を片手に熱心に観戦する小泉の姿を記憶する者も多い。二女妙はその姿を「ヒイキ目には司令官とも見えたが、スパイの親玉のようでもあった」と評している(「早慶戦」)。

9. 小泉に贈られた慶應野球部のサインボール

昭和31年秋

六大学野球リーグで9シーズンぶりに優勝を果たした昭和31年の野球部員によるサインボール

6g

6f

6e

幅広い交友

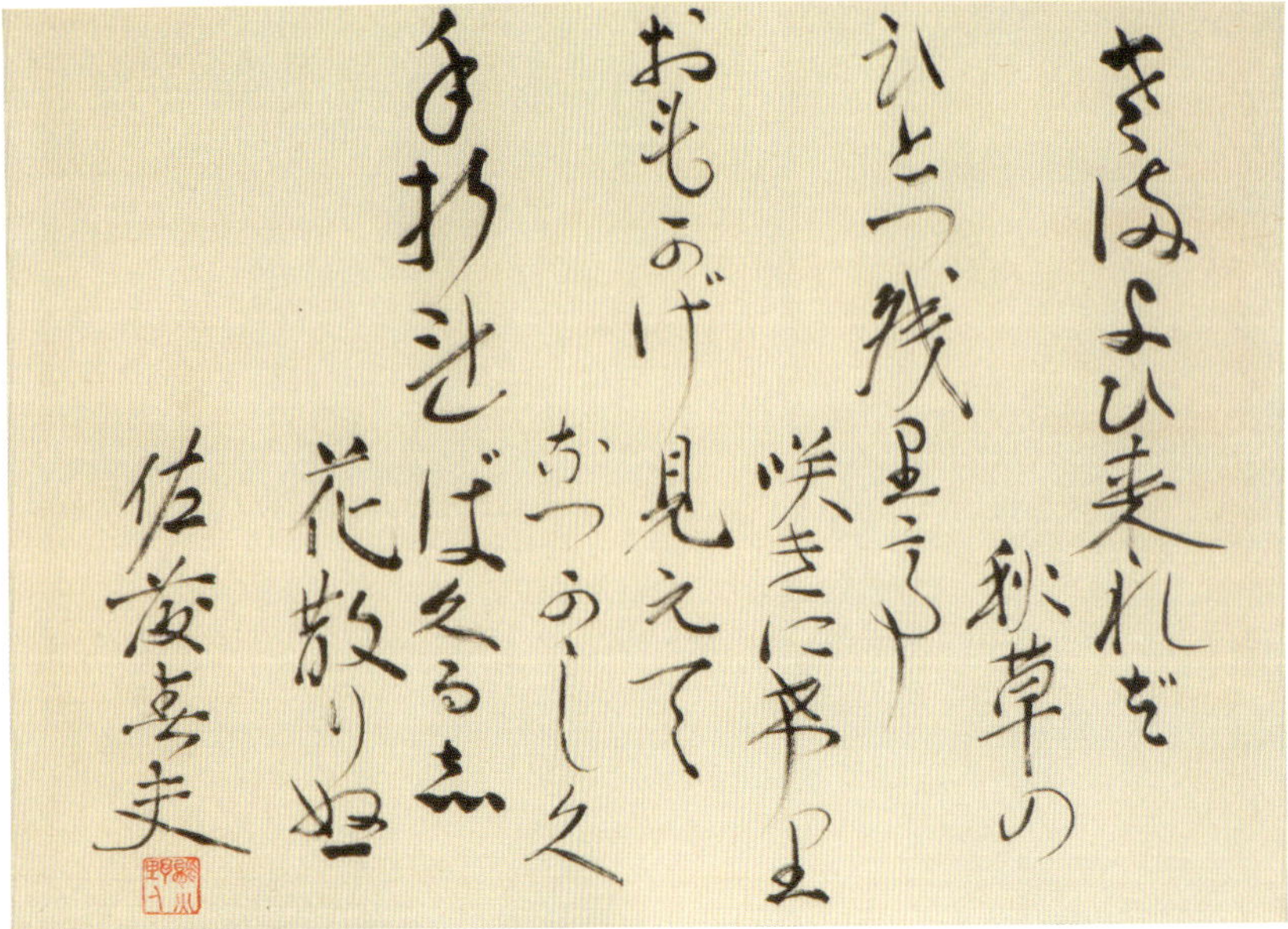

2

3

2. 佐藤春夫筆「秋くさ」

小泉は、同郷の佐藤を「わが詩人」と称し「この詩人はわがために代って歌ってくれたと私の感じたことは幾度とはいえない」とその詩を愛唱した。ことに『殉情詩集』に収められた「秋くさ」と題する一首、「さまよひ来れば秋草の／一つのこりて咲きにけり／おもかげ見えてなつかしく／手折ればくるし花散りぬ」は第一にそらんじられるものであると『読書論』に記している。それを読んだ佐藤は、一日「手習い」を持参したといって小泉にこの書を贈った。小泉は季節に合わせてこの書を家に掲げていた。

3. 三田にある佐藤春夫詩碑

昭和49年5月、佐藤春夫没後10年を記念して三田の慶應義塾図書館旧館脇の丘に建てられた詩碑。佐藤と生前から親交のあった建築家谷口吉郎の設計により、碑文は小泉に贈られた「秋くさ」の書から取られた。

1. 佐藤春夫と小泉夫妻

昭和37年夏　小泉邸玄関にて

佐藤は小泉よりも4歳下で、明治43年に『三田文学』が創刊された時からの仲であった。しばしば小泉邸に来訪した佐藤は、小泉を厚く敬う風で、言葉遣いも非常に丁寧であったという。佐藤は「普通部の歌」や、「福澤諭吉ここに在り」など、慶應義塾関連の作詞も手がけている。

4. 佐藤春夫筆「静物」

佐藤は詩作だけでなく、油絵にも造詣が深かった。この絵は佐藤の没後、その妻から形見として贈られ、応接間に飾られた。

4

1

6

6. 財界人との茶会

昭和31年3月　大手町・産経会館内茶室

左より前田久吉、伊藤正徳、千宗室(淡々斎)、五島慶太、小林一三、松永安左エ門、小泉。前田からの招待に、茶道の心得のない小泉は躊躇したが、茶人ではない加藤武男や藤山愛一郎の名もあったことから参加した。しかし当日加藤と藤山は欠席し、「困却」した(「小林一三さんの憶い出」)。

7

5

5. 軽井沢の安倍能成別邸を訪ねた小泉夫妻

昭和32年8月18日

昭和21年以来学習院長を務めた安倍とは、長年の知友で、講和問題をめぐる議論など政治的立場を異にしたが、親しい関係を保った。安倍は小泉を評して「私は小泉君に欠点があっても非難があっても、小泉君がいはゆる進歩的ひょろひょろ学者でなく、いはゆる保守反動の頑固学者であることを喜ぶものである」と述べている(「小泉信三」)。安倍は小泉の没後わずか1か月で逝き、各紙は、小泉の死に気を落とした、と報じた。

7. 長與善郎筆「老杉の絵」

昭和21年8月

長與が描いた信州戸隠神社前の杉の絵。小泉邸の応接間に掲げられていたもの。小泉はこの絵を説明して「周囲三丈余という巨木の、根本から三四丈あたりまでの幹と、垂れ下った枝と葉を描いたもので、殊にその葉の青の美しさと全体の気品とは、何ともいえない」(「わが蒔く種」)と記している。もとは終戦直後、とみ夫人らが展覧会で見て「あんな画が欲しい」と言い、その後たまたま長與ととみ夫人が同席した際、その話となり、既に他人の手に渡る予定であったものを、わざわざ変更して贈られたものであった。

10

11

10. 文士劇の楽屋を訪ねて

昭和37年10月28日

文藝春秋40周年記念講演を終えて同社池島信平(写真左に立つ)と共に。小泉は洋の東西を問わず演劇好きであった。

11. オーストラリア人留学生に福澤諭吉について語る

昭和40年1月10日　三木淳撮影

慶應義塾が毎年福澤諭吉の誕生日を祝う誕生記念会の席での一コマ。小泉の右は、福澤の孫で義塾教授の清岡暎一。

8. 小泉信三への来簡

小泉の幅広い交友関係を示す如く、多彩な顔ぶれの来簡が残されている。その中には、川端康成や吉川英治、志賀直哉、斎藤茂吉等、作家の名前も多い。

8

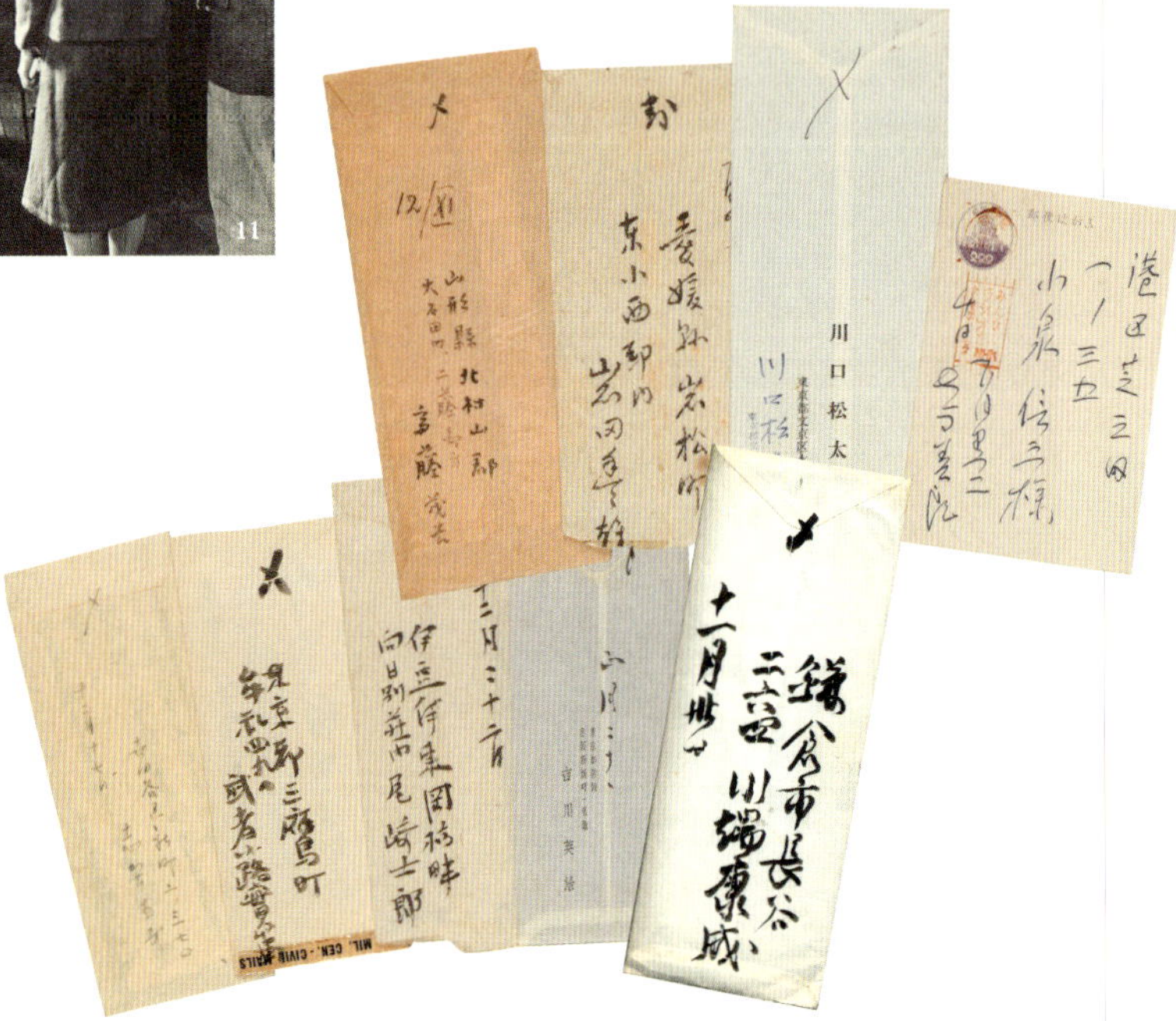

9

9. 古今亭志ん生邸の新築祝いにて

昭和26年3月

小泉は、落語家では志ん生が大のひいきであった。彼の余芸の唄、殊に「大津絵」が大好きで、「その渋い喉と節廻しの伸縮抑揚は、真に絶品と称しても過言でないと思い、彼れと一緒になるたび毎に、私はいつも幾たびも同じ所望を繰り返すのが常である」(『朝の机』)と絶賛した。毎度ハンカチを握りしめて同じところで涙をぬぐったと、後に志ん生が高座で述べている。

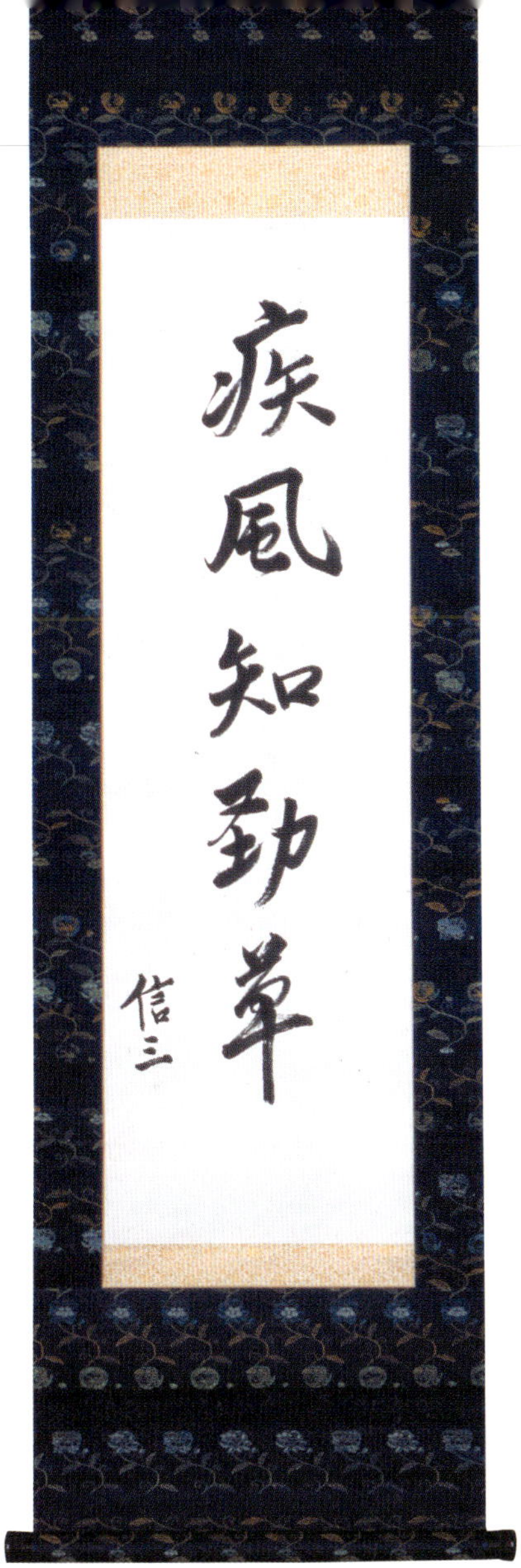

1

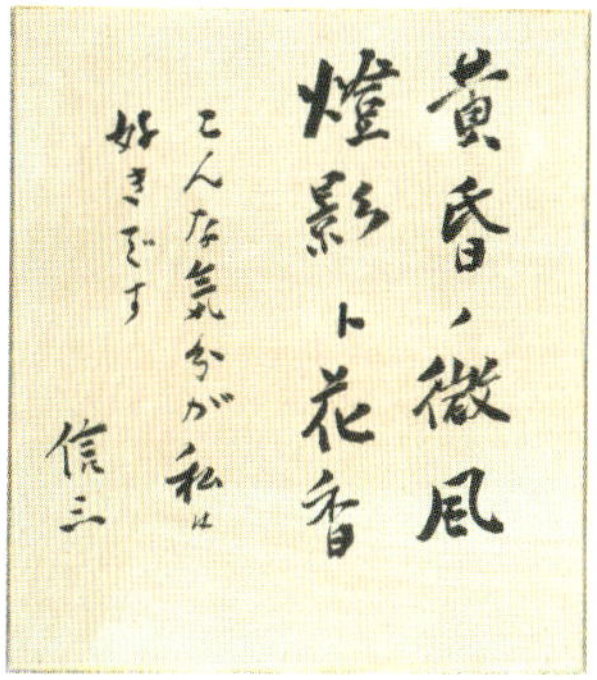

2

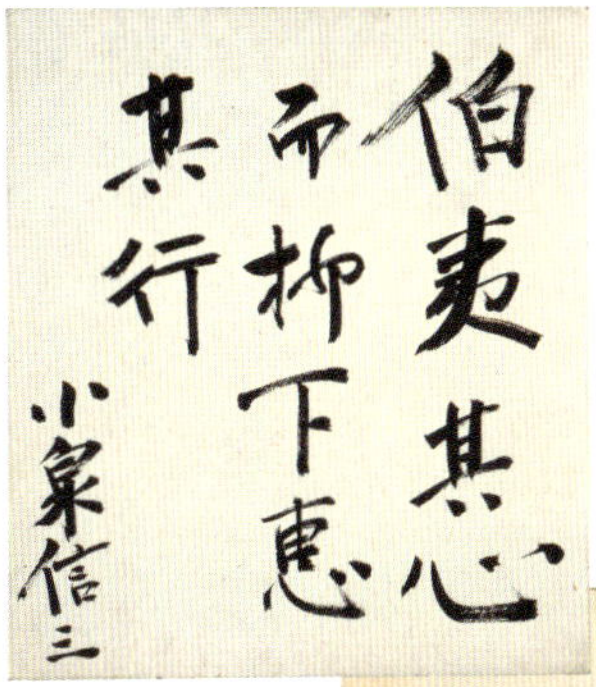

3

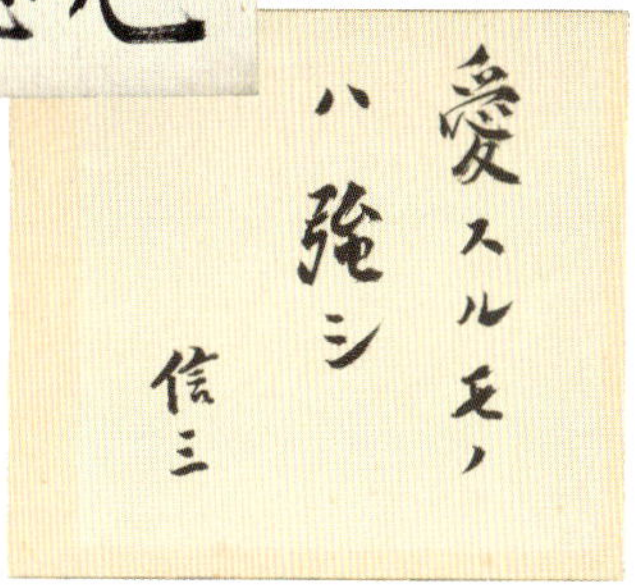

4

5

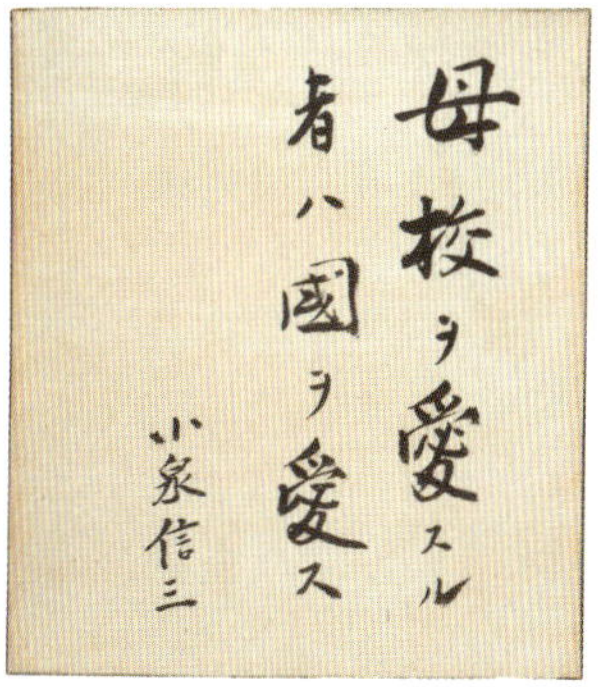

6

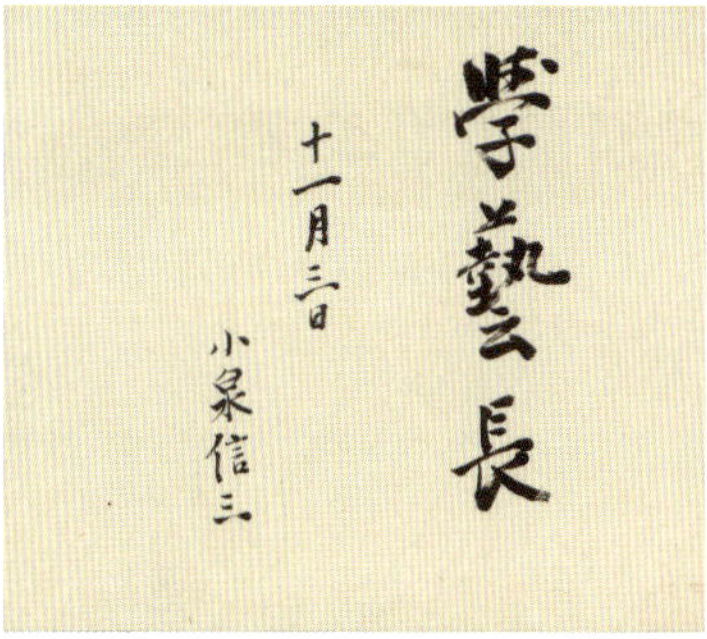

7

1. **「疾風知勁草」（疾風に勁草を知る）**
   河原一慶寄贈
   小泉が好んで書いた語の一つ。この語に限らず書幅は珍しい。
2. **「黄昏ノ微風／燈影ト花香
   こんな気分が私は好きです」**
   土橋敬子蔵
3. **「伯夷其心而柳下恵其行」（其の心を伯夷にして其の行いを柳下恵にせよ）**
   河原一慶寄贈
   福澤諭吉が好んで書いた語の一つ。
4. **「愛スルモノハ強シ」**
   慶應義塾大学看護医療学部蔵
   昭和32年、慶應義塾大学病院看護婦長らの求めに応じて看護婦の行動の指針として与えたもの。
5. **「独立自尊」**
   東京都港区立御田小学校蔵
6. **「母校ヲ愛スル者ハ国ヲ愛ス」**
   東京都港区立御田小学校蔵
   御田小学校ではこの色紙の字を染め抜いた風呂敷を、長年卒業記念品として配布していた。
7. **「学芸長」**
   山崎元蔵
   文化勲章受章に際して記したものと思われる。

◉小泉信三の書

小泉は書を苦手とした。普段は専らペンを用い筆を執ることも少なく、色紙も多くはない。書家として著名な西川寧は小泉の「黄昏ノ微風」の色紙を見て「ひたすらつつましくて他意のない所に浮び出ている風韻」を見出し「この字はやはり先生その人である」と評した（『三田評論』昭和四十二年七月号）。

COLUMN

ヴァイニング夫人からのメッセージ

小泉の大切な友人であったヴァイニング夫人は、小泉の訃報を深く悲しんだ。その連絡に、言葉を失い、二度目の電話でようやく「あのように広くて同時に深い心をもった人は少ない」と言葉少なに語ったと伝えられている(『読売新聞』昭和四十一年五月十二日付)。夫人の元には、岩波新書の『福澤諭吉』が届いたばかりであったという。昭和六十一年五月、三田で開催された小泉没後二十年記念講演会で、司会を務めた慶應義塾大学文学部教授安東伸介から、披露されたのが下に掲げるヴァイニング夫人からのメッセージである。夫人は平成十一年十一月二十七日、フィラデルフィアで生涯を閉じた。九十七歳だった。

ヴァイニング夫人と
昭和34年4月14日　箱根・富士屋ホテルにて

Dr. SHINZO KOIZUMI

Elizabeth Gray Vining

During my long life of eighty-three years I have been privileged to know five men whom I —and others— would call "great." Dr. Koizumi was high on that list.

For a little over two of my four years in Japan as tutor to H.I.H. the Crown Prince, ending in November, 1950, Dr. Koizumi was in charge of the education of Prince Akihito and I was tutor in English. Under Dr. Koizumi many things to broaden the Crown Prince's education became possible that had not been possible earlier: friend-ships with American and Australian boys, a meeting with General MacArthur, a three-day visit to my summer home in Karuizawa and other new experiences. During those years I came to know Mrs. Koizumi also, to my great pleasure, and was entertained in their home.

After my return to the United States the friend-ship with the Koizumis continued to flourish, with their visits to America and mine to Japan. There was also a correspondence that ended only with Dr. Koizumi's death, now twenty years ago.

I can scarcely believe that so many years have passed since he left us. His warmth, his humor, loyalty, courage, his brilliant mind and states-manlike vision, his rare capacity for friendship: these are qualities that have made him loved and respected by so many persons of different ages and conditions both in Japan and in the United States.

小泉信三博士

エリザベス・グレイ・ヴァイニング

私は、83年に及ぶ長い人生において、何人にも異存のない、真に「偉大」と称すべき5人の優れた人物にめぐり会うことが出来ました。これは、私の誇るべき幸いであると存じております。そして、小泉博士は、その偉大なる人物の中でも、先ず指を屈すべきお方の一人でございます。

私は、皇太子殿下のご教育掛として、1950年の11月まで4年間日本に滞在いたしましたが、その間2年あまり、小泉博士は明仁親王殿下のご教育の責任者であり、私は殿下の英語教育にたずさわっておりました。小泉博士のご指導の下に、皇太子殿下のご教育は、数多くのものが加えられて豊かなものとなりました。殿下がアメリカやオーストラリアの少年たちと親交を結ばれたこと、マッカーサー元帥とご会見になられたこと、軽井沢の私の別荘に3日間ご滞在になられたこと、その他さまざまな新しいご経験を殿下は重ねられたのでありますが、このような、かつては到底不可能と思われていたことが、小泉博士のお力によって実現したのでした。この間、私は小泉とみ夫人ともお知り合いになることが出来、小泉家のお宅でおもてなしを頂きましたことは、まことに楽しい思い出でございます。

私がアメリカに帰国いたしましてからも、小泉家の皆様との親交はいよいよ深いものとなりました。小泉家の方々はアメリカにおいでになり、私もまた日本を再訪いたしました。更にまた、小泉博士と私の文通は、まさに20年前、博士とお別れするその時まで、絶えることなく続けられておりました。

博士が私共のもとを去られましてから、すでに20年という、かくも長い歳月が過ぎ去ったとは、まことに信じがたいことでございます。博士の温かいお人柄、ユーモアの感覚、忠誠の心、勇気ある態度、俊敏なる知性、或いはまた偉大なる政治家の資質にも比すべき、未来を展望する想像力、そして多くの友人たちに対するたぐい稀れなる包容力、—こうした小泉博士の優れたお人柄こそ、日米両国の多くの人びとが、世代や境遇の違いを超えて、ひとしく博士を敬愛する所以であると申したいと思います。

［訳＝安東伸介］

VI

愛の人

良き家族

父を早く喪った小泉にとって、母、そして二歳年上の姉は特別な存在であった。その姉、松本千が癌に冒され、最後の入院をする前に見舞った際の会話を述懐している。姉は少女の頃、始終、福澤家に出入りしていたので、ふと思いついて、姉の福澤観を聞いて見る気になったのだという。

「『福澤先生のエライところはどこだったろう』と私はいった。

『それは愛よ』

姉はすぐ答え、少し附け加えて、福澤先生がいかに人を愛する人であったかをいった。

この答えは私にとり全く意外ではなかったが、ちょっと虚を衝かれたような感もあった。……姉の言葉をきいているうちに、私は或いはそれが本当は正しいのかも知れぬ、福澤先生の著述などあまり多くは読まなかったこの女が、女の直感で、かえって福澤諭吉の真の偉大さを知ったのかもしれぬ、というような感じもした。」（「姉弟」）

小泉を直接に知る人には、この述懐に触れた時、小泉自身の生涯と重ね合わせる者が少なくなかった。福澤と同様に母の女手一つで育てられた小泉もまた、愛情に敏感な人であった。その愛情は、知友に、塾生に、また皇太子殿下へと注がれたが、家族との関係の中にも最もよく見出すことができる。

小泉は、欧州の留学から帰ると、親友水上瀧太郎の妹のとみと結婚し、長男信吉（しんきち）、長女加代、二女妙の三人の子に恵まれた。とみも、福澤の高弟で明治生命創始者阿部泰蔵の娘であり、幼少時から三田山上を遊び場にして育った。福澤は、政治家や実業家が多数の妾を持つのを当たり前とする時代にそれを嫌悪し、文明社会における新しい女性と家庭の在り方を繰り返し訴え、自らも実践した。共に福澤の高弟の子として生まれた信三ととみが築く家庭には、福澤とその門下の人達が大切にしてきた空気を見出すことができる。

幼い頃から、海軍好き、海好きであった長男信吉は、慶應義塾卒業後、三菱銀行に入行、更に、海軍経理学校を経て、主計中尉として戦地に赴き、南太平洋方面で戦死した。小泉は、塾長としての塾務の傍ら、深夜にあるいは早朝に、約一年をかけて、『海軍主計大尉小泉信吉』を執筆した。組版が済み印刷を前にして印刷所は空襲で焼失するが、運良く残った校正原稿を元に、戦後、私家版として三百部印刷され、親しい人達に配られたのであった。当時から反響は大きく、読後感を伝え聞く人の間で「幻の名著」と言われ、公刊の願いも多かったが、「校正刷を読むのが悲しいから」とついに首を縦に振らなかった。結局、この本は、小泉の没後出版され、ベストセラーとなった。抑制を効かせた筆致で書かれた本書に、小泉と家族の実像を見ることができる。

家族の肖像

5

3

タケガサラサラ ナッテマス 月ノデルノヲマッテマス。 カヨ作
芳郎さん、作日はおいしいごちそうをたべさせて下さって、ありがとう。僕は、あんなおいしいごちそうをたべたのは、はじめてです。
エイワンのごちそうとてもおいしいな。さよなら
信吉
ホシデタ サクラノハナガキレイダナ。カヨコ

4

3. 母と子3人
大正15年5月25日
左より、とみ（31歳）、妙（8か月）、信吉（8歳）、加代（4歳）。

4. 阿部芳郎宛小泉信吉・加代葉書
昭和2年9月6日付
信吉と加代が叔父の阿部芳郎に送った葉書。加代が得意の詩を披露しているのに対抗して、信吉は「エイワン［食堂の名］のごちそうとてもおいしいな」と書いている。

5. 信吉撮影の父母と妹たち
昭和9年秋頃
品川御殿山の自宅にて
左より妙、信三、加代、とみ。

2

1

1. 小泉信三・とみ結婚写真
大正5年12月7日
信三は、父信吉の友人で明治生命創立者である阿部泰蔵の三女とみと結婚した。欧州留学中、親友の阿部章蔵（水上瀧太郎）からたびたび「結婚するならとみに限る」と推奨されていた。

2. 信三と信吉
大正10年頃　鎌倉小町の自宅で
「七夜に信吉（シンキチ）と命名した。私が七歳の時に死んだ父は、小泉信吉（ノブキチ）である。同じ名をつけてただ読み方だけを変えた。例の少ないことかもしれないが、そうしたいと思い、迷わずそうきめた。」（『海軍主計大尉小泉信吉』）

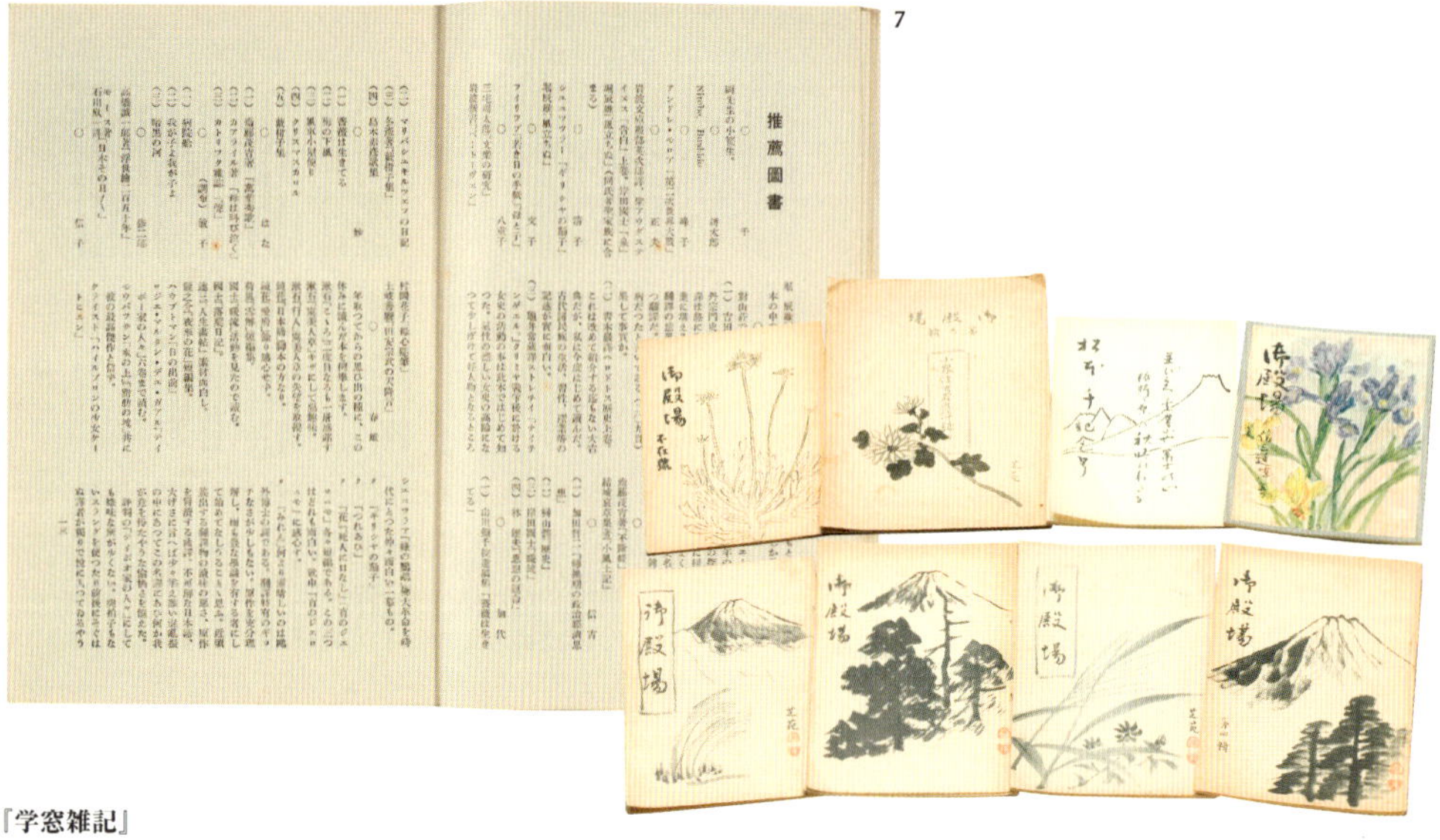

7

6

6.『学窓雑記』

昭和11年刊

『師・友・書籍』に続く小泉の2番目の随筆集である本書の装丁は一家総出で作られたものである。青に白の一筋を入れたデザインを加代が描き、とみは青と白の間に水色の線を加え、題字を信吉が、奥付の検印の字を妙が書いた。のちに新聞の書評に、題字が悪いと出ると、信吉は「お父様にすまないなあ」と言い、戦地に赴いてからも手紙の中で「あの時の小生の年齢正に十九歳。先ず大人と見るべきか？するとあの字は『大人の子供ぶった字』というべきかも知れない。しかしどう見てもあの字は幼稚です」(『海軍主計大尉小泉信吉』)などと書いている。

7.『御殿場』

御殿場の別荘に毎夏を過ごした親戚関係の松本、小泉、横山、佐々木4家族とその親族が発行した文集。自分の記した文章が活字になる喜びを知り、また後年懐かしさを楽しむためとして信三が編集長となって創刊し、子供たちも盛んに投稿した。第1輯は昭和13年9月刊、以後昭和18年まで毎年発行され、戦後も3冊発行された（最終号は信三追悼号）。

8. 銀婚式に撮った家族写真

昭和16年12月7日

日米開戦前日、小泉夫妻の結婚25周年の日、たまたま帰宅していた信吉を交え家族5人で撮った写真。左より妙、とみ、信吉、信三、加代。

9. 信吉最後の書簡

昭和17年10月15日付

特設砲艦八海山丸に乗艦の信吉は、戦地から盛んに手紙を書き送った。その数は38通に上る。「信吉の最後の手紙は、十月二十三日に東京の家へ着いた。何時もながらの気楽な無駄に、家中の者は皆な笑ったが、その前日の朝、彼れは既に敵弾に倒れていたのである。」(『海軍主計大尉小泉信吉』)

9

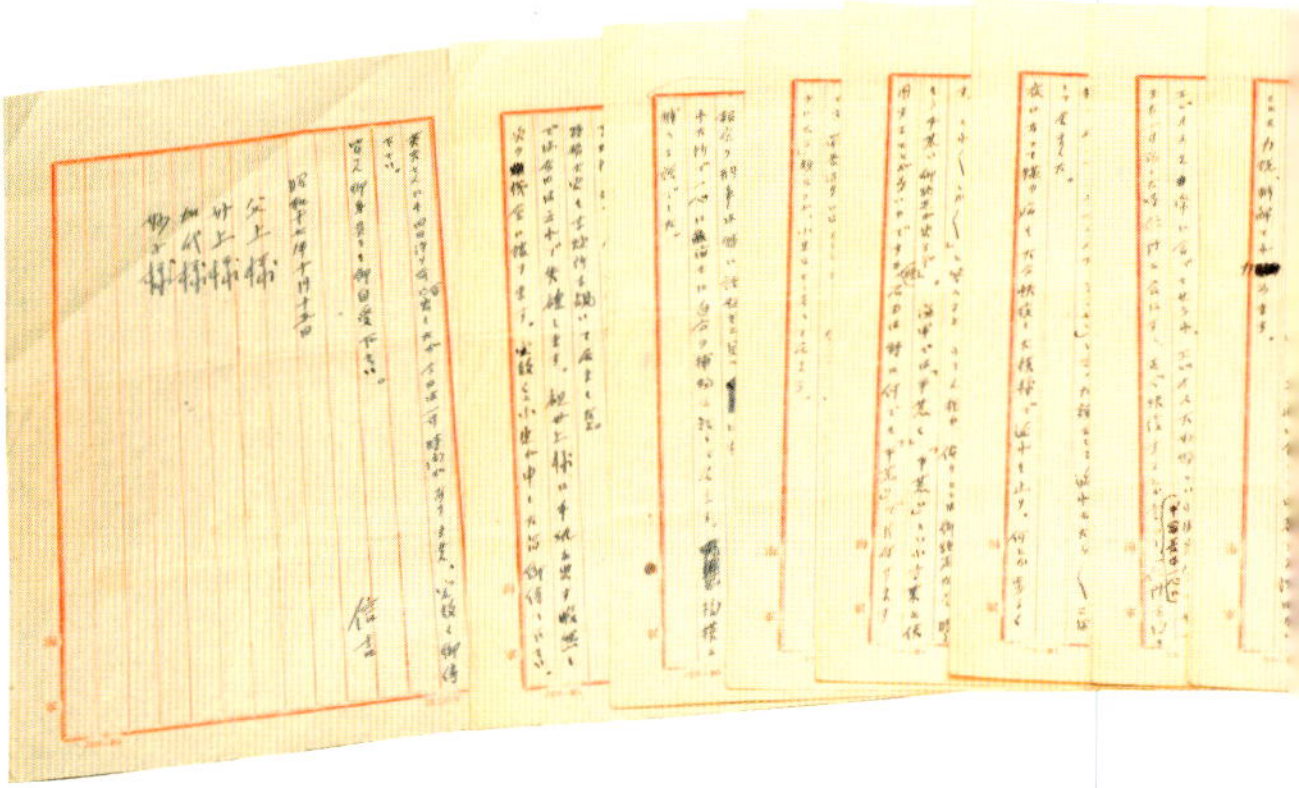

8

10

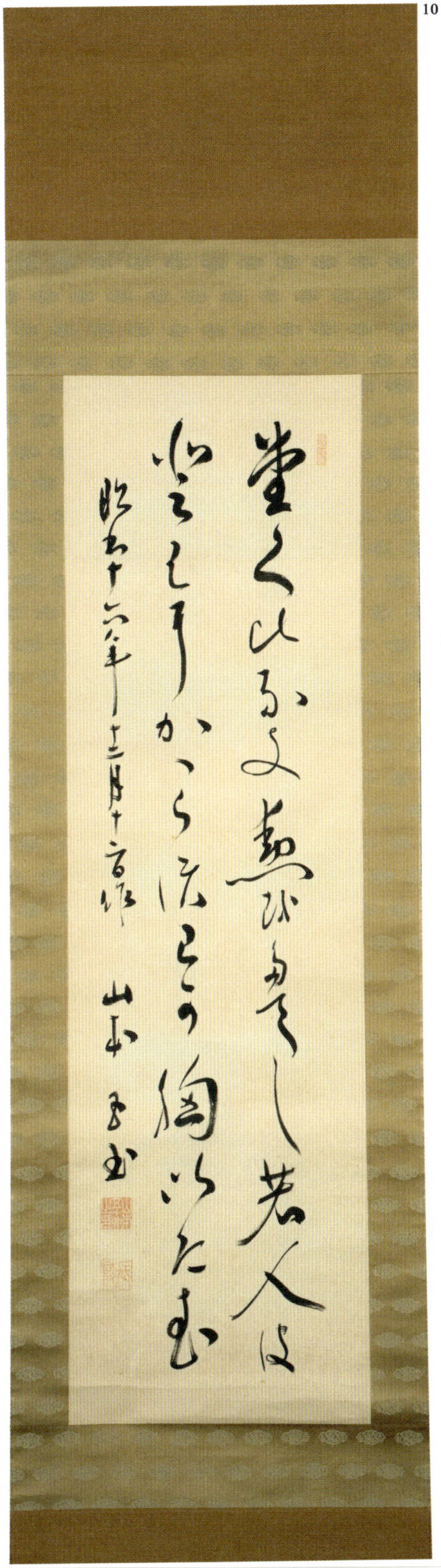

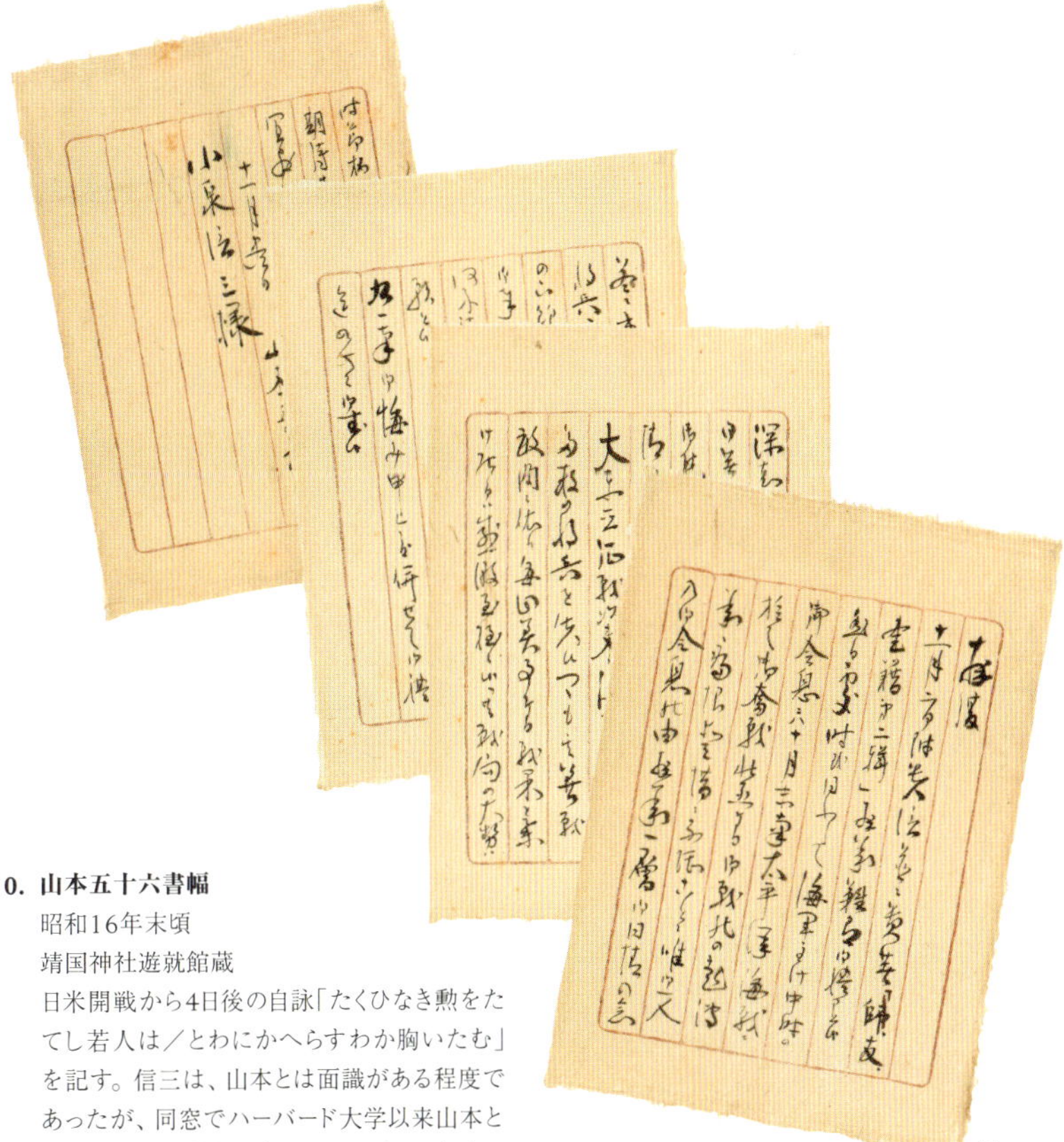

11

10. 山本五十六書幅

昭和16年末頃

靖国神社遊就館蔵

日米開戦から4日後の自詠「たくひなき勲をたてし若人は／とわにかへらすわか胸いたむ」を記す。信三は、山本とは面識がある程度であったが、同窓でハーバード大学以来山本と親交のある小熊信一郎から、昭和17年春にこの書を贈られた。信三は帰宅した信吉にも見せたことがあると記している。信吉没後、とみ夫人はこの書を信吉の写真のある部屋の床の間に掛け、山本の写真も求めて、違い棚の上に飾った。

11. 小泉信三宛山本五十六書簡

昭和17年11月　靖国神社遊就館蔵

小泉が『師・友・書籍 第二輯』を贈ったことへの礼状を兼ねた信吉のお悔やみ状。岩波茂雄が記念帖に仕立て、小泉は書簡の前後に米内光政と旧知の武井大助中将に揮毫をしてもらい、終生大切にしていた。

12

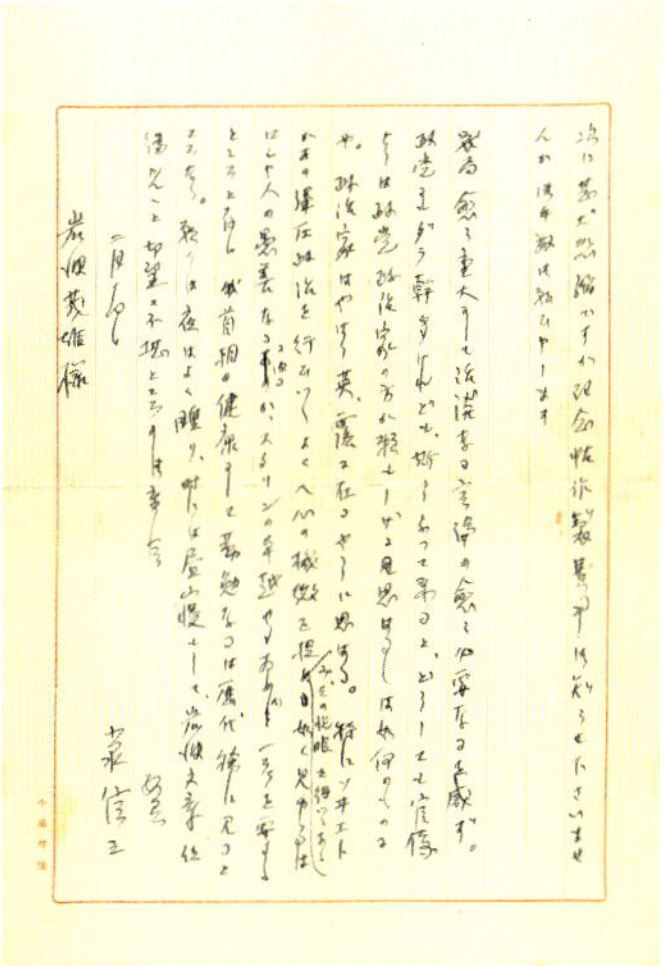

12. 岩波茂雄宛小泉信三書簡

昭和18年2月14日付　岩波書店蔵

信吉の死を嘆く小泉家を気遣った岩波は、熱海の惜櫟荘に招待して慰め、山本五十六からの書簡を記念帖に仕立てた。この書簡はそれに対する礼状。後段で小泉は、非常時にあっていよいよ言論が活発である必要性を述べ、東条首相への痛烈な皮肉を記している。「我首相の健康にして勤勉なるは歴代稀に見るところなり。願くは夜はよく睡り、時には昼寝もして、岩波文庫位繙かんこと切望に不堪ところに御座候。」

13.「信吉に関する書簡類」

昭和17-21年

信吉の死を悼み、各方面から送られた悔やみ状50数通を収める木箱。とみ夫人が「信吉に関する書簡類在中」と表書きをして大切に保管したもの。

15

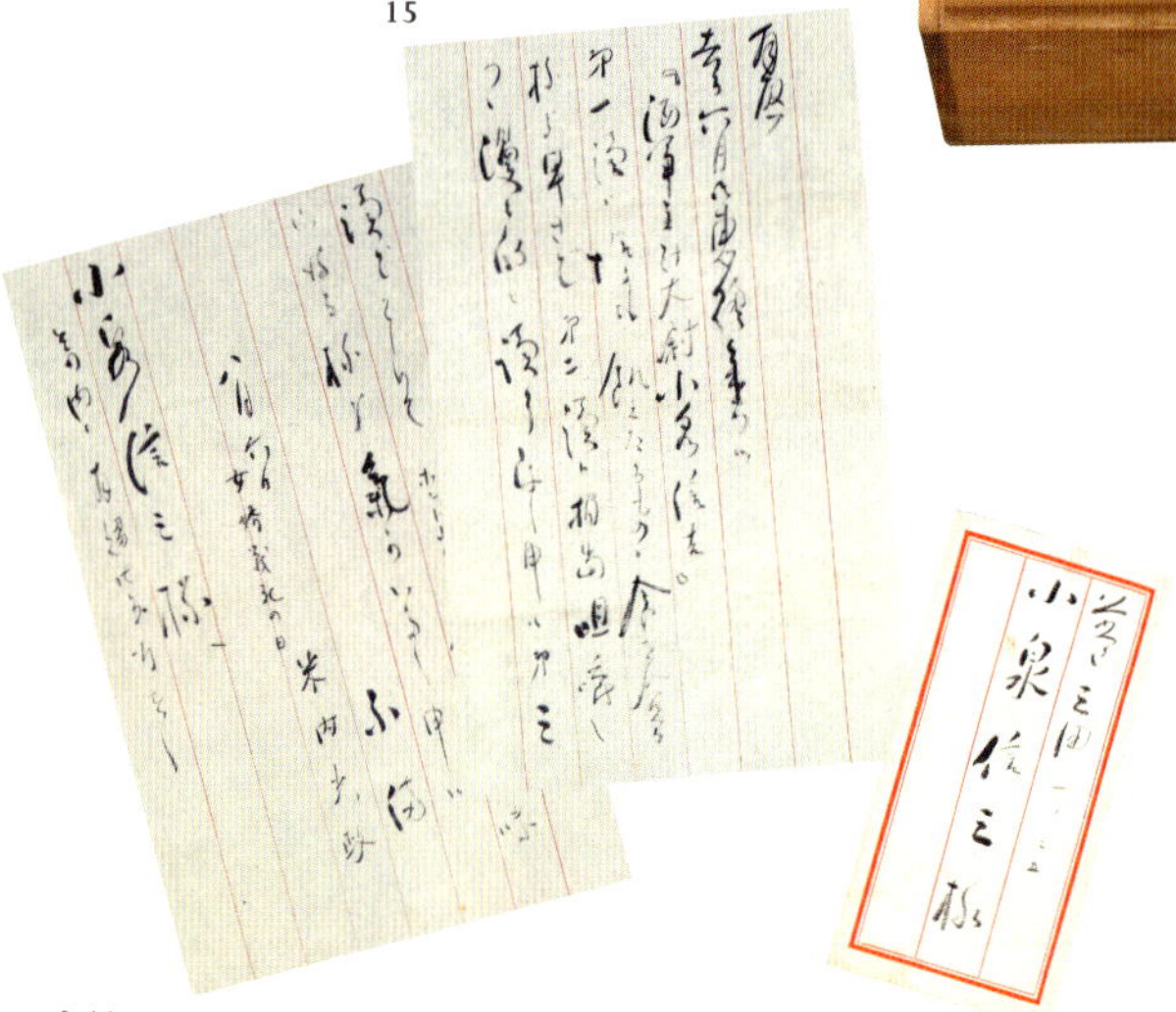

13

14. 官記

昭和18年1月　靖国神社遊就館蔵

戦死日付けで信吉を海軍主計大尉に進級させる官記。信吉の葬儀は、2月26日海軍合同葬として横須賀で営まれ、3月1日には青山斎場において告別式が執り行われた。

15. 小泉信三宛米内光政書簡

昭和21年8月6日付

盛岡市先人記念館蔵

『海軍主計大尉小泉信吉』の感想を書き送ったもの。「第一読は恰かも飢えたるもの、食を貪る様な早さで、第二読は相当咀嚼しつゝ漫々的に読了致し申候、第三読ではじめてホントウの人間味を味ひ得る様な気がいたし申候」と記す。

14

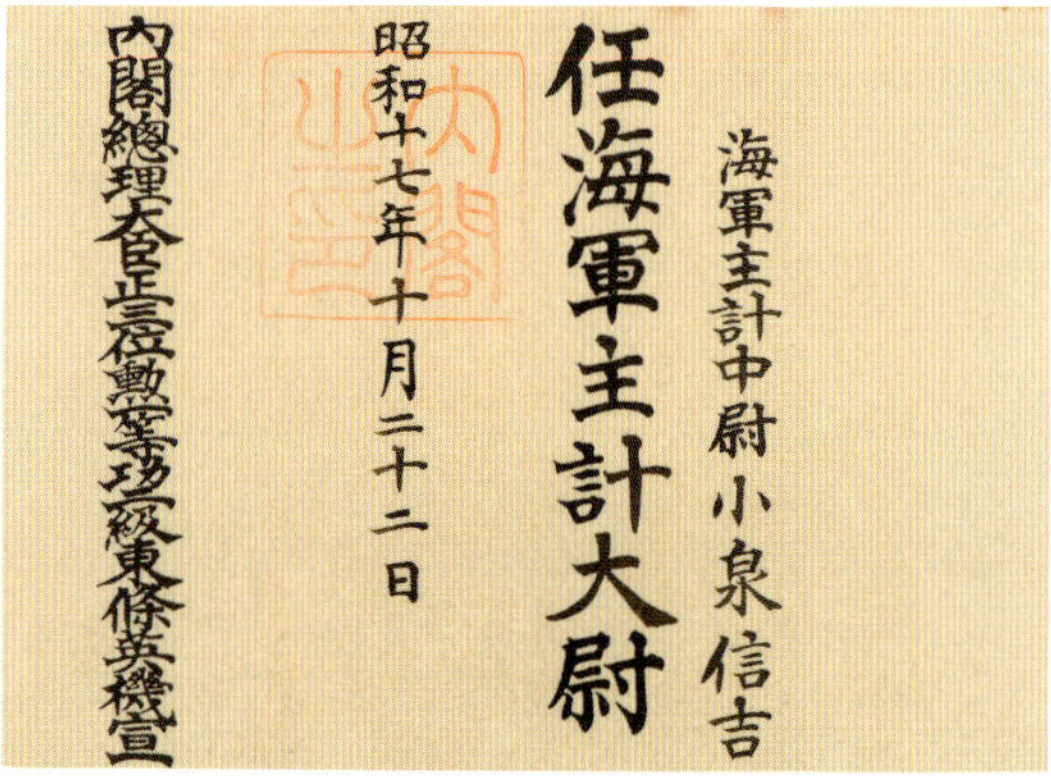

海軍主計中尉小泉信吉

任海軍主計大尉

昭和十七年十月二十二日

内閣總理大臣正三位勲一等功二級東條英機宣

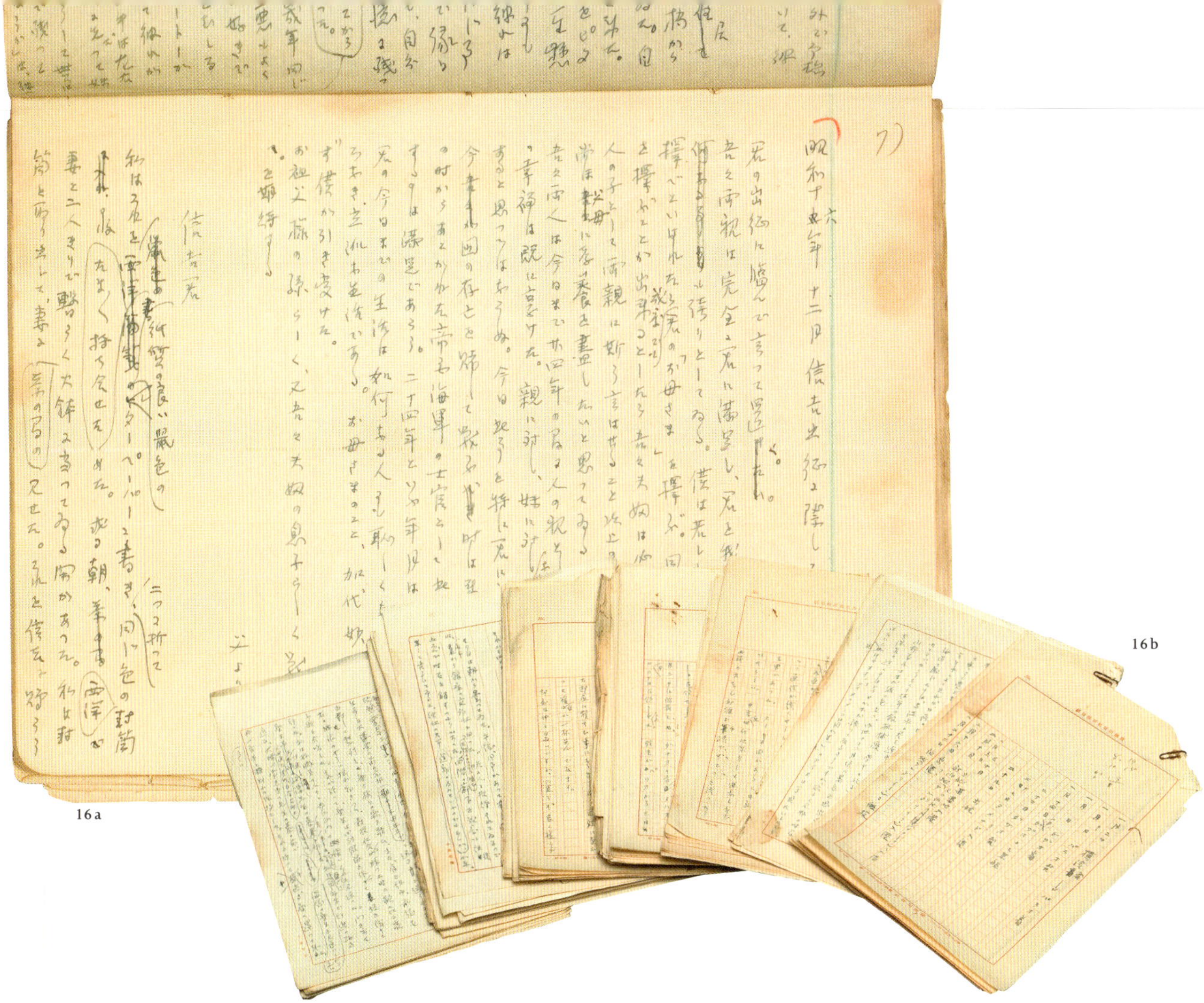

16a

16b

16.『海軍主計大尉小泉信吉』執筆ノートと原稿

昭和18、19年

執筆ノートには信吉生前のエピソードなどが列挙されており、これに基づき原稿が執筆された。脱稿は19年4月2日。執筆を促した和木清三郎は次のように回想している。「あるときは、先生は目を赤くして『今日はこれだけ』といって幾枚かを渡された。徹夜されたか、信吉君のことを思い出して悲しんでいられたのか——そう思った。」(「あとがき」)本書はすぐに印刷に回されたが、横山大観の巻頭画と共に印刷所が空襲で全焼、戦後、残された校正刷りから新たに組み直してようやく完成した。

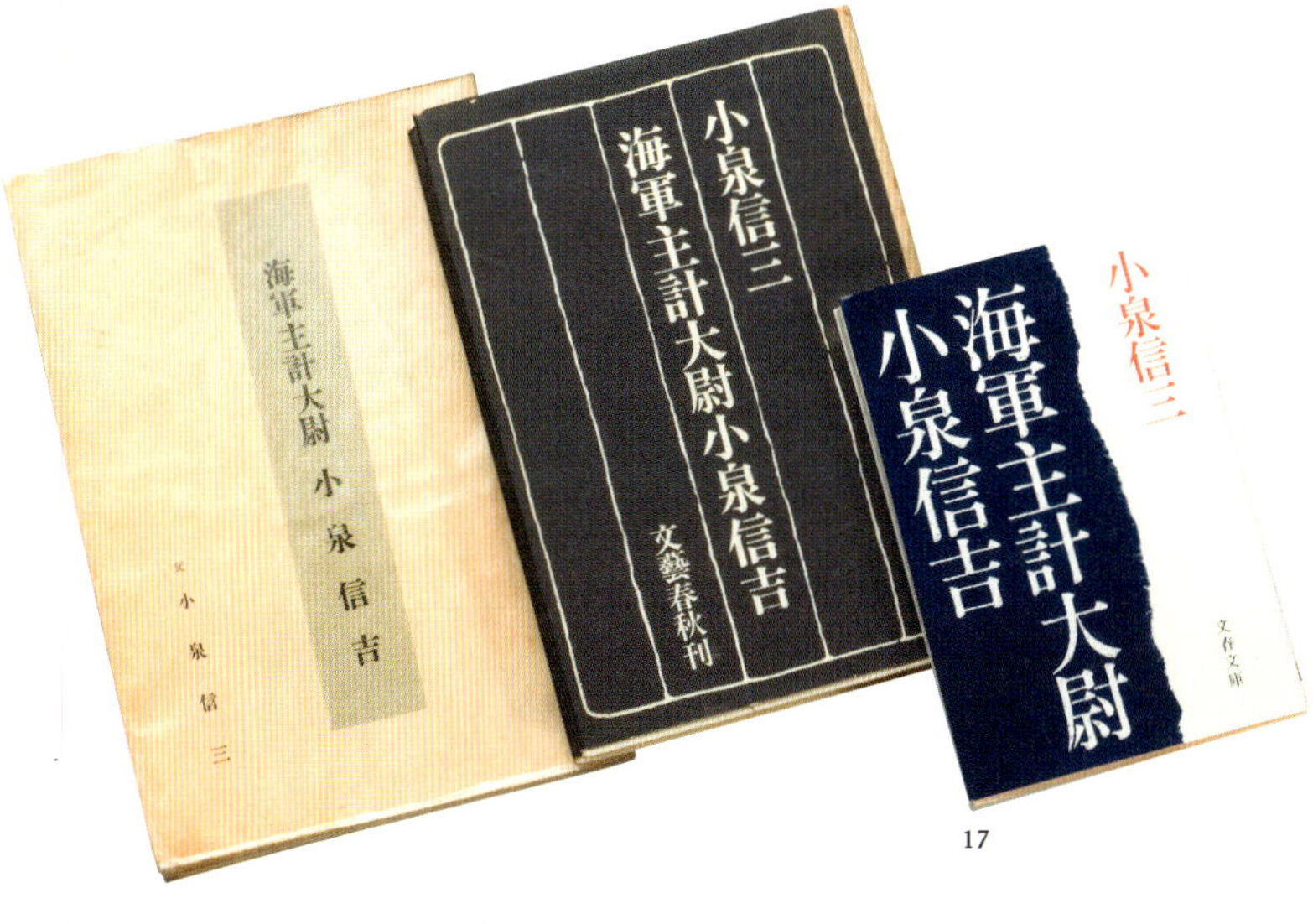

17

17.『海軍主計大尉小泉信吉』の刊本3種

昭和21年春、300部限定で印刷され、親戚知友に配布された私家版(写真左)は、回し読みや筆写で読まれ幻の名著として話題となったが、公刊を求める編集者に「あの本を出すのは、また、あの本を読まなくてはならぬ。僕にはそれはとても悲しいことなんだ」と、承諾しなかった(和木清三郎「あとがき」)。その没後、夫人の同意を得て、昭和41年8月文藝春秋より刊行、50年には文庫化された。

19. 小泉準蔵・妙宛とみ書簡

昭和32年9月28日付

小泉家は皆信三の影響もあってか筆まめであった。この書簡は、来日中のヴァイニング夫人と共に夫妻が伊東の川奈ホテルに滞在した際、準蔵・妙夫妻に宛てたもの。末尾に「信三はベストコンディションとも申すべきかとてもとてもよいお方でごわすわい。イヂワル台風の目はどこへゆきましたやら」とあり、ユーモアを愛した一家の姿がよく表れている。下は同封の信三書簡。

19

20

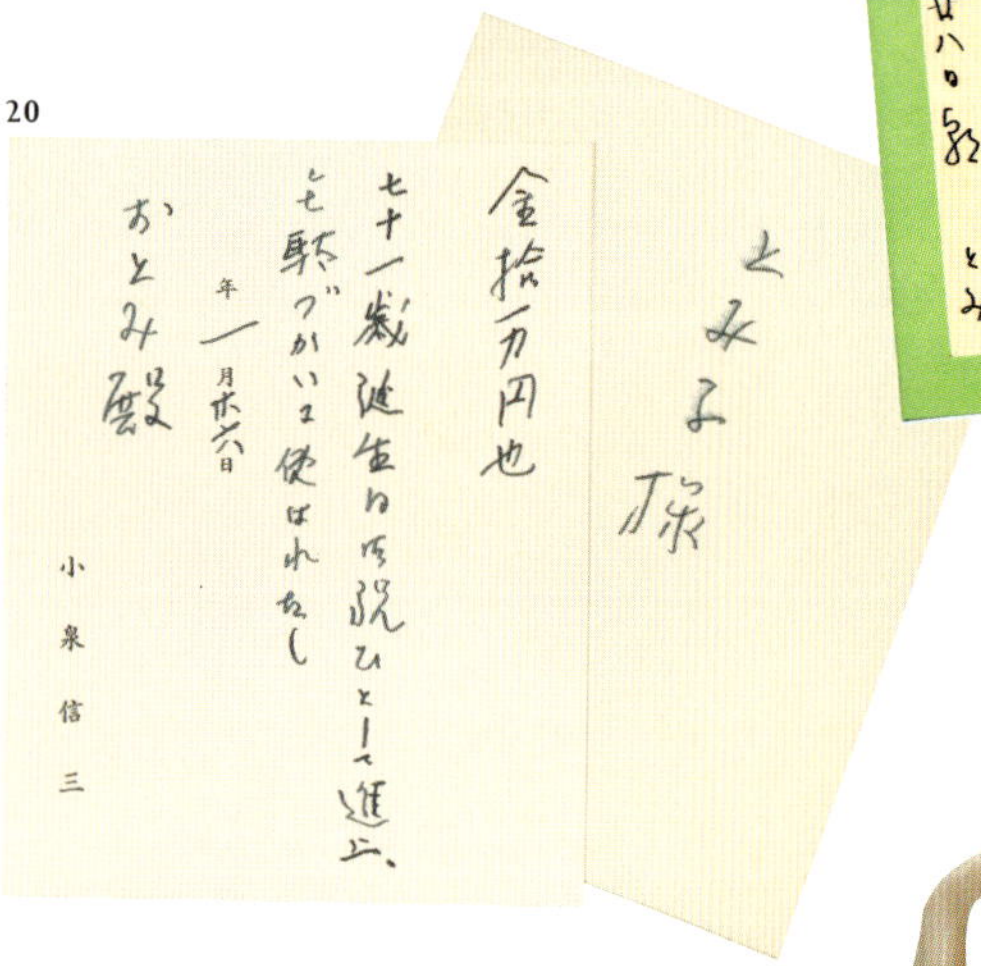

20. とみに宛てた信三の誕生日カード

昭和41年1月26日

信三生前最後の妻の誕生日に贈られた誕生日祝いのカード。10万円を贈り「七十一歳誕生日御祝ひとして進上、無駄づかいに使はれたし」と記す。妻の誕生日には花束を贈ることを例としており、信三没後しばらく皇太子妃殿下から花が届けられた。

18. アメリカ土産の陶製人形

昭和29年

コロンビア大学の名誉学位を受けるために渡米した際、アメリカ土産としてとみ夫人に贈った陶製人形。戦前外遊した際も、娘たちの大好きな人形を買ってくることがあったが、ずっと後年のこの土産にはとみ夫人も「何で買ってきたかわからない」と首をひねった。

18

21

21. くつろぐ小泉夫妻

昭和32年8月　軽井沢万平ホテルにて

22. 加代・妙による随筆集

信三の長女秋山加代と二女小泉妙は、信三没後それぞれ随筆家としても活躍している。その中には父信三との日々を描いた作品も多い。

22

23. 三田名取邸にて
昭和24年11月頃
左よりとみ、初孫秋山エリ、妙、信三、秋山加代。エリは昭和27年2月に夭逝、死の床で洗礼を受けた。葬送式で「我らなにを携えて世に来らず、また何をも携えて世を去ること能わず、主あたえ主取り給う、主の御名はほむべきかな」の聖句に感動した信三は、4月13日、洗礼を受けた。

24. クリスマスに娘夫婦と
昭和32年12月
左より秋山正、妙、小泉準蔵、信三、秋山加代、とみ。広尾小泉邸応接間にて。

23

25. 鳥羽を訪ねて
昭和41年1月14日
慶應義塾の先輩門野幾之進の郷里
鳥羽を訪れた際の小泉夫妻。

25a

25b

24

26

26. 別府鬼石地獄にて
昭和35年11月25日
九州への家族旅行での一コマ。地獄の煙湧く中、忍者の如く印を結ぶ。左から信三、加代、とみ、撮影は妙。「この写真を人に見せる時、父も母も姉も、『タエが命令するのでこんなことをして……』と如何にもやむを得なかったような言い訳をした。私はそのたびに、『日頃、私の命令を聞く人たちではないのですが』と付け加えずにはいられなかった。」(小泉妙「九州旅行」)

27. 大阪玉江橋上にて
昭和33年5月28日
背後の大阪大学医学部付属病院は、中津藩蔵屋敷跡で、福澤諭吉生誕地記念碑がある。この日小泉は講演で大阪を訪れており、『福翁自伝』に描かれた福澤の適塾時代の逸話、とりわけ悪臭を放つアンモニアを舟の上で精製した話を検証するため、「御苦労千万」にも車でそのルートをたどった（「難波橋附近」）。

28. 春の園遊会に出席した小泉夫妻
昭和40年4月23日　赤坂御苑にて
小泉は、次ページに掲載の中折帽姿。『外遊日記』におけるこの帽子購入のいきさつによれば「予には不要の感あれども、日本に帰った後、皇太子殿下のお供などする場合、必要のことなきを保せずとの妻の注意に敢て従ふ」（昭和28年7月9日条）とある。

29. 自宅で読書中の小泉
昭和32年6月2日
日曜の朝、岩田豊雄の『海軍』を読む。

30. 軽井沢滞在中のドライブ
昭和32年8月

1. 愛用の万年筆

モンブラン・マイスターシュテュック149。

1

2. マフラー

青のチェックはヴァイニング夫人から贈られたもの。グレーは妙が織ったクリスマスプレゼント。

2

3. 中折帽

伊藤三郎蔵

妻を同伴した欧米外遊の際イギリスの帽子店「ロック」で求めたもの。伊藤はのちにこの店を訪ね、購入の記録を確認したところ小泉の欄には「very round」と記されていたという（『三田評論』平成18年8・9月合併号）。

3

4

4. ステッキ

門野重九郎から譲られたもの。把手の金属部分に「K」と刻まれている。中折帽をかぶる際は多くこの杖を使用した。

愛用の品々

6. 愛用の眼鏡
負傷した際は一時失明状態であった小泉であるが、その後回復、晩年はペンを執る際、眼鏡をかけることが多かった。

6

5

5. 表札
昭和40年頃
小泉家の表札はよく盗まれた。慶應を受験する者が持っていったらしく、家族では裏に「これを盗ったら落ちる」と書こうという話もあったが、小泉は「元に戻したら受かる」と書こうと言ったという。

8. 茶碗
昭和32、3年
秋山加代蔵
側面に記された「山青花欲燃」は自筆。
秩父宮御殿場御別邸内三峰窯において
加藤土師萌の指導で焼いたもの。

7

8

7. 花器
昭和32、3年
秩父宮御殿場御別邸内三峰窯で、人間国宝の陶芸家・加藤土師萌の指導により製作。竹を芯にして型をとったもので、日頃愛用していた。小泉没後、とみ夫人は遺影のそばにこの花器で花を飾っていた。

COLUMN

銀座のひいき・はち巻岡田

銀座松屋裏の小料理屋「はち巻岡田」は、水上瀧太郎がひいきにしていた縁から小泉が通うようになった店である。水上原作、久保田万太郎脚色『銀座復興』は、関東大震災で焼け野原となった銀座に「復興のさきがけは料理にあり」とはち巻姿で小料理屋を始めた岡田をモデルにしている。小泉は戦地から一時帰宅した長男信吉と三度も行ったことを記している。「信吉は盛んに食べた。酒は、注いでやれば、黙って飲む。時々は手酌でも飲む。相当な量を飲んだが、顔に出ない。『やはり戦に出て来たものは眼が違う』などと私の友達に冷かされていた。」(『海軍主計大尉小泉信吉』)昭和四十年三月、「出雲橋・はせ川」「そば処・よし田」「はち巻岡田」の三店の常連が「三人の〝おかみさん〟を励ます会」を開催したときは、岡田の客を代表して小泉がスピーチをした。小泉は、岡田の鞭撻にもひとかたならぬものがあり、メニューが多くなりすぎたなどと指摘することもあった。他にも、「ハゲ天」(天ぷら)、「野田岩」(鰻)が小泉のひいきであった。

1.「岡田会」での集合写真
はち巻岡田(旧店舗2階)にて
常連による会合「岡田会」は、水上瀧太郎が始め、今なお毎月開催される。前列右端に和木清三郎、3人目から小泉ととみ夫人。中列右から2人目おかみ岡田こう。

2. 岡田こう宛小泉信三葉書
昭和40年11月5日付
はち巻岡田蔵
「御進物の鯛」を贈られたことを謝し、その味わいに「流石々々」と記す。

3. 今日のはち巻岡田
のれんには常連だった文人たちの揮毫が染め抜かれている。現在のご主人岡田幸造は、小学校入学時、小泉邸に挨拶に行き、キャッチボールをしてもらったことを覚えている。

3

1

2

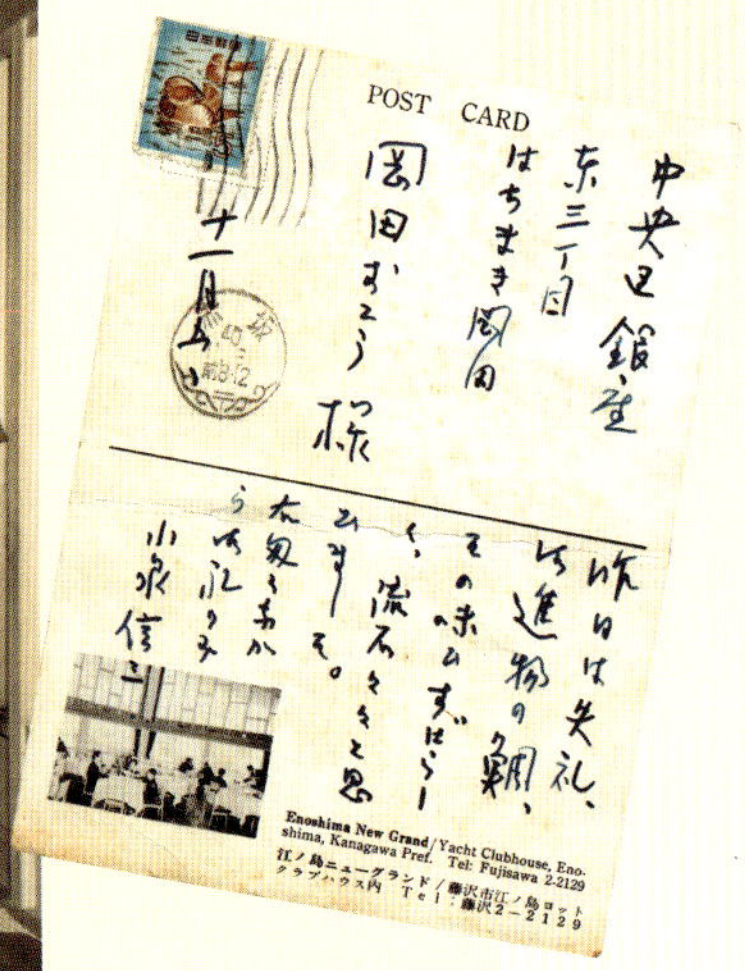

VII 終焉と継承

小泉は、昭和三十四年、三田山上で行われた理論計量経済学大会において、「理論経済学におけるリカアドオとマルクス」と題して講演した。その最後に、與謝野晶子の歌「劫初よりつくりいとなむ殿堂にわれも黄金の釘ひとつ打つ」を引いてこう締めくくった。

「黄金の釘というような華麗な詞は私の趣味でないが、よく焼けた堅牢な煉瓦を一つ置きたいというくらいの気持ちはたしかに今の私にもある。」

また、小泉は、「学者の老健」という同名の随筆を三度書いている。ウェッブ夫妻、林毅陸、津田左右吉の最晩年の新著に対して敬意を表するものであったが、「学者としての老健に幾分たりとも倣うことが出来るなら私としてこれ以上の願いはない」（「学者の老健（二）」）と語った。

小泉は晩年も、実際に気力は旺盛で、精力的に日々を過ごしていた。そして、死の前々月には岩波新書『福澤諭吉』が出版された。福澤の高弟の子でもあった小泉にとって、福澤諭吉は生涯のテーマであり、この最後の著書に至るまで、福澤を熱心に読み、繰り返し語った。また、福澤を直接語らなくてもその精神に基づく随筆を数多く執筆した。

小泉は、頁の限られたこの新書では語り尽くせない部分があり、それは別に一冊にまとめたいと漏らしていた。その思いを果たすことはできなかったが、小泉が監修者として支援した富田正文らによる『福澤諭吉全集』の編纂事業は、その準備としての『福澤諭吉選集』の監修から実に十三年に及ぶ事業として完結し、福澤研究の大いなる基盤として、今日不可欠のものとなっている。

昭和四十一年五月十一日、心筋梗塞により、妻ひとりにみとられて寝室で静かに亡くなった。小泉の急逝は新聞等で大きく報じられ、そして多くの人々に惜しまれた。死の翌年、日本橋と大阪の三越で開かれた「小泉信三展」は、各一週間という短い会期にもかかわらず、来場者は実に計十五万人に達した。また、慶應義塾においては、小泉を偲ぶ人々の寄付により小泉信三記念慶應義塾学事振興基金が設けられ、学術の国際交流、研究者の養成、学問・体育の奨励、小泉信三記念講座の開設などに活かされることになった。中でも優秀な成績を収めた体育会部員への小泉体育賞、小泉信三賞全国高校生小論文コンテストは、有為な若者を激励することに熱心だった小泉を記念するにふさわしい賞として定着している。

小泉の膨大な著作は、没後、富田正文らによって編まれた『小泉信三全集』全二十八冊によって今日でも容易に手にすることができ、また、その生涯は、門下の今村武雄による『小泉信三伝』によって知ることができる。そして何よりも、長女秋山加代、二女小泉妙によって出された多くの随筆集は、人間味あふれる小泉の姿を今なお生き生きと伝えてくれる。

福澤精神の継承

1

2

3

1. 大分中津の福澤旧邸土蔵前
昭和14年11月
塾長時代、九州·四国の三田会巡遊中に福澤の中津旧邸を訪問して。小泉の福澤への意識は、少年時代の一時期を除いては生涯揺るがず強いものであった。

2. 大阪福澤諭吉誕生地記念碑除幕式にて
昭和29年11月4日
大阪の福澤誕生地碑は、昭和4年に犬養毅の題字、鎌田栄吉の撰文により建設されたが、戦時中の金属供出で撤去され、戦後昭和29年11月に大阪慶應倶楽部の尽力により再建除幕された。題字は小泉信三筆、撰文は高橋誠一郎、西川寧の筆になり、鳩をかたどった御影石の碑。

3. 富田正文(左)、高橋誠一郎と
昭和39年4月29日　パレスホテル
『福澤諭吉全集』(岩波書店刊)全21巻の完成記念の会にて。慶應義塾創立100年を期して出版されたこの全集は、小泉が監修、富田が編集に当たった。小泉は全集完成に向け、よく富田を支援、富田は翌年3月、第55回日本学士院賞を受賞した。また、高橋はのちに福澤研究者の連絡交流の場である福澤諭吉協会の初代理事長を務めた。

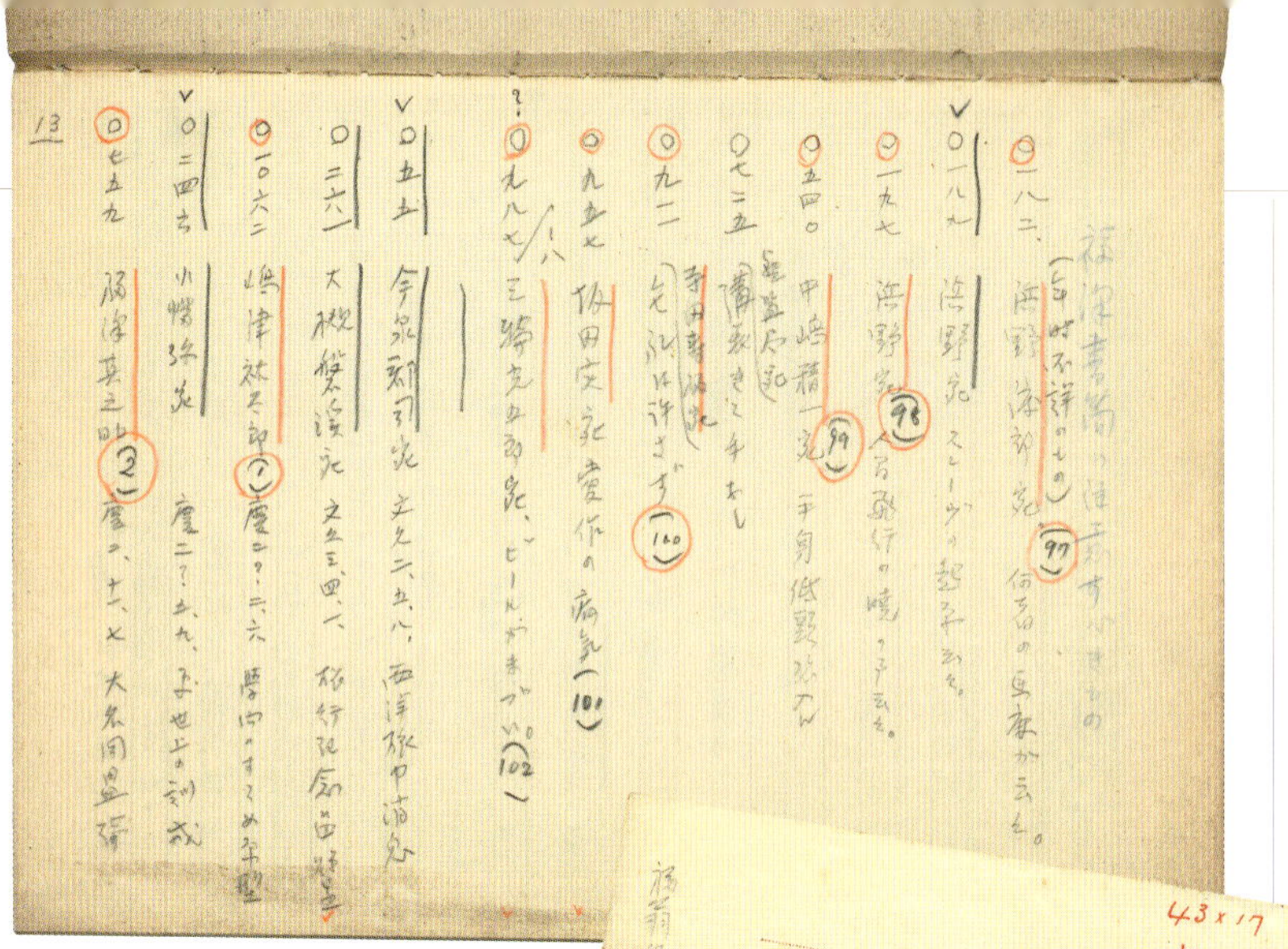

5

5. 福澤研究メモ

昭和20年代

戦後、教壇に立たなくなった小泉にとって、福澤研究は本業の一つともいうべき重さを有するに至った。戦後立て続けに『民情一新』(編纂解題、昭和22年)、『福澤諭吉の人と書翰』(昭和23年)、アテネ文庫『福澤諭吉』(同年)などを出し、『読書雑記』(同年)でも多く福澤への言及に割いているのはその証左であろう。「雑誌原稿用覚書」と題されたこのノートには、数ページにわたって福澤全集収録書簡の番号と宛名及びその要点が書き留められている。

6.『福澤諭吉「女子教育論」』の書き入れ

昭和21年頃

昆野和七編、慶應出版社刊の同書には、小泉の書き入れが散見される。「徳教の教えは耳より入らずして目より入る」の部分には「賛成々々」、「家族団欒」し家内で隠しごとをしないことを説く箇所には「我家では先般来実行しつゝあり」、「昔の馬鹿侍が酔狂に路傍の小民を手打にする」という例示には「おゝ恐はい」などと記している。また、「下女下男」に対して「叱るは叱らるゝ者より叱る者こそ見苦しけれ」云々と説く部分では「そんな事は先生の説より内の奥さんの実行の方がエライよ」とある。

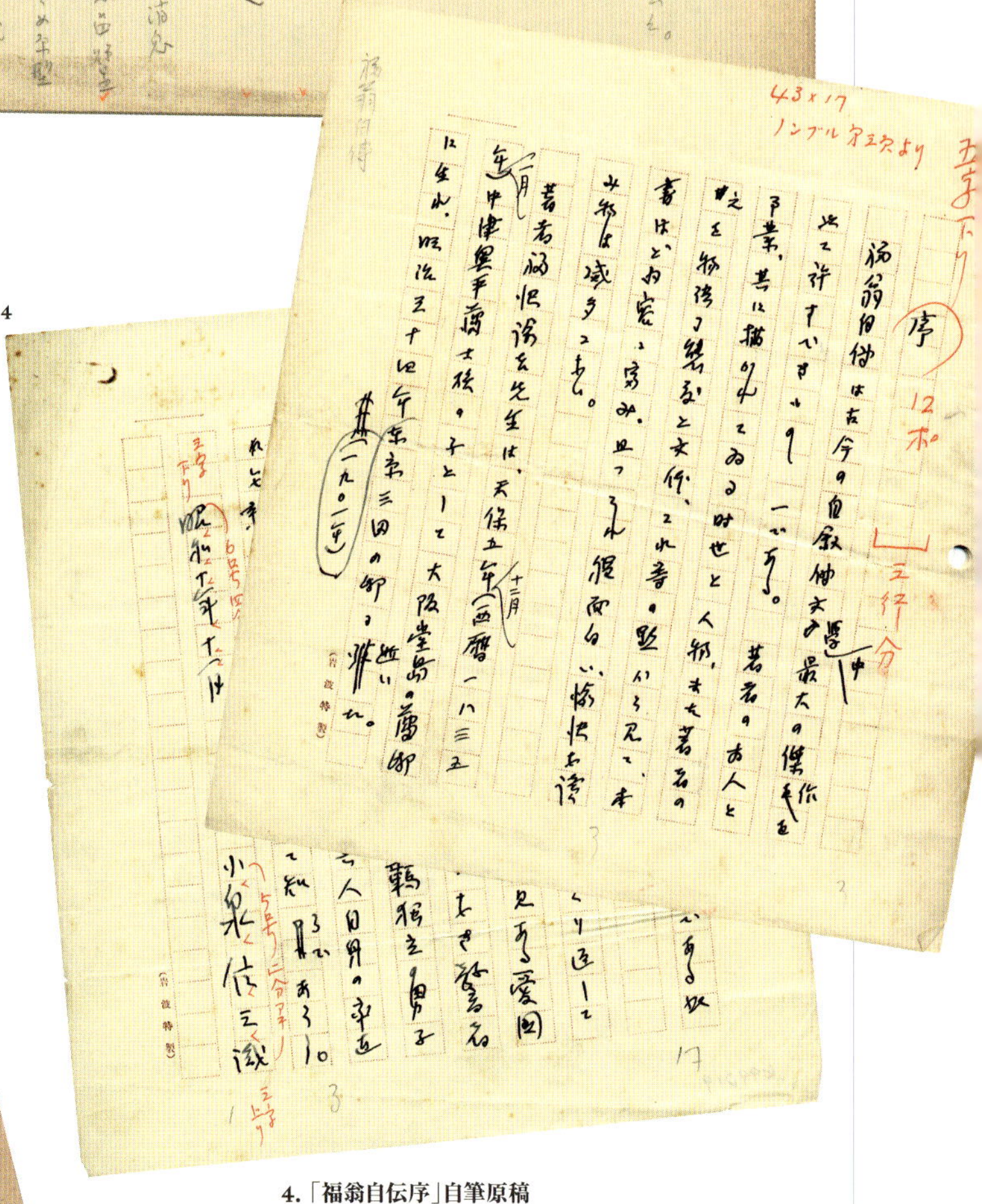

4

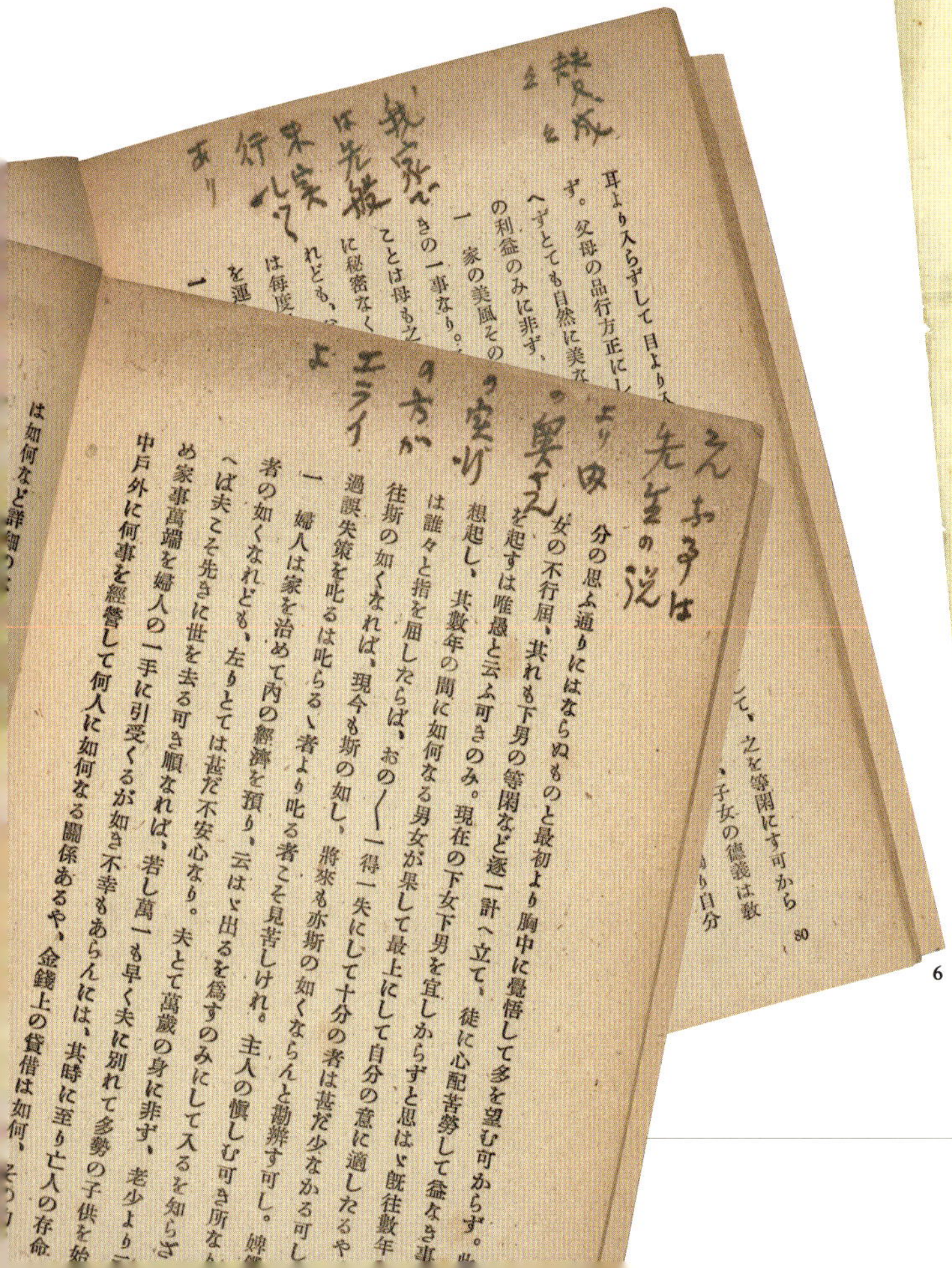

6

4.「福翁自伝序」自筆原稿

昭和10年11月

岩波文庫の『福翁自伝』(昭和12年4月)に寄せた序文。刊行時の日付は12年3月。この本の校訂は、当時慶應義塾塾監局職員であった富田正文が担当している。昭和3年頃より、しばしば福澤のことを書くようになっていた小泉は、塾長となって益々積極的に筆を執り、戦時下に福澤批判が激しくなっても筆鋒鋭く反論した。小泉の福澤研究は富田との二人三脚によるところが大きく、その学識と人物を小泉は深く信頼した。

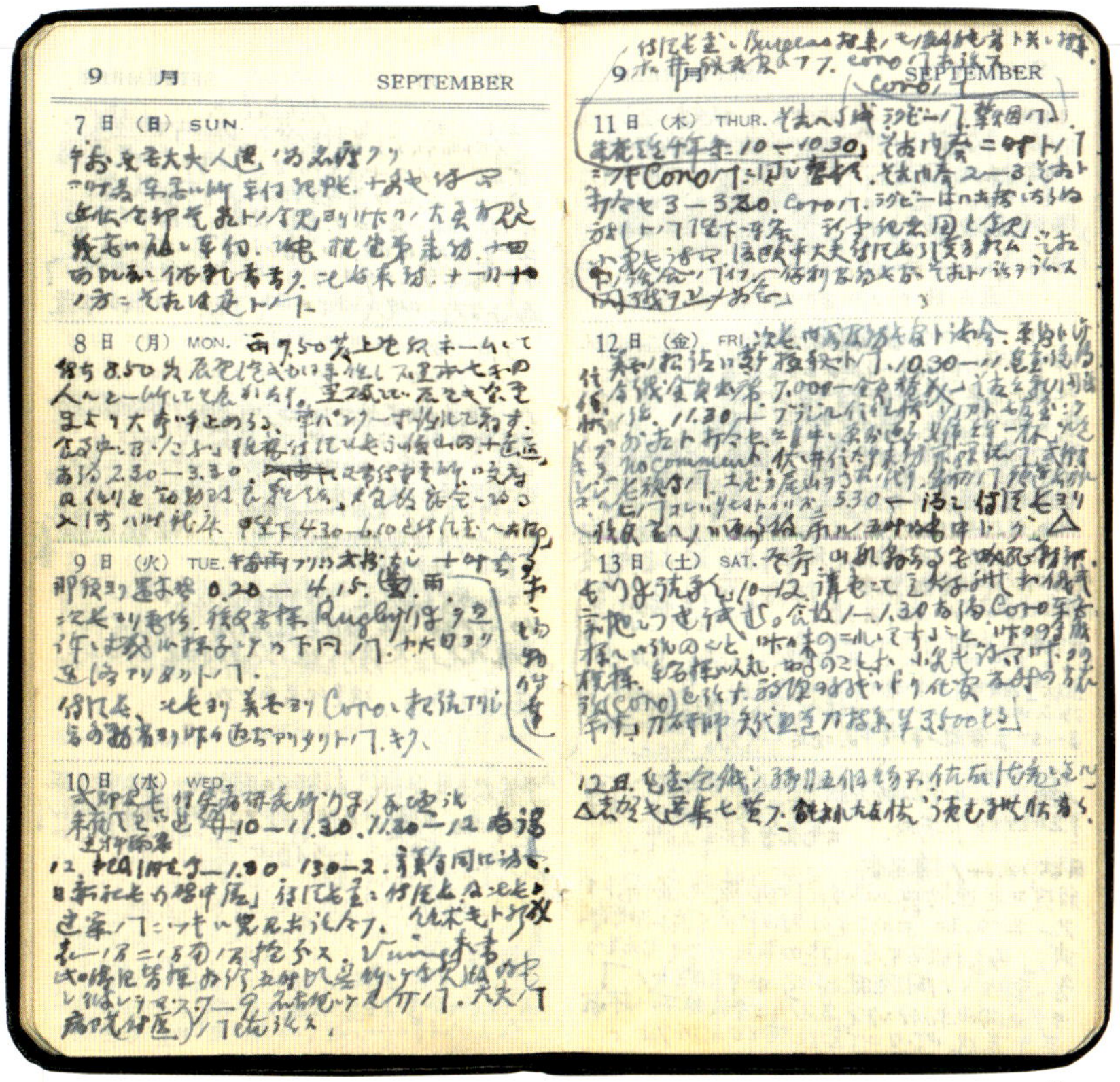

7

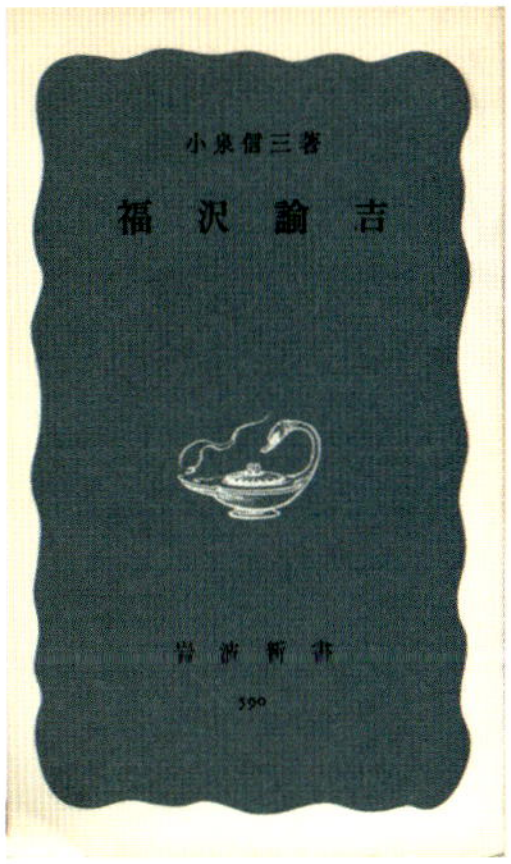

8

8.『福澤諭吉』(岩波新書)

昭和41年3月刊

小泉生前最後の単行本。福澤のことを書くべきだと周囲の者はたびたび勧めていたが、最後はとみ夫人の強い勧めで筆を執った。執筆中、小泉は珍しく機嫌が悪く、音を立てないよう家中で神経を使ったと夫人は述懐していた。福澤の『時事新報』における発言を弓を矯めることに喩えた一節や、歴史観をめぐる議論、福澤の生涯に「父の影像」を見出す把握などは、福澤研究書中の白眉として今なお名高い。

7. 田島道治日記

昭和27年　田島恭二蔵

東宮御教育常時参与としての小泉の行動にも、常に福澤を意識した形跡が見られる。昭和27年7月、東宮大夫兼東宮侍従長野村行一が辞意を表明、その後任に小泉の名が挙がった。時あたかも英国女王の戴冠式(Coronation)への皇太子派遣が問題となっており、随行の可能性が高い小泉を東宮大夫兼東宮侍従長とすることは最も自然な選択であった。宮内庁長官田島道治の9月13日付日記には、「小泉氏訪問、昨日の話(Coro)を話す。福澤の手紙により仕官反対の苦衷示す」とある。仕官することは、福澤門下に連なる者として出来かねることを説明したのであろう。結局東宮職に就くことはなかった。

9

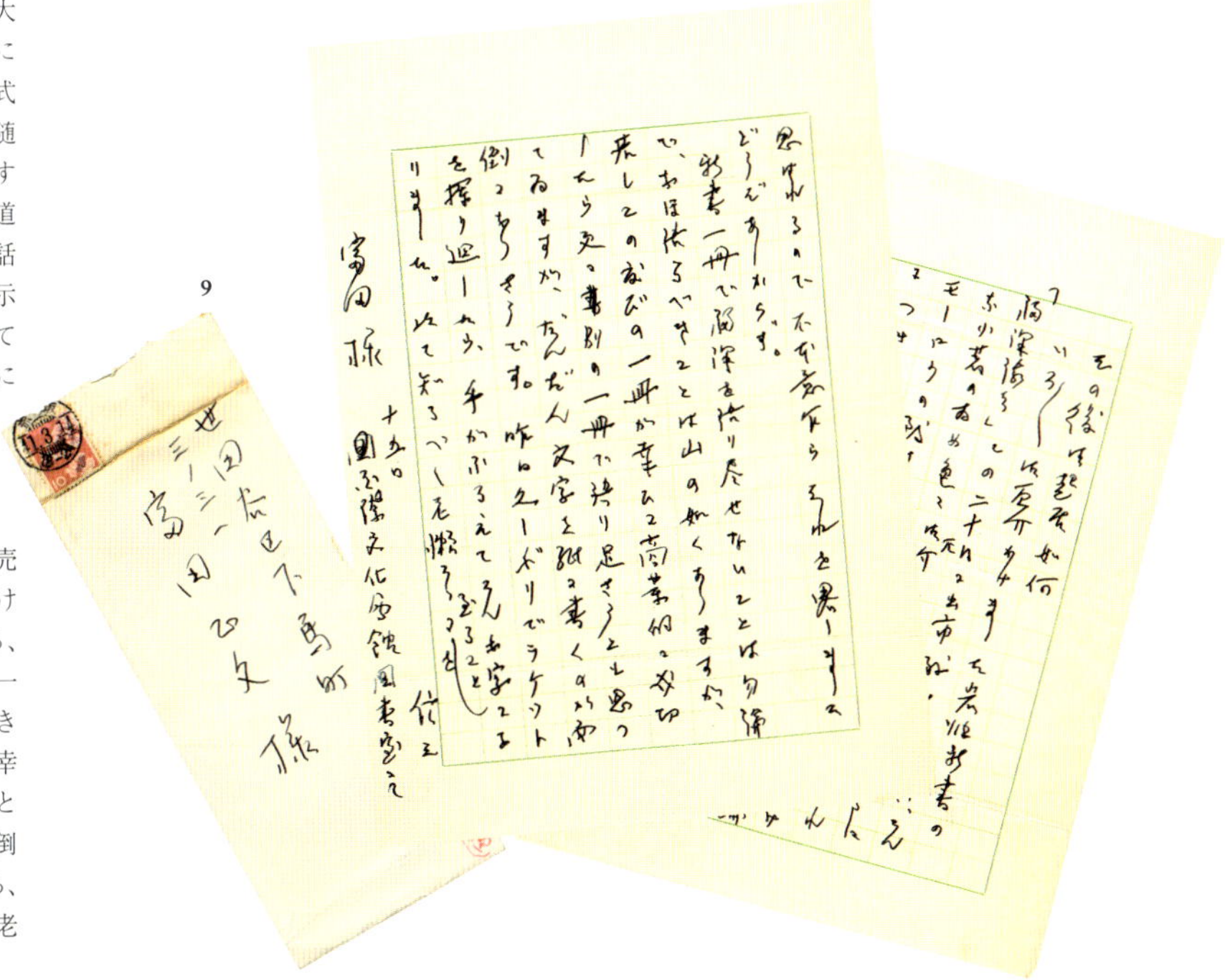

9. 富田正文宛小泉信三書簡

昭和41年3月15日付

小泉急逝のおよそ2か月前の書簡。『福澤諭吉』の発売直前に当たり、「こんな小著の為め色々御厄介をかけるとは要するにモーロクの致すところ」と戯れながら、協力に感謝し、後段で次のように述べている。「新書一冊で福澤を語り尽せないことは勿論で、なほ語るべきことは山の如くありますが、若しこの度びの一冊が幸ひに商業的に成功したら更に別の一冊で語り足さうとも思ってゐますが、だんだん文字を紙に書くのが面倒になりさうです。昨日久しぶりでラケットを揮り廻したら、手がふるえてこんな字になりました。以て知るべし老懶こゝに至ることを。」

終焉と小泉精神の継承

2a

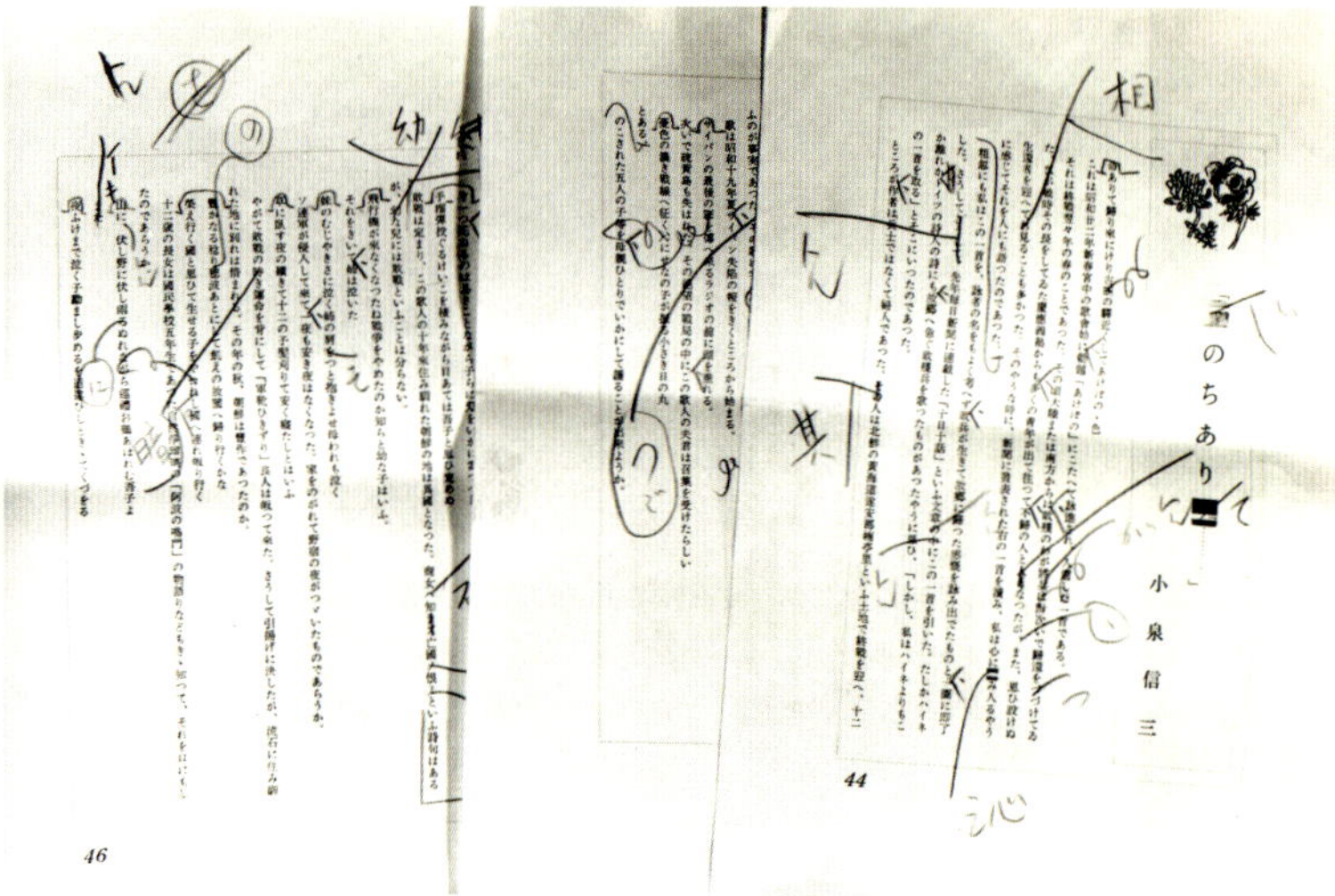

1

1. 絶筆「いのちありて……」校正刷

昭和41年5月10日

懇意の編集者和木清三郎が主宰した『新文明』は慶應義塾関係者が多く筆を執る総合雑誌であった。小泉は創刊以来記事を寄せて熱心に支援し、それを目当てに購読していた者も多かったといわれる。小泉の最後の仕事は、5月10日夜この雑誌への原稿校正刷に赤を入れることであった。同日夜半、胸の痛みを訴え、翌朝再び発作を起こし午前7時30分、妻一人に見守られて逝去した。

2. 青山葬儀所での葬送式

昭和41年5月14日

葬儀は、12日に小泉邸での通夜、13日に飯倉聖アンデレ教会でのミサ、14日に青山葬儀所での葬送式が執行された。政府の叙勲方針に対し、とみ夫人は故人の意志としてこれを辞退する旨を宇佐美宮内庁長官を通じて伝えた。式が整然と行われた蔭に義塾体育会学生の協力があったことを多としたとみ夫人は、翌年春卒業した体育会出身者約300名に岩波新書『福澤諭吉』を贈った。

2b

4

5a

5b

4. 皇太子殿下御弔歌

昭和41年

皇太子殿下の詠まれた御弔歌。「霊前にしばしの時をすわりをれば／みみにうかびぬありし日の声」。葬儀の後にとみ夫人の元に届けられた。

5. 皇太子妃殿下御弔歌と箱

昭和42年

小泉没後1年に皇太子妃殿下がとみ夫人に贈られた御弔歌。「ありし日のふと続くかに思ほゆる／このさつき日を君は居まさず」。この短冊を収めた桐箱の表には、妃殿下がご自身の反物から取られた布地が貼られている。

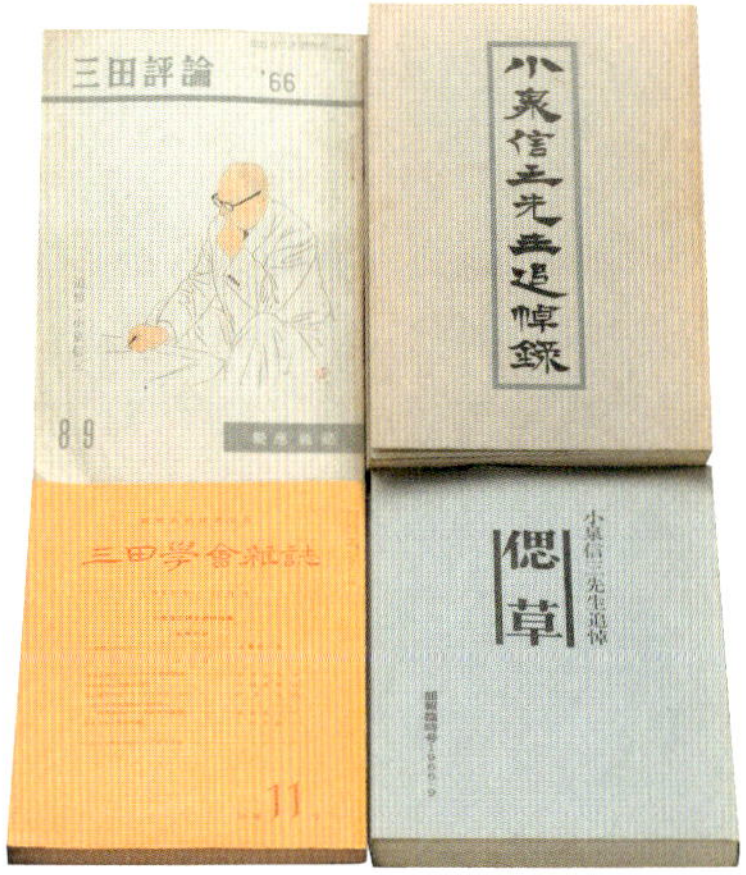

6

7

3. 小泉邸を弔問に訪れられた皇太子同妃両殿下

昭和41年5月11日　三木淳撮影

小泉急逝の報が伝わると、広尾小泉邸には勅使入江侍従、慶應義塾関係者、宇佐美宮内庁長官、稲田侍従長、正田英三郎夫妻はじめ各界の弔問客が相次いだ。皇太子同妃両殿下は同日午後2時半すぎに御弔問、東宮御所で育てられた白バラ、カーネーションなどを霊前に供えられた。その後14日にも両殿下で小泉邸を御訪問された。

6. 小泉信三追悼を特集した各誌

昭和41年

慶應義塾機関誌『三田評論』、義塾経済学会紀要『三田学会雑誌』は、それぞれ追悼号を発行、義塾体育会庭球部機関誌は追悼号を『偲草』と題し、『新文明』は臨時増刊号として200名以上の追悼文を掲載した『小泉信三先生追悼録』を編んだ。

7. とみ夫人による新聞スクラップ

とみ夫人はその後、庭球部OBや小泉門下の人々と交流を保ちながら余生を送り、平成3年に長逝した。その間小泉に関する新聞記事を地方紙も含めこまめに整理していた。

3

2c

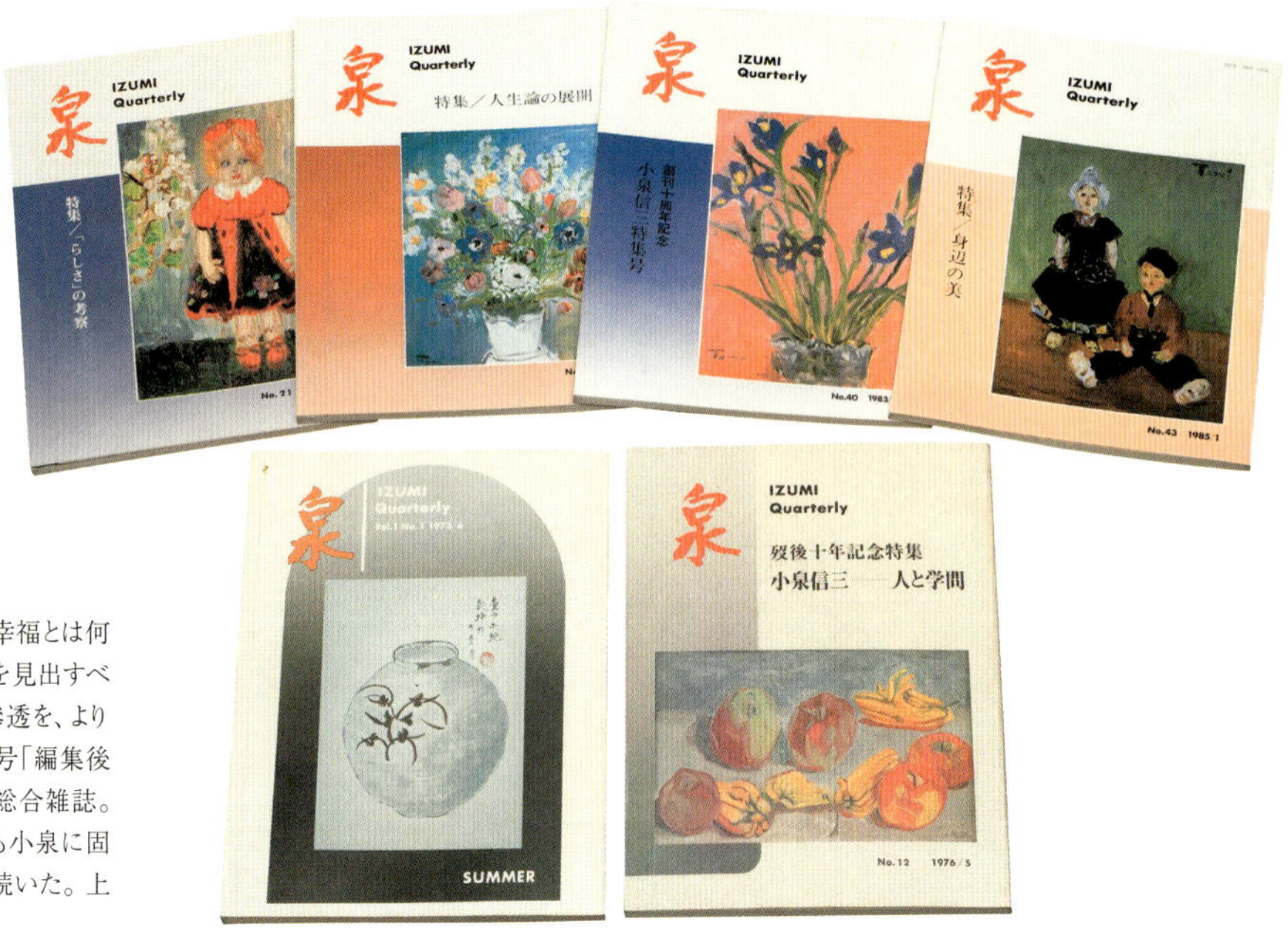

8. 雑誌『泉』

季刊『泉』は小泉の遺志を受け継ぎ「真の幸福とは何かを読者とともに考え、生き甲斐への指針を見出すべく、小泉精神ひいては福澤精神の敷衍・滲透を、より多くの人たちにはかろうとするもの」（創刊号「編集後記」）という趣旨で昭和48年創刊された総合雑誌。富田正文、土橋俊一らが編集し、必ずしも小泉に固執しない編集方針で号を継ぎ、60年まで続いた。上4冊表紙の油絵はとみ夫人の筆。

9. 「小泉信三展」図録

昭和42年

没後一年に開催された「小泉信三展」は、慶應義塾・文藝春秋・毎日新聞社の共催で、昭和42年4月25日から30日に東京日本橋三越で、5月13日から18日に大阪高麗橋三越で開催され、あわせて約15万人の参観者で賑わった。

10. 「小泉信三展」を観覧される皇太子同妃両殿下

昭和42年4月26日　©文藝春秋

両殿下は、とみ夫人や富田正文らの案内で約1時間にわたって熱心に観覧された。他に三笠宮殿下、常陸宮殿下、秩父宮妃殿下も来場された。

11. 展覧会場の賑わい

昭和42年4月

9

10

11

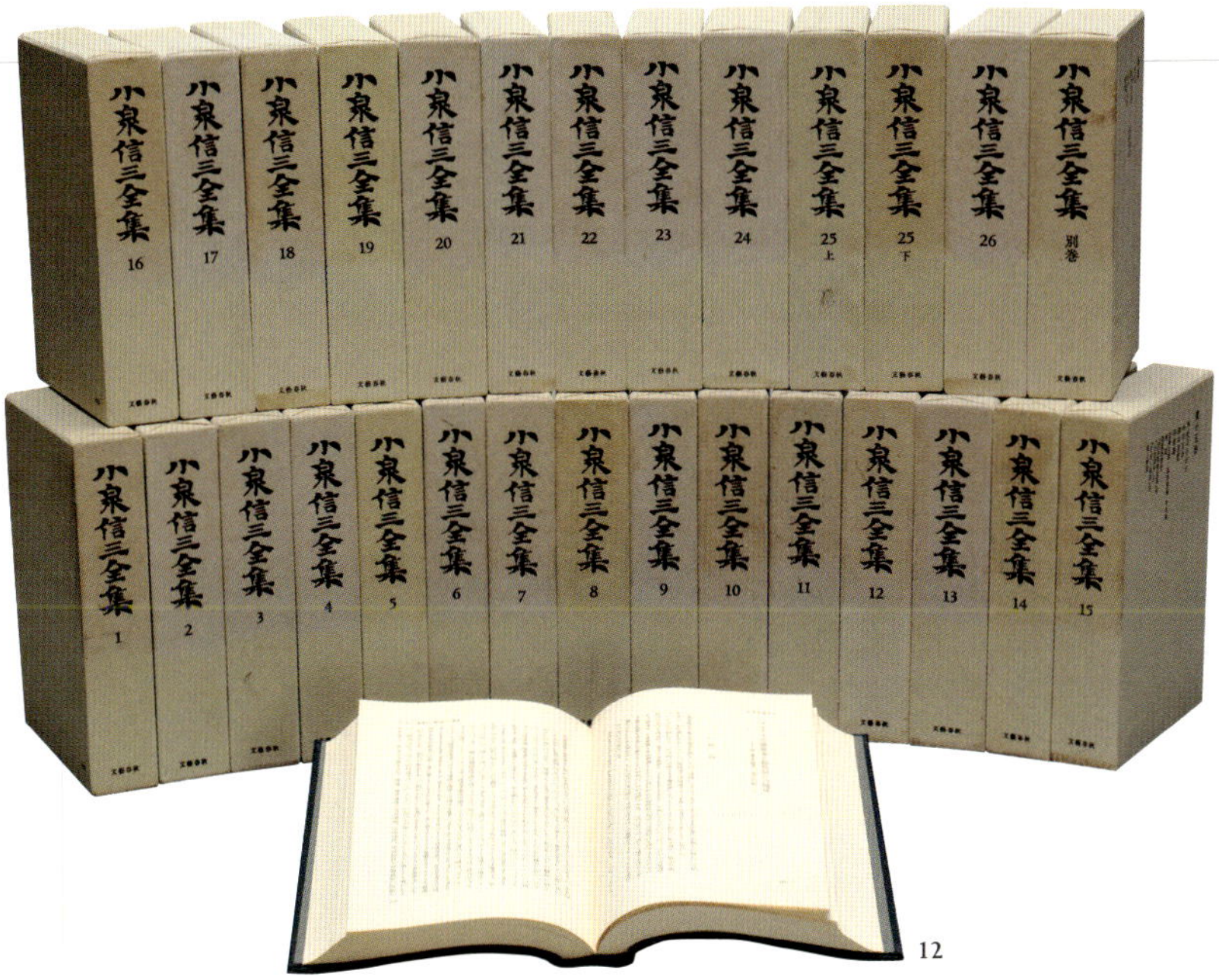

12

12.『小泉信三全集』
昭和42-47年
小泉の全集は、没後間もなく富田正文、和木清三郎らを刊行委員に文藝春秋により編纂が開始され、昭和42年から発刊、5年で全28冊を完結した。文藝春秋による刊行のことばには「古武士的な強さに加えて、人間味あふれる暖い文字を大方の読者、特に若い世代の読者が、この全集で味読されんことを切望する」とある。当初26冊の予定が超過した主な理由は書簡集が膨らんだことで、収録通数は1800に上る。

13. 今村武雄著『小泉信三伝』
関係者の間で待ち望まれていた小泉の伝記は、有志の間に募金を募って準備が進められ、執筆は今村武雄に依頼された。今村は慶應義塾大学経済学部を昭和4年に卒業した小泉ゼミの出身者で、その後日本経済新聞の論説委員を務めて財政経済面に健筆をふるい、小泉全集の刊行委員でもあった。伝記は昭和58年に文藝春秋から刊行され、62年には文庫化された。

14. 小泉体育賞・努力賞第一号メダル
昭和43年
小泉を記念し41年7月に設立された「小泉信三記念慶應義塾学事振興基金」(通称小泉基金)の事業の1つとして、慶應義塾体育会の塾生がスポーツの分野において顕著な成績を修めたことに対して贈られる賞。第一号メダルはとみ夫人に贈られた。

15. 小泉信三賞全国高校生小論文コンテスト
慶應義塾広報室提供
小泉基金の事業の1つである全国高校生小論文コンテストは、小泉没後10年の昭和51年以来、青少年の文章表現能力の向上に寄与することを目的に慶應義塾大学が主催するコンテストとして回を重ねている。毎年1月10日の福澤先生誕生記念会で表彰式が行われ、優秀作品は作品集にまとめられている。

13

14a

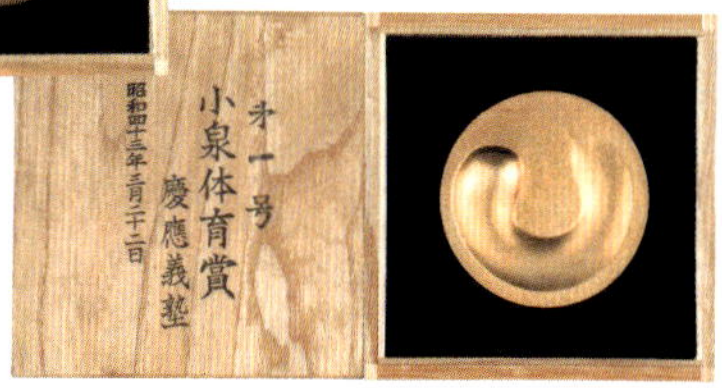

14b

15a

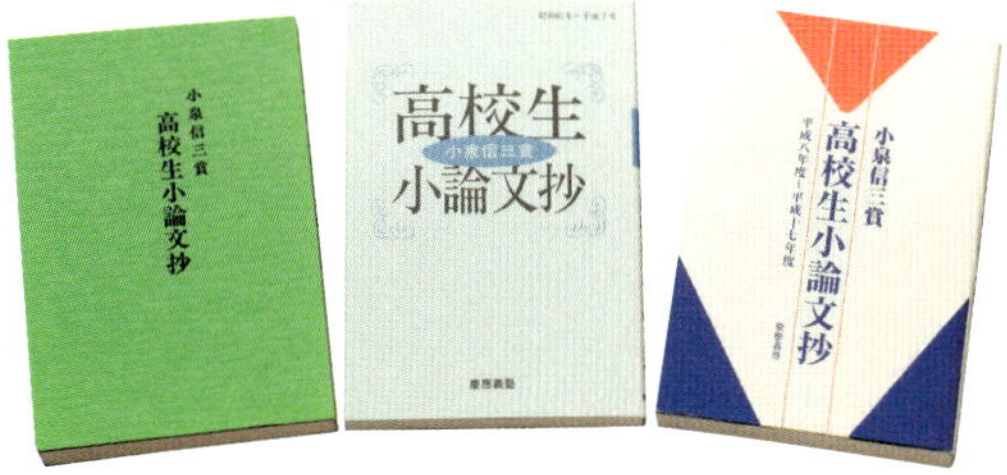

15b

誌上特別展示

「小泉信三展」に展示された資料には、紙幅の関係から展覧会図録に掲載できなかったものや、会期中に新たに発見され、急遽特別展示したものがあった。ここでは、図録本文に掲載できなかったものの、展覧会場で特に反響の大きかった資料数点を誌上特別展示としてご紹介したい。

◉塾生諸君に告ぐ 1

去る五月二十五日の空襲に負傷して以来、私は半歳の久しきに亘り病院生活を続けてゐましたが、病漸くにして癒え、今日退院帰宅いたしました。しかし猶静養を要するので、いま暫くは諸君と講堂に於て相見ることは出来ません。由て取り敢えず紙上に於て諸君に御挨拶申します。

私の塾長たる任期は十一月末日を以て満了しましたが、慶應義塾評議員会に依て重ねて新に選挙せられましたので、引続き此の任に当ることになりました。病余の身としては軽からぬ負担と思ひますが、しかし我が塾生諸君の長として、九十年の歴史を担ふ慶應義塾に於て諸君と学窓生活を共にし得ることは、私に取り此上なき喜びであり誇りであります。

顧みれば私の入院の時と退院の今と、六個月を隔て、世は一変しました。当時吾々国民は、日々死を目前にして苦しき戦ひを続けてゐましたが、戦ひ敗れて今は平和国家建設の難路を喘ぎつゝ歩んでゐます。しかし此の間に於て日本の学生諸君が、寸毫の遺憾なく国民の義務を尽されたことに就ては、誰れ一人之を争ふものはありません。学生の大なる部分は国家の危急に応じて農工業の勤労に出勤し、他の大なる部分は直ちに武器を執て戦場に立ちました。さうして其中の少なからぬ人々は終に還らず、終戦後の今日も復た相見ることの出来ない人々となりました。戦ひは敗れましたが、さうして今吾々は戦ふ可からざるに戦つたといふ悔恨に心を噛まれて居りますが、しかし国家のために身を捧げた人々の――殊に若い人々の――忠誠は之を忘れてはなりません。あの八月十五日の直後、新聞に発表された詩歌の中に

　于蘭盆会そのいさほしを忘れじな　　虚子

と言ふ一句がありました。敗戦の悲みの中に私かに私は此句をくり返して読み心に留めました。まことに諸君、死したる諸君の友や先輩のいさほしを忘れてはなりません。戦時に於て国民の本分に忠なる人は、即ち平和国家の建設に於ても亦たその責務に忠なる人でなければならぬ。これは諸君の体験によつて充分首肯せらるゝところであらうと信じます。

民主主義の大道を拓くは、事、素より容易ではありません。しかし幸ひなる哉、吾々慶應義塾同人の為めには八十年前福澤先生の高くかゝげられたる炬火の火が今尚ほ炳として行く手を照らしてゐます。彼の、天は人の上に人を造らず又人の下に人を造らずといへり、との一句を以て筆を起こした先生の有名な「学問のすゝめ」は、遠く明治五年の著述でありますが、其意味は常に新しく、言々宛も今の世を警められたるかの如き感があります。先生はまた、本来人に貴賤なし、貴賤はたゞ人の学ぶと学ばざるとに由て

1.「塾生諸君に告ぐ」
空襲で重傷を負い、慶應病院に入院中であった小泉が、昭和20年12月、退院に当たって慶應義塾の構内に掲げた告示の全文。『小泉信三全集』第26巻所収。

「小泉信三展」にて「塾生諸君に告ぐ」の展示に見入る来場者
平成20年

岐れるとも訓へられました。吾々は今にして先生の教へを思ふことが切であります。吾々は学ばざるが為めに敗れ、学ばざるが為めに戦う可からざるに戦ひました。国民は肝に銘じて此事を記憶しなければなりません。

学ぶといへば第一に智を研くことが考へられます。しかし、私は姑く学ぶといふ意味をもつと広く解して、真と善と美の為めにする一切の活動、即ち学問、道徳、芸術上の一切の努力をそれに含ませたいと思ひます。さうして此の一切の努力に依て新しい日本は建設されるということを諸君に切言したいのです。就中大切なのは道徳的精神、道徳的意志の振作であつて、之なくしては我々は現在の非境を脱出することは出来ません。一例をいえば俗に衣食足つて礼節を知ると申します。これは無論一面の真理でありますが、吾々日本国民としてはこれに満足すべきではありません。礼節は衣食に俟つというか。然らば衣食足らざれば礼節は棄て、も差支ないか。諸君は無論肯んぜぬでありませふ。よしや衣食は足らずとも礼節を忘れず、窮しても乱れざる国民であつてこそ、始めて吾々は再興の資格を贏ち得るのです。戦ひ敗れたりと雖も気品を失はず、常に信ずるところを言ひ、言ふところを必ず行ふ信義の国民であることを、事実に依て世界に示してこそ、始めて吾々は新しい出発をなし得るのだと私は信じます。民主主義の根基は各人の自尊自重の念にあることを、諸君は寸時も忘れてはなりません。

現在吾々は非常な苦境にあります。しかし諸君、艱難に挫けてはなりません。詩人は嘗て我が慶應義塾学生の為めに歌つて其一節にいひました。

まなこを挙げて　仰ぐ青空
希望は高く　目路ははるけし
慶應義塾の　若き学生

まことに然り。諸君は常に目を挙げて大空を望み、常に希望を高く保たねばなりません。よしや新日本建設の路は遠くとも、諸君の健脚は必ず之を踏破することを信じます。今日書籍も無く、筆紙墨も足らず、諸君の修学は様々の故障に妨げられゐます。しかし先師福澤先生はもっと遙かに苦しい勉強をせられたのです。それを思へば諸君は自ら発奮せずにはゐられないでせふ。斯くして相共に勵まし合つて吾々の進むべき道を進まうではありませんか。

退院に際し取り敢へずこれだけの言葉を諸君に贈ります。

昭和廿年十二月一日

塾長　小泉信三

2.「御進講覚書」

昭和25年4月24日付

大学ノートに鉛筆で書き付けられた皇太子殿下(今上天皇)へのご進講内容の記録。ご進講初日の準備として書き留められたもののようで、国民と皇室の関係に触れ、将来天皇となる者としての心得に多くの部分が割かれている。以下に掲げるのが全文で、その後のページには何も書かれていない。ご進講の具体的な内容を示す資料は今まで知られていなかった。

2

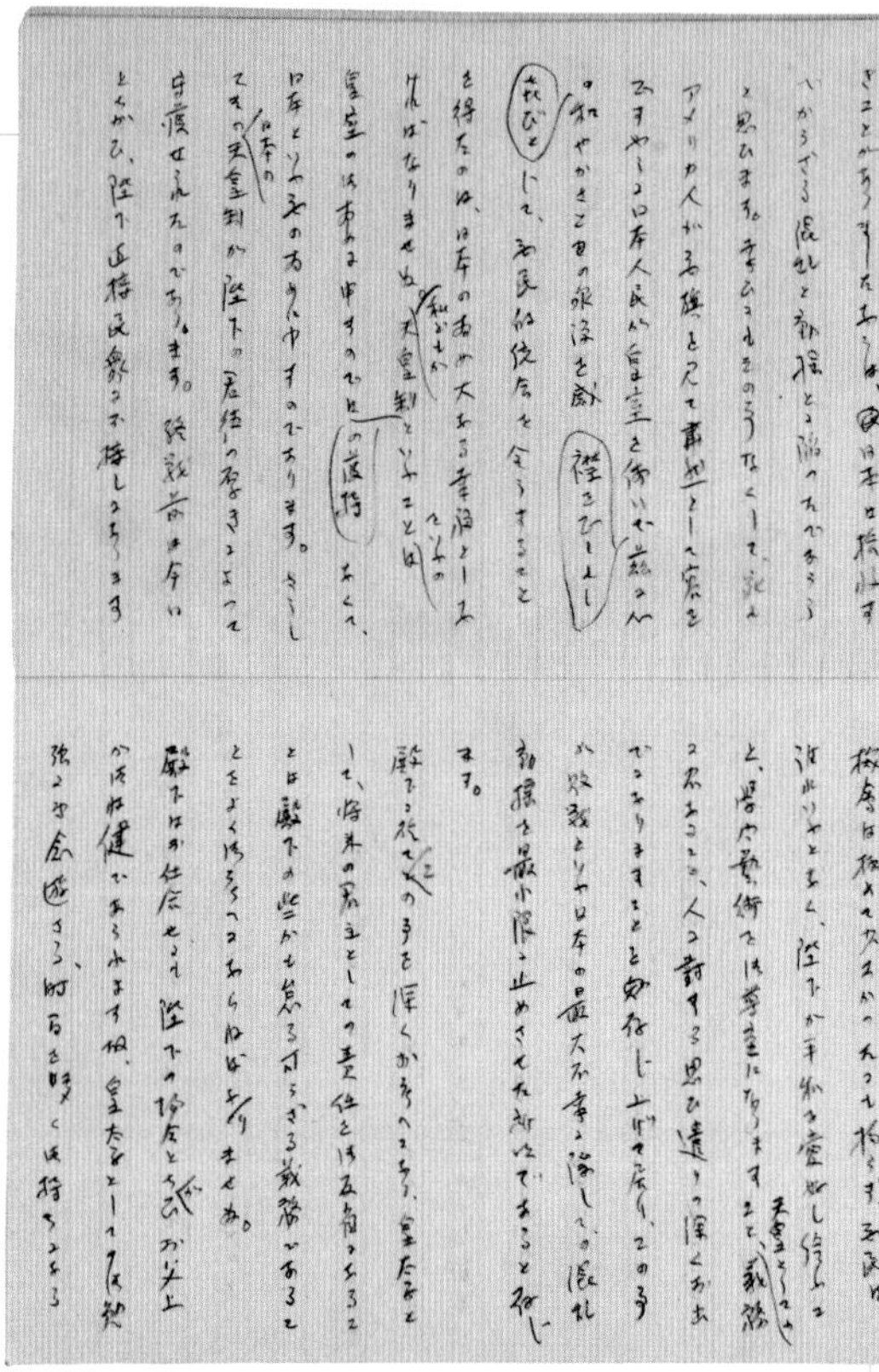

◉「御進講覚書」(全文)

昭和二十五年四月廿四日

今日から始めて経済学の極めて一般的なる要項を御進講申上げることに致しますが、私のこの講義の目的は単に経済学の知識をお話し申上る丈けでなく、皇太子としてお弁へになって然るべき社会的事物一般に干する知識或は御心得に及ぶつもりでありますから、時として経済学以外の問題にも亘って申上ることが度々ありますこと、存じます。何卒そのお積もりで御聴きを願ひたく存じます。

凡べての御進講に先だち、常に殿下にくり返し御考へを願はねばならぬことは、今日の日本と日本の皇室の御位置及び其責任といふことであります。この事はすでに一度昨年申上げたことでありますが、くり返して申上ます。

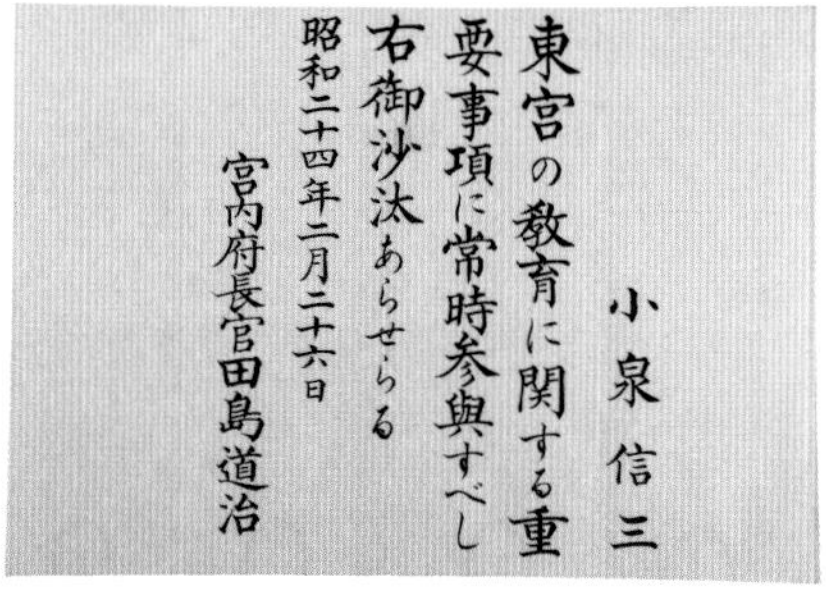
東宮の教育に関する重要事項に常時参與すべし
小泉信三
右御沙汰あらせらる
昭和二十四年二月二十六日
宮内府長官田島道治

東宮御教育常時参与就任の御沙汰書

昭和24年2月26日

近世の歴史を顧るに、戦争があって勝敗が決すると、多くの場合、敗戦国に於ては民心が王室をはなれ、或は怨み、君主制がそこに終りを告げるのが通則であります。第一に一八七〇年に於ける普仏戦争、戦争は夏起ったのであるが、九月にセダンの会戦で仏が大敗すると、仏の帝政は廃せられて共和制が布告されました。第一次世界戦争では、ロシア、ドイツ、オウストリヤといふ三大大帝国の皇帝は皆な位を逐はれ、ロシヤ皇帝の如きは言ふに忍びざる最期を遂げました。また、第二次大戦に於てもイタリヤは結局王政を廃して共和制となりました。諸国の実例は皆なこの如くであるにも拘らず、ひとり日本は例外をなし、悲むべき敗戦にも拘らず、民心は皇室をはなれぬのみか、或意味に於ては皇室と人民とは却て相近づき相親しむに至ったといふことは、これは殿下に於て特と御考へにならねばならぬことであると存じます。責任論からいへば、陛下は大元帥であられますから、開戦に対して陛下に御責任がないとは申されぬ。それは陛下御自身が何人よりも強くお感じになってゐると思ひます。それにも拘らず、民心が皇室をはなれず、況や之に背くといふ如きことの思ひも及ばざるは何故であるか。一には長い歴史であります。が、その大半は陛下の御君徳によるものであります。若しも日本の敗戦に際して日本の君主制といふものがそれと共に崩れるといふが如きことがありましたならば、日本は拾収すべからざる混乱と動揺とに陥ったであらうと思ひます。幸ひにもその事なくして、宛もアメリカ人が国旗を見て粛然として容を正すやうに日本人民が皇室を仰いで襟を正しもし茲に心の喜びと和やかさとの泉源を感じて、国民的統合を全うすることを得たのは、日本の為め大なる幸福としなければなりませぬ。私どもが天皇制の護持といふことをいふのは皇室の御為めに申すのではなくて、日本といふ国の為めに申すのでありま

3. ご外遊関係資料とメモ

昭和28—35年

昭和28年の皇太子殿下欧米ご訪問、昭和35年の皇太子同妃両殿下の米国ご訪問に関する書類や物品。箱の表書きはとみ夫人。パスポート、英女王戴冠式プログラム、アメリカでの日程表や晩餐会メニュー、名札など、多くの品が丁寧に収められていた。以下に掲げるのは昭和28年の外遊から帰国後の皇太子殿下のご様子を書き留めたメモ。

3a

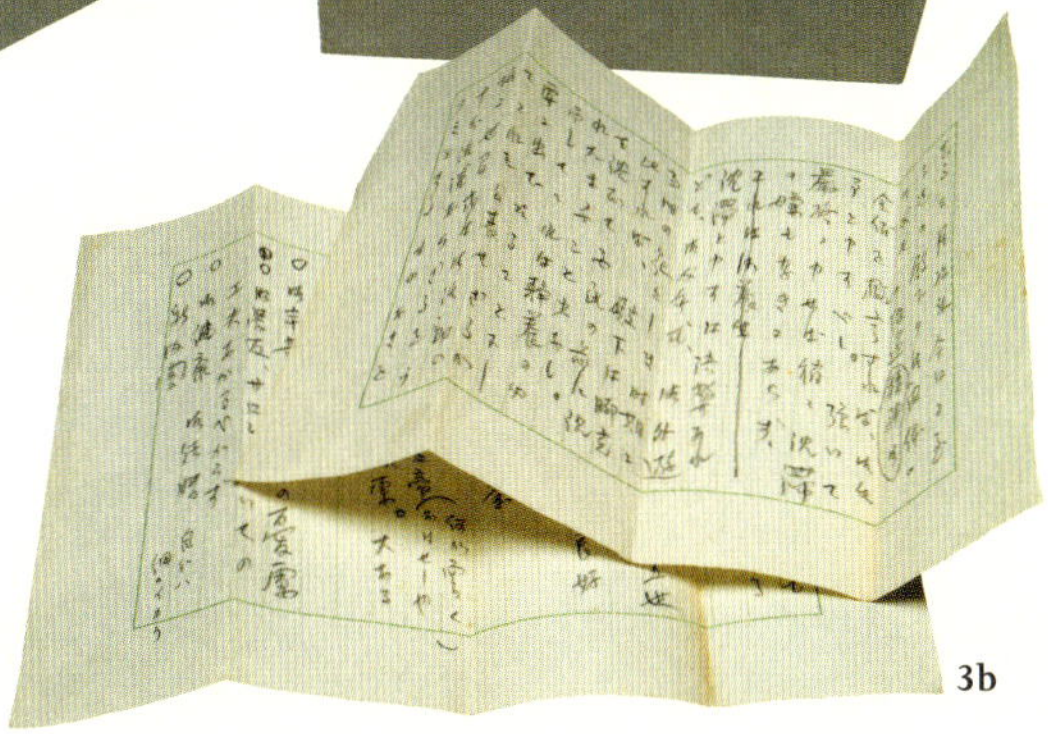
3b

す。さうしてその日本の天皇制が陛下の君徳の厚きによって守護せられたのであります。終戦前は今日とちがひ、陛下直接民衆にお接しになります機会は極めて少なかったにも拘らず、国民は誰れいふとなく、陛下が平和を愛好し給ふこと、学問芸術を御尊重になりますこと、天皇としての義務に忠なること、人に対する思ひ遣りの深くお出でになりますことを存じ上げて居り、この事が敗戦といふ日本の最大不幸に際しての混乱動揺を最小限に止めさせた所以であると存じます。

殿下に於てこの事を深くお考へになり、皇太子として、将来の君主としての責任を御反省になることは殿下の些かも怠る可らざる義務であることをよく御考へにならねばなりませぬ。

殿下はお仕合せにも陛下の場合とちがひお父上が御壮健であられます故、皇太子としての御勉強に専念遊さる時間を多く御持ちになる次第でありますから、よくくこの君徳といふことについて御考へになっていたゞきたいと存じます。新憲法によって天皇は政事に干与しないことになって居りますが、而かも何等の発言をなさらずとも、君主の人格その識見は自ら国の政治によくも悪るくも影響するのであり、殿下の御勉強とは修養とは日本の明日の国運を左右するものと御承知ありたし。

注意すべき行儀作法。

気品とデイグニチイは間然すべきなし。

To pay attention to others

人の顔を見て話をきくこと、人の顔を見て物を言ふこと。(人から物を貰ったりした場合等の注意)

Good mannerの模範たれ。

メモ全文

去る三月以来今日に至る迄の殿下の御精神御肉体の御成長の経過全体を概言すれば、御無事と申すべし。強いて厳格に申せば稍々沈滞の嫌もなきにあらず。沈滞と申すは語弊あれども、御成年式、御外遊当時の花々しき時期に比すれば、殿下は脚光を浴びて国民の前に現れたまふこと少なし。而してこれは静養の必要に出でたることにしてこれを公表せざるが故に世間或は御活動の十分活溌ならざるをウラミとするものなきを保ず。これについて多くいふこと能はざるを以て〔ママ〕

御学業。キング・ジョージ五世伝、継続。

殿下の御翻訳。良好

露伴の「運命」

雑談式の御授業

○トインビー

○エチオピア皇帝(何が面白くおはせしや)

「ブリタニカ」検索。大なる進歩

○御卒業に際しての憂慮

○御学友、サロンについての

工夫なかるべからず

○御健康　御結婚　自分ハ細カイカラ

○新内閣

小泉信三 著作目録

大正二年 ジェヴンス「経済学純理」［訳］＝同文舘
四年 ロウス・ディッキンソン「戦争是非」［三邊金蔵と共訳］＝慶應義塾出版局
九年 社会問題研究＝岩波書店
十年 経済学説と社会思想＝国文堂
十二年 社会組織の経済理論的批評＝下出書店
十四年 価値論と社会主義＝改造社
改訂・社会問題研究＝岩波書店
増補・価値論と社会主義＝改造社
社会問題［経済学講義録の内］＝時事新報社
十五年 近世社会思想史大要＝岩波書店
近世社会思想及社会運動上に於ける英吉利と露西亜＝東京銀行集会所
昭和三年 リカアドオ「経済学及課税之原理」［岩波文庫］［訳］＝岩波書店
ラッサアル「労働者綱領」［岩波文庫］［訳］＝岩波書店
第二増補・価値論と社会主義＝改造社
四年 マルクシズムとボルシェヰズム＝千倉書房
リカアドオ研究＝鉄塔書院
五年 リカアドオ経済及租税原論＝岩波書店
六年 経済原論＝日本評論社
七年 アダム・スミス伝＝改造社
八年 師・友・書籍＝岩波書店
マルクス死後五十年＝改造社
九年 アダム・スミス、マルサス、リカアドオ―正統派経済学研究＝岩波書店
十一年 学窓雑記＝岩波書店
十二年 改訂・マルクス死後五十年＝改造社
支那事変と日清戦争＝慶應出版社
十三年 青年公民読本・経済篇＝日本青年館
アメリカ紀行＝岩波書店
十四年 学府と学風＝慶應出版社
大学生活＝岩波書店
十六年 学生に与ふ＝三田文学出版部
十七年 師・友・書籍―第二輯＝岩波書店
十九年 「ジェヴォンス・経済学の理論」［寺尾琢磨、永田清と共訳］＝日本評論社
二十一年 海軍主計大尉小泉信吉＝私家版（昭和四十一年 文藝春秋、昭和五十年 文春文庫）
初学経済原論［青年公民読本・経済篇の改訂改題］＝慶應出版社
マルクス死後五十年［増大版］＝好学社（昭和二十六年 角川文庫）
二十二年 社会思想史研究＝和木書店
福澤諭吉の人と書翰＝慶友社
改訂・価値論と社会主義＝小石川書房
文学と経済学＝勁草書房

読書雑記＝文藝春秋新社（昭和四十五年　潮文庫）
福澤諭吉［アテネ文庫］＝弘文堂

二十四年　共産主義批判の常識＝新潮社（昭和二十九年　新潮文庫、昭和五十二年　講談社学術文庫）
近代経済思潮概観＝好学社

二十五年　私とマルクシズム＝文藝春秋新社（昭和三十一年　角川文庫）
今の日本＝慶友社
読書論［岩波新書］＝岩波書店

二十六年　共産主義と人間尊重＝文藝春秋新社
私の愛読した作家―文学と経済学＝啓明社

二十七年　平和論＝文藝春秋新社
福澤諭吉―人と書翰［創元文庫］［福澤諭吉の人と書翰の改題］＝創元社（昭和三十年　新潮文庫）
初学経済原論［三訂本］＝泉文堂
リカアドオ「改訂・経済学及び課税の原理」上下［岩波文庫］＝岩波書店
朝の思想＝雲井書店
近代経済思想史［近代経済思潮概観を改題］＝慶應通信

二十八年　平生の心がけ＝文藝春秋新社（昭和六十三年　講談社学術文庫）
大学と私＝岩波書店

二十九年　外遊日記＝文藝春秋新社

三十年　遺児の皆さんへ＝神奈川県遺族連合会
国を思ふ心＝文藝春秋新社
現代人物論―現代に生きる人々［角川新書］＝角川書店

三十一年　思ふこと憶ひ出すこと＝新潮社

三十二年　わが蒔く種＝東京創元社

三十三年　朝の机＝新潮社

三十四年　この一年＝文藝春秋新社

三十五年　一日本人として［自衛隊教養文庫第三］＝学陽書房
河流＝新潮社

三十六年　秩序ある進歩＝ダイヤモンド社

三十七年　十日十話＝毎日新聞社

三十八年　一つの岐路＝文藝春秋新社
わが日常＝新潮社

三十九年　ペンと剣＝ダイヤモンド社

四十一年　福澤諭吉［岩波新書］＝岩波書店
座談おぼえ書き＝文藝春秋

＊―小泉信三の生前に出版または準備された単行書に限った。
また、「小泉信三選集」や各種「小泉信三集」も省いた。

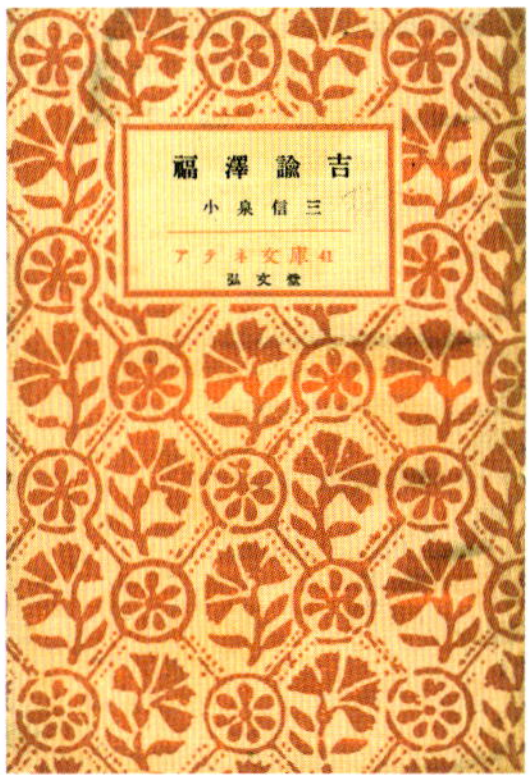

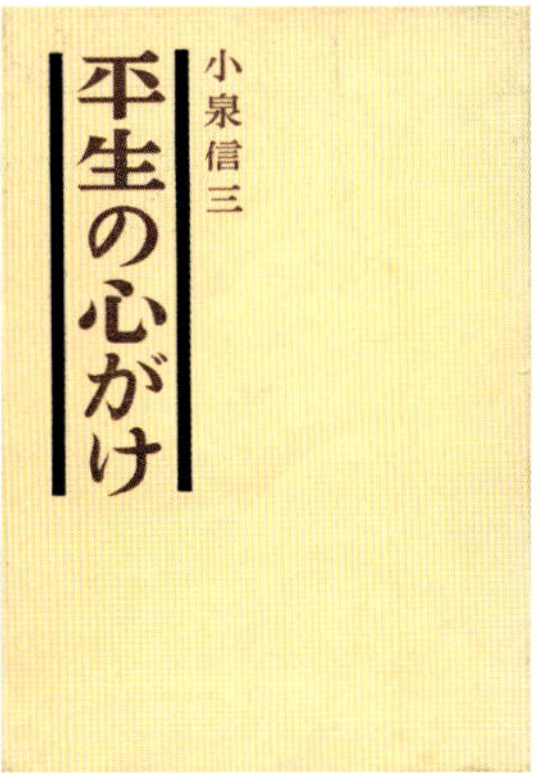

小泉信三 略年譜

＊――著作は主なもののみ記載。一覧は一一四ページを参照。

明治二十一年	一八八八		五月四日、東京市芝区三田四丁目二十九番地に生まれる。父信吉(のぶきち)は旧和歌山藩士で、江戸に出て福澤諭吉の塾に学び、のち開成学校(東京大学の前身)教授、横浜正金銀行副頭取、大蔵省奏任御用掛を経て明治二十年慶應義塾長となる。
二十三年	一八九〇	二歳	一月、慶應義塾に大学部が発足し、文学・理財・法律の三科が設置される。三月、父信吉慶應義塾長を辞し間もなく日本銀行に入る。それに伴い、家も牛込筑土八幡に引越す。
二十四年	一八九一	三歳	父信吉、横浜正金銀行支配人となり、一家は横浜市桜木町一丁目一番地に移転する。
二十七年	一八九四	六歳	本町の横浜学校に入る。十二月八日、父信吉が腹膜炎により四十五歳で死去したため家督を相続。
二十八年	一八九五	七歳	桜木町の家を引払い東京市芝区三田四国町二番地十七号の借家に一時移り、その後三田山上の福澤諭吉邸内の一棟に住む。三田台町の御田小学校に転校。十二月、三田四丁目三十番地に新築した家に移る。
三十四年	一九〇一	十三歳	二月三日、福澤諭吉死去。
三十五年	一九〇二	十四歳	一月、御田小学校より慶應義塾普通部二年に編入。この頃よりテニスに没頭する。
三十六年	一九〇三	十五歳	全慶應義塾の庭球部正選手になる。十一月、三田綱町の義塾グラウンドにて第一回早慶野球戦が行われ、小泉も観戦。
三十七年	一九〇四	十六歳	普通部生にして全慶應義塾庭球部の大将として活躍する。十月、義塾三田山上コートで最初の庭球早慶戦が行われ、小泉も出場。

明治25年頃
桜木町に住んでいた頃

『日本画報』第32号(明治38年10月10日付)に掲載された小泉の写真

三十八年	一九〇五	十七歳	慶應義塾大学部予科に進学、学問への興味を覚える。
四十年	一九〇七	十九歳	大学部政治科に進み、福田徳三、堀江帰一、田中萃一郎、林毅陸などの教えを受ける。
四十三年	一九一〇	二十二歳	大学部政治科を総代で卒業し、同大学部教員に採用される。この年『三田文学』創刊され、水上瀧太郎、澤木四方吉と頻りに往来する。文学に関心を深める。
明治四十五年 大正元年	一九一二	二十四歳	慶應義塾より経済学研究のため海外留学を命ぜられ、九月に出発、上海、香港、シンガポールを経由し、十一月、ロンドンに着く。
二年	一九一三	二十五歳	ロンドン大学経済科(LSE)に学ぶ。十一月、ドイツに転学しベルリン大学で、シュモラー、ワグナー、ヘルクナー、オッペンハイマーの講義を聴き、別に高等商業学校でゾンバルトの講義を聴く。▼ジェヴォンス『経済学純理』[訳]刊。
三年	一九一四	二十六歳	八月、第一次世界大戦勃発により、ドイツを退去して再びイギリスに転ずる。しばらくケンブリッジに学び、ピグー、ケインズを聴講。
四年	一九一五	二十七歳	再度ロンドンに出て、留学中の澤木四方吉、水上瀧太郎と同宿。十月大陸に渡り、スイス、イタリアを旅行。パリに留まり、再び澤木、水上と下宿を共にする。ソルボンヌ大学でシャルル・ジード、シャルル・リストなどの講義を聴く。
五年	一九一六	二十八歳	二月、ロンドン、ニューヨークを経て三月帰国。慶應義塾大学部教授となり、以後、経済原論、経済学史、社会問題などの講義を担当する。十二月、阿部泰蔵の三女とみ(水上瀧太郎の妹)と結婚し、神奈川県鎌倉町小町三三一番地に住む。
七年	一九一八	三十歳	一月十七日、長男信吉(しんきち)が生まれる。肺を病み、静養のため一年余り大学の講義を休む。
九年	一九二〇	三十二歳	病気が全快する。大学令により慶應義塾大学(旧制)が発足、経済学部教授となる。

明治42年　大学部卒業直前の大和山間旅行
右端が小泉

大正7年初夏　芦ノ湖にて
佐々木修二郎・信(小泉の妹、右から二人目)と遊ぶ小泉夫妻

十一年	一九二二	三十四歳	三月二十二日、長女加代が生まれる。慶應義塾体育会庭球部長となる。
十二年	一九二三	三十五歳	九月一日関東大震災に遭い、鎌倉から母の住む三田の旧居に移る。 ▼『価値論と社会主義』刊。この書はマルクス価値論に関する論争記録を主内容とするもので、その後論争の発展と共に増補を重ね、昭和三年の再増補第十版に至る。
十三年	一九二四	三十六歳	一月、慶應義塾図書館監督(館長)となる。春、麻布本村町一一六番地に移る。この頃より毎週木曜日の晩、自宅に学生が話しに集まるようになり、その後、月一回第一木曜日を定日とするようになる。この「木曜会」は二十年ほど続く。
十四年	一九二五	三十七歳	夏、北品川御殿山三一三番地の新築の家に移転。九月二十五日、二女妙が生まれる。
大正十五年 昭和元年	一九二六	三十八歳	▼『近世社会思想史大要』刊。
二年	一九二七	三十九歳	慶應義塾庭球部、この頃から庭球早慶戦で連勝を重ね「庭球王国慶應」と謳われる。
三年	一九二八	四十歳	九月、慶應義塾から派遣され、満州、北支、上海を訪問、十一月帰国。 ▼リカアドオ『経済学及課税之原理』[訳]刊。
四年	一九二九	四十一歳	▼『リカアドオ研究』刊。
六年	一九三一	四十三歳	▼『経済原論』刊。
七年	一九三二	四十四歳	庭球部長を退く。その後、小泉の姓の一字をとった庭球部長在任中の部員の集まり「泉会」が発足。
八年	一九三三	四十五歳	十一月慶應義塾長に選出される。 ▼『マルクス死後五十年』、『師・友・書籍』刊。
九年	一九三四	四十六歳	四月、慶應義塾日吉校舎開校。『リカアドオ研究』の諸論文をもって経済学博士の学位を授与される。 ▼『アダム・スミス、マルサス、リカアドオ』刊。

昭和4年3月
左より信吉、妙、加代

昭和11年8月21日　横浜港
渡米に際して見送りの人々に応える

十一年	一九三六	四十八歳	八月、横浜を発しアメリカに渡り、ハーバード大学創立三百年祭に参列。その後アメリカ各地の教育事情を視察して十一月末帰国。 ▼『学窓雑記』刊。
十二年	一九三七	四十九歳	十一月、慶應義塾長に再選される。
十四年	一九三九	五十一歳	六月、藤原工業大学が設立されその学長を兼ねる。
十五年	一九四〇	五十二歳	三月、水上瀧太郎五十二歳で死去。塾生の日頃の心得をまとめた「居常心得」を訓示。
十六年	一九四一	五十三歳	三月、長男信吉、慶應義塾大学経済学部を卒業し、翌月三菱銀行に入行、八月海軍経理学校に入校し主計中尉任用（十二月同校卒業）。十一月、慶應義塾長に三選され、池田成彬が義塾評議員会議長に選ばれる。十二月八日太平洋戦争が起こる。
十七年	一九四二	五十四歳	十月二十二日、長男信吉南太平洋方面に戦死（二十四歳、死後主計大尉昇任）。戦局ますます困難になり木曜会も十一月を最後に休会、そのまま解散。
十八年	一九四三	五十五歳	十月、「出陣学徒壮行早慶戦」の野球試合開催。十一月、三田綱町九番地十三号に移転。帝国学士院（現在の日本学士院）会員となる。十二月学徒出陣。 ▼日本評論社より『ジェヴォンス・経済学の理論』「寺尾琢磨・永田清と共訳」刊。
十九年	一九四四	五十六歳	十月、勅令により内閣顧問（翌年四月小磯内閣総辞職まで）。
二十年	一九四五	五十七歳	五月二十五日、空襲により家を焼かれ、顔面と両手に火傷を負い慶應病院に入院。一時重篤に陥り病床で終戦を迎える。十一月、塾長任期一年延長される。十二月、退院し、慶應義塾が塾長役宅として借用した芝区三田一丁目三十五番地の家（名取邸）に転居。
二十一年	一九四六	五十八歳	一月、母千賀を喪う。四月、東宮御学問参与。再び塾長に選任され、塾長代理に高橋誠一郎。この頃、負傷のため外出することが少なくなったので、見聞の遅れることを案じた旧木曜会メンバーを中心とした門下が、小泉の泉を二字にした白水会を作り毎月第二土曜日の午後、小泉邸に集まることとする。この会は小泉没後まで続く。 ▼私家版『海軍主計大尉小泉信吉』刊。

昭和15年　母千賀の家で家族と
左より妙、信三、加代、千賀、信吉、とみ

昭和19年8月22日　幼稚舎本館前にて
伊豆修善寺に疎開する慶應義塾幼稚舎生の壮行会の日に

二十二年	一九四七	五十九歳	一月、慶應義塾長を任期満了で退任。五月、慶應義塾創立九十年記念式典で、負傷以来初めて三田山上へ。以後知友の往来が再び活発となる。
二十三年	一九四八	六十歳	四月八日、長女加代が秋山正と結婚。 ▼『読書雑記』、『福澤諭吉の人と書翰』刊。
二十四年	一九四九	六十一歳	東宮御教育常時参与となる。四月十八日、初孫秋山エリが生まれる。十一月、阿部準蔵を婿養子に迎え二女妙と結婚。 ▼『共産主義批判の常識』刊。
二十五年	一九五〇	六十二歳	▼『読書論』刊。
二十六年	一九五一	六十三歳	五月、港区麻布広尾町十七番地に転居。社団法人福澤諭吉著作編纂会理事長となる。
二十七年	一九五二	六十四歳	二月十八日初孫秋山エリ死去。四月十三日、長女加代と共に洗礼を受ける。教名ナタナエル。 ▼『平和論』刊。
二十八年	一九五三	六十五歳	三月末より、皇太子殿下がイギリス女王戴冠式に昭和天皇御名代として参列のため訪英。式の後ヨーロッパ諸国、アメリカ合衆国を歴遊して十月に帰国。小泉は五月、妻とみと共にロンドンに飛び、のちフランス、イタリア、ベルギー、スペイン、ドイツ、スウェーデン、スイスの諸国を歴遊してアメリカに飛んで大陸を横断し、十月帰国。殿下とは付かず離れずの旅程。
二十九年	一九五四	六十六歳	五月、アメリカに渡りニューヨークでコロンビア大学創立二百年祭に出席、名誉文学博士の学位を授与され、六月帰国。 ▼『外遊日記』刊。
三十一年	一九五六	六十八歳	三月、慶應義塾大学名誉教授および学事顧問となる。
三十二年	一九五七	六十九歳	十二月、慶應義塾出身の戦没者の霊を慰めるため、三田山上に「平和来」建立。

戦後　神宮球場貴賓席での野球観戦
『新文明』(昭和42年3月号)より

三十三年	一九五八	七十歳	十一月、慶應義塾評議員会議長に選ばれる。慶應義塾創立百年記念式典、日吉にて昭和天皇をお迎えして挙行。同月、皇太子殿下の御婚約が発表される。
三十四年	一九五九	七十一歳	四月十日、皇太子殿下御成婚。七月、東宮職参与。十一月、文化勲章を授与される。 ▼小泉監修による『福澤諭吉全集』全二十一巻の刊行始まる。
三十五年	一九六〇	七十二歳	九月、アメリカのアイゼンハワー大統領に招かれた皇太子同妃両殿下の随員として渡米、十月帰国。
三十七年	一九六二	七十四歳	十月、慶應義塾体育会創立七十周年記念式典で「スポーツが与える三つの宝」を講演。
四十年	一九六五	七十七歳	四月、東京六大学野球春のリーグ戦始球式に登板。五月、東京都より名誉都民の称号を受ける。
四十一年	一九六六	七十八歳	▼『福澤諭吉』刊。 五月十一日、午前七時三十分心筋梗塞により死去。八月、慶應義塾に「小泉信三記念慶應義塾学事振興基金」設置が決まる。 ▼『海軍主計大尉小泉信吉』（昭和五十年に文春文庫化）公刊。
四十二年	一九六七		三月、庭球三田会員により、慶應義塾日吉まむし谷テニスコートに記念碑除幕（昭和五十六年改装）。四月東京、五月には大阪で「小泉信三展」開催。 ▼『小泉信三全集』四月より刊行開始（四十七年、二十八冊で完結）。
四十八年	一九七三		▼慶應義塾関係者によって作られた小泉精神を継承する雑誌『泉』刊行開始（六十年に至る）。
五十一年	一九七六		小泉信三賞全国高校生小論文コンテスト始まる。野球殿堂入り。
五十八年	一九八三		▼十一月、今村武雄著『小泉信三伝』刊行。
平成二十年	二〇〇八		五月、東京・三田の慶應義塾図書館旧館で「生誕一二〇年記念小泉信三展」開催。

昭和32、3年　秩父宮御殿場御別邸
加藤土師萌の指導により焼物を製作中の小泉

平成20年「小泉信三展」をご覧になる天皇皇后両陛下
慶應義塾広報室提供

参考文献、協力者・機関一覧

基本資料——『小泉信三全集』全二十八冊〔付月報〕＝文藝春秋　昭和四十一—四十七年
『小泉信三伝』今村武雄＝文藝春秋　昭和五十八年（昭和六十二年文庫化）

選集類——『小泉信三選集』全五冊〔付月報〕＝文藝春秋新社　昭和三十二年
『昭和文学全集27　小泉信三集』〔付月報〕＝角川書店　昭和二十八年
『現代随想全集第6巻　小泉信三・池田潔集』＝創元社　昭和二十八年
『現代知性全集11　小泉信三集』＝日本書房　昭和三十四年
『小泉信三　人生論読本第11巻』和木清三郎編
角川書店、昭和三十六年
『小泉信三集　私たちはどう生きるか7』＝ポプラ社、昭和三十七年
『小泉信三集　現代人生論全集3』＝雪華社、昭和四十一年
『随想全集第4巻　大内兵衛・小泉信三・矢内原忠雄集』
尚学図書　昭和四十四年
『小泉信三評論集』陳鵬仁訳＝幼獅文化事業公司（台北）　昭和四十四年
『わが文芸談』＝新潮社　昭和四十一年（平成六年文芸文庫化）
『思索のあしあと』＝サンケイ新聞社出版局、昭和四十二年
『角川選書7　私の敬愛する人びと』＝角川書店　昭和四十三年
『スポーツと私』＝文藝春秋　昭和四十六年
『ジョオジ五世伝と帝室論』＝文藝春秋　平成元年
『私の福沢論吉』〔講談社学術文庫〕＝講談社　平成三年
『ペンは剣よりも強し』＝恒文社　平成九年
『練習は不可能を可能にす』山内慶太・神吉創二編
慶應義塾大学出版会　平成十六年

Ⅰ章——『会議弁』福澤諭吉・小幡篤次郎・小泉信吉共訳＝明治七年
『那然小学教育論』小泉信吉・四屋純三郎訳＝明治十一年
『福澤諭吉全集』全二十二冊＝岩波書店　昭和三十三—四十六年
『福澤諭吉書簡集』全九冊＝岩波書店　平成十三—十五年
『福澤諭吉著作集』全十二冊
慶應義塾大学出版会　平成十四—十五年
『福澤諭吉伝』全四冊　石河幹明＝岩波書店　昭和七年
『考証福澤諭吉』上下　富田正文＝岩波書店　平成四年

Ⅱ章——『月の岬　創立一〇〇周年記念誌』
東京都港区立御田小学校　昭和四十八年

『三田文学』＝三田文学会　明治四十三年五月—
『西洋美術史研究』上下　澤木四方吉＝岩波書店　昭和六—七年
『水上瀧太郎全集』全十二冊〔付補遺〕＝岩波書店　昭和十五—十六年
『留学生小泉信三の手紙』小泉タエ＝文藝春秋　平成六年
『青年小泉信三の日記』秋山加代、小泉タエ編
慶應義塾大学出版会　平成十三年

Ⅲ章——『小泉信三文庫目録』＝慶應義塾大学経済学部　昭和四十四年
『随筆慶應義塾　エピメーテウス抄』正・続　高橋誠一郎
慶應通信　昭和四十五、五十八年
『慶應義塾図書館史』＝慶應義塾大学三田情報センター　昭和四十七年
『福澤先生没後百年記念　慶應義塾の経済学』＝丸善　平成十三年
『慶應庭球三十年』＝慶應義塾体育会庭球部、昭和六年
『慶應庭球一〇〇年』＝庭球三田会　平成十三年
『テニスを生涯の友として　熊谷一彌遺稿』熊谷一彌
講談社　昭和五十一年
『テニスと私』〔私家版〕石井小一郎＝昭和五十五年
『慶應義塾野球部史』上下
慶應義塾体育会野球部・三田倶楽部　平成元年

Ⅳ章——『慶應義塾百年史』全六冊＝慶應義塾　昭和三十三—四十四年
『塾監局小史』＝慶應義塾職員会　昭和三十五年
『創立一二五年　慶應義塾年表』＝慶應義塾　昭和六十年
『三田評論』（大正三年『慶應義塾学報』から改題）
慶應義塾　明治三十一年三月—
『藤原工業大学—教育の軌跡—第一期生の記録』
第一期生同期会　平成十一年
『証言　太平洋戦争下の慶應義塾』白井厚・浅羽久美子・翠川紀子編
慶應義塾大学出版会　平成十五年
「小泉信三先生との対話」上下　昆野和七＝『新文明』
昭和四十四年一月号、二月号
『学徒出陣最後の早慶戦』笠原和夫・松尾俊治＝恒文社、昭和五五年
『一九四三年晩秋 最後の早慶戦』
早稲田大学大学史資料センター・慶應義塾福澤研究センター
教育評論社　平成二十年

Ⅴ章――『**皇太子の窓**』エリザベス・G・ヴァイニング著、小泉一郎訳
文藝春秋新社　昭和二十八年
『**戦後の自叙伝**』安倍能成＝新潮社、昭和三十四年
『**天皇とわたし**』エリザベス・G・ヴァイニング著、秦剛平・和子訳
山本書店　平成元年
『**吉田茂書翰**』財団法人吉田茂記念事業財団編＝中央公論社、平成六年
『**田島道治　昭和に「奉公」した生涯**』加藤恭子
TBSブリタニカ　平成十四年

Ⅵ章――『**父小泉信三**』秋山加代・小泉タエ＝毎日新聞社　昭和四十三年
『**辛夷の花　父小泉信三の思い出**』秋山加代＝文藝春秋
昭和五十一年（昭和六十一年文庫化）
『**叱られ手紙**』秋山加代＝文藝春秋　昭和五十一年（平成十一年文庫化）
『**好きなひと好きなもの**』秋山加代＝文藝春秋　昭和六十年
『**届かなかった手紙　父小泉信三との日々**』小泉タエ
講談社　昭和五十一年
『**父母の暦**』小泉タエ＝講談社　昭和五十六年
『**表参道十年**』小泉タエ＝講談社　昭和六十一年
『**山々の雨**』秋山加代＝文藝春秋　平成四年
『**母と風の息子**』秋山加代＝文藝春秋　平成五年
『**父小泉信三を語る**』小泉タエ＝慶應義塾大学出版会　平成二十年

Ⅶ章――『**小泉信三展**』**図録**＝慶應義塾・文藝春秋・毎日新聞社　昭和四十一年
『**泉　izumi quarterly**』**全四十三冊**
文化総合出版　昭和四十八―六十年
『**小泉信三賞高校生小論文抄**』
慶應義塾　昭和六十一、平成八、十八年

協力者・機関（五十音順、敬称略）――秋山加代　井ヶ田文一　池田幸弘　伊藤三郎　河原一慶　小泉妙
佐々木信雄　鈴木隆敏　関口存彦　竹田行之　田島恭二　田島圭介
巽孝之　土橋敬子　肥田野淳　松尾俊治　丸山徹　村井慶子
森田和裕　山崎元　山本敏彦
岩波書店　外務省外交史料館
京都大学大学院経済学研究科　秩父宮記念スポーツ博物館
庭球三田会　東京都港区立御田小学校
野田岩　はち巻岡田
盛岡市先人記念館　靖国神社遊就館
山食　吉田茂国際基金
早稲田大学大学史資料センター

撮影――石戸晋ほか

追悼・回想――「**特集・勇気ある自由人・小泉信三**」＝『文藝春秋』昭和四十一年七月号
「**特集・小泉信三追悼**」＝『心』昭和四十一年七月号
「**特集・追悼小泉信三**」＝『三田評論』昭和四十一年八・九月合併号
「**小泉信三先生追悼録　新文明臨時増刊**」＝新文明社　昭和四十一年
「**偲草　小泉信三先生追悼　部報臨時増刊**」
慶應義塾体育会庭球部・庭球三田会　昭和四十一年九月
「**小泉信三博士追悼特集**」＝『三田学会雑誌』　昭和四十一年十一月
「**特集・回想の小泉信三**」＝『三田評論』　昭和四十二年五月号
「**小泉先生一周忌特集**」＝『新文明』　昭和四十二年五月号
「**特集・小泉信三博士歿後十年・人とその学問**」＝『三田評論』
昭和五十一年八・九月合併号
「**特集・小泉博士歿後二〇年**」＝『三田評論』　昭和六十一年五月号
「**特集・小泉信三博士歿後三十年記念講演**」＝『三田評論』
平成八年八・九月合併号
「**特集・小泉信三君没後四〇年**」＝『三田評論』　平成十八年五月号

音声資料――『**文春カセットライブラリー　小泉信三　慶應義塾を語る**』
文藝春秋　平成元年

＊――このリストは、本書の内容理解を助ける基本的な文献のうち、回想、伝記、資料を掲げるもので、もとより網羅的なものではない。紙幅の関係上、研究文献は基本的に割愛した。

特別付録CD　音声全文

1 ❖ 慶應義塾創立百年記念式典祝辞

思い起こしますれば、十年前、やはり陛下の御親臨を仰ぎまして、三田の構内で本塾創立九十年の式典が行われましたが、当時三田の慶應義塾はほとんど廃墟に近い状態でありまして、式典を行う場所もなく、やむなく戸外に臨時の式場を設けるという始末でございました。しかるに十年後の今日、ここにこの建物が、永久的の建物が出来まして、陛下をお迎え申し上げ、内外各界の来賓の御参加を得ましてこの式典を行うまでになりましたことは、私共の深く喜びとするところであります。

さて、今日この喜びを感じますとともに、今、今日までのことを顧みますると、慶應義塾の百年はちょうど日本の開国百年に当たります。今この百年の初めと終わりとを比較して殊に感じますることは、今日、アジアの諸国において、盛んなる近代化の運動が行われていることであり、そうしてこの近代化ということについて日本が百年前以来、その先駆けをしたのであったという事実を思うのでありますが、この日本の近代化と、それによるところの興隆、そのことを考えまするると、福澤諭吉、及び慶應義塾がその間にあって一つの役目を務めたということは、これは世の認めるところであろうかと思います。

その福澤諭吉、私どもの尊称する福澤先生が世に唱えました教えは何々でありましたろうか。それの主なる二、三を申したいと思います。

まず申したいのは、先生が階級と男女とを問わず、人間の人間としての尊厳を強く教えられたこと、これであります。さらに自然と人文とを問わず、一切の事物を合理的実証的に推究しまして、その法則を探求する科学的精神の鼓吹、これは、けだし福澤の生涯の最も力を入れたことの一つでありました。

そして常に日本の独立を思い、自国の安否を憂うること父母の病を思うが如くであれ、ということはその第三に挙ぐべきことであるかと思います。あの、「天は人の上に人を造らず、人の下に人を造らず」という句は有名でありますが、それを説いた同じ『学問のすゝめ』の別の章に掲げられました文言は、今日も十分新しい意味を持っていると思います。その言に曰く、「独立の気力なき者は国を想うこと深切ならず」、「独立の気力なき者は国を想うこと深切ならず」。この言葉は今日もなお十分新しい意味を持っておると思います。

慶應義塾が創立せられまして百年、福澤諭吉が死して五十七年、しかも福澤の教えは今日もなお昨日の如く新たであると申したいと思います。私ども慶應義塾出身者は、その母校の人々が常に謙虚なる反省をもって、しかし、常に正しい教えに導かれるという確信をもって、第二の百年の歩みを力強く踏み出したいと、踏み出してもらいたいものと思っております。

（昭和三十三年十一月八日　慶應義塾日吉記念館にて）

畔田藤治撮影

2❖——スポーツが与える三つの宝（慶應義塾体育会創立七十周年式典記念講演）

今日のまことにめでたい、また私どもにとりましては非常な光栄を与えられましたこの機会に、体育に関してなにか講演をせよということでありますから、少し準備をしてまいりました。しばらくご清聴をわずらわしたいと思います。

今日は七十年のお祝いをして功労者を表彰するという企てを前に伺いまして、それは非常な結構なことだ、ぜひやりたまえということを私は幹事のある人々に申しました。ところが、今日ここに出席してまいりますと、私自身もその表彰の名誉を受ける一人でありますので、これは大変妙なことになって、自分を表彰することを大いにやりたまえといったような結果になりまして、ちょっと赤面しましたけれども、しばらくそれはお許しを願って、お招きを受けて今日ありがたくここに出てまいりました。

私は明治四十三年に塾の政治科を卒業した者でありますが、在学中は大変体育会のご厄介になりました。私の後輩のある人々に、君は慶應義塾の何学部を卒業したかといって聞くと、私は柔道部を出ました、あるいは私は蹴球部を出ましたというような答をする人がよくありました。近ごろはもうないかもしれませんが、まだあるかとも思います。私はともかくも四十三年に政治科を出たと言えますから、それほどひどくはないつもりでありますが、しかしもし在学中に塾の体育会というものがなかったならば、私の慶應義塾における生活ははるかに貧弱な、またさびしいものであったであろうと思います。私は皆さんとご同様に慶應義塾を愛し、慶應義塾に深い感謝の念を抱いておりますが、これは塾の学生であり得たということと共に、体育会の会員であり得たために、私の塾に対する感謝、慶應義塾に対する愛情は一層深いものであったことは疑いないのでありまして、これは今日ご列席の皆さんもおそらくご賛成下さることと信じます。

今日、体育会の友人諸君にどういうお話をしようかと考えましたが、やはり私が平生考えております、スポーツがわれわれに与える三つの宝という私の持論を繰り返して申し上げたいと思います。ところが、その持論を申し上げるつもりでまいりましたけれども、今板倉先生がお話になったことは大部分それと同じことに帰着する、従って重複を免れませんけれども、しばらくご辛抱を願います。

スポーツがわれわれに与えるところの三つの宝というのは何々か。私は第一は練習の体験を持つということが、われわれのスポーツによって受ける最も大なる恩恵の一つであると思います。練習によって不可能を可能にするという体験、これをわれわれは体育会の生活によって得たと思います。

人類の歴史を大観すれば、その歴史というものは、私は大体において不可能を可能にしていく経路である、こう見ることができると思います。過去において現在に至るまで、人類は無数の不可能を可能にしてきたのであります。その不可能を可能にするのはいかにして行なわれるか。

第一は発見発明によります。鳥のように空を飛びたい、魚のように水を潜りたいということは、人類あって以来の宿願でありましたけれども、今日われわれはいかなる鳥よりもいかなる魚よりも、よく空を飛び、水を潜ることができる。これは発見発明によって可能となったのであります。月の世界に遊ぶということは不可能な空想の異名でありましたけれども、今日はもう月の世界に遊ぶということは空想でない、昨日月への飛行から帰ってきたという人に会っても、もはやわれわれはさほど驚かないだろうと思う。私どもはそれを見得るかどうかは別として、ここにおいでになる体育会の若い選手役員諸君は必ずそれを見るでありましょう、月から帰ってきた人という者に会うでありましょう。このようにわれわれは発見発明によって不可能を可能にしてきた。

けれどもいま一つ不可能を可能にするものは何かといえば、練習であります。練習によってわれわれは不可能を可能にする。まあ早い話が水泳で、水泳を習わない者は水に落ちれば溺れて死ぬ、水泳を知っている者は浮かぶ。水に落ちればすぐに死ぬ動物と水に落ちても生きる動物とでは全然別種の生物だと言ってもいいくらいでありますが、練習によってわれわれはそれをなし遂げ得る。また子供が水に落ちたのを見てそれを救うことができないか、あるいは水に飛び込んでそれを救い得るかということは、私は道徳的にみて非常な違いだと思いますけれども、この道徳的な非常な違いは練習によって得られる。

スポーツはこの体験をわれわれに与えるのであります。理屈でも説教でもない、ただ練習によってわれわれは不可能のことを可能になし得る。まあ例えば水泳の飛び込みで十メートルの高さから水に飛び込む。これはいかなる勇士といえども、練習することなしにはできないと思います。百メートルを十五秒で走るということは運動選手の間ではむしろ笑うべきことでありましょう。けれども全く練習しない者は百メートルを一五秒かけても走ることはできない。このように無数の不可能が練習によって可能となるという体験は、われわれの人生において非常な大切な体験でありますが、皆さんは、また私どもは体育会の生活によってその非常な大切な真理を身に備えた、体得することができたと言えると思います。

孔子の論語の初めに、「学んでしこうして時にこれを習う、またよろこばしからずや」(学而時習之不亦説乎)というのがありますが、ならうというのは習という字が書いてあります。習という字は羽の下に白と書く。これはひなどりがはばたいて飛ぶことを習う形を表わしたものだということでありますが、ひなどりは初めは飛ぶことができない。羽をはばたいて幾度か繰り返すことによって空にかけることができる。諸君も体育会の生活において、到底できないと思ったことがただ練習を重ねることによって可能となったという、非常な尊い体験をお持ちであろうと思います。

亡くなった体育会の先輩の一人であります伊藤正徳君は各種の運動に秀でた選手でありました。ことにテニスは当時の日本における一流中の一流でありましたが、この人が後年ゴルフを始めて非常な速やかな進歩で、私はゴルフのことをよく知りませんけれども、ゴルフを始めて一年でハンディキャップ・セブン、これは驚異的な進歩ということでありますが、驚異的な進歩を示した。人がさすが伊藤の運動神経は違うといってほめました時に、伊藤君ははなはだ不満で、私に向かって、自分のゴルフの進歩は運動神経のためじゃない、自分が練習したからだ。ただどこまでも厳しく、規則正しく、また油断なく練習を続けるという習性は、塾の体育会時代に得たものだということを伊藤君は述懐したことがありますが、これは私は今日おいでの皆さんはみなうなずかれることであろうと思います。天才とは異常の努力をなし得る人が天才だという言葉がありますが、体育の問題につきましても、われわれは器用とか無器用ということは問題でなく、いかによく練習に耐え得るかということが大切である。それはまたわれわれの生涯にとっても極めて貴重な真理であると思いますが、これを皆さん、ことにここにおられる若い学生諸君は、体育会の生活によって、この尊い真理を身につけることができるということは、よくおわきまえになっていただきたいと思います。先輩の一人としてそれを言いたいと思います。それが第一の宝です。

第二の宝は今板倉さんのお話になったフェアプレーの精神です。フェアプレーというのは何かといえば、正しく戦え、どこまでも争え、しかし正しく争え、卑怯なことをするな、不正なことをするな、無礼なことをするな、こういうことです。フェアプレーという言葉は英語でありますが、日本には昔から〈尋常の勝負〉という言葉があり、また負けっぷりがいいとか悪いという言葉がありますから、フェアプレーということは日本人によくわかる。しかしわれわれはやはりこの体育会の生活によって、フェアプレーがいかに尊いものであるか、またアンフェアなプレーを憎むという気持は、私自身について言えば、やはり体育会の生活の間に教えられたと思います。今日ここにお見えになっている学生諸君は後年諸君が年をとられてから、体育会にいた間に何を身につけたか、何を学んだかというちに、必ずフェアプレーの尊いことを知るということが、その一ヵ条であると私は確信します。

英語で「ビー・エ・ハード・ファイター・アンド・エ・グッド・ルーザー」(Be a hard fighter and a good loser!)ということがありますが、ハード・ファイターというのはあくまでも果敢に戦う人、そしてグッド・ルーザーというのは負ける時に潔よい人ということであります。果敢なる闘士であっていさぎよき敗者である。これは諸君が体育会の生活によって身につけられる最も大切な宝を私は三つ数えますけれども、三つのうちの一つとしてご披露したい。

十年ほど前に私はロンドンにおりましたが、ちょうどダービーの競馬があって、そこに今のエリザベス女王の持ち馬が出場する、女王は非常な馬好きで、また競馬に熱心な方であります。ところがそのときに出場した騎手で、サー・ゴードンという有名な人気のある騎手が、これは女王の馬に乗らないで他のサッスンという人の馬に乗って、それが一着になった。

国民は女王の馬が一着になり得なかったことを惜しみながら、この人気のあるサー・ゴードンの乗った馬が一着になったことを大変喜んだ。そのときに女王は熱心に自分の馬の勝利のために応援しておられましたが、勝負がついて自分の馬が負け、サー・ゴードンの馬が勝った、そのサー・ゴードンをロイアル・ボックスといいますか、皇室のさじきに招かれてそしてそこで握手を賜わった。その写真が出ておりまして、クィーン・ザ・グッド・ルーザーと書いてありました。潔よく敗れてクィーン、グッド・ルーザーと書いてありました。敗れていさぎよきクィーン、グッド・ルーザーというのはそういうことであります。皆さんもそれを体育会の生活のうちに身におつけになることを切に祈ります。

三つの宝の第三は友です。これも今板倉さんのお話にありましたが、友です。私自身も自分の過去現在を顧みて、私の最も良き友を体育会の生活のうちに得たことを深く感謝するものであります。諸君が何を言っても誤解しない友、また何でも言える友、喜びを分かち、また苦しみを分かつ友、これを持たれることは諸君の生涯の宝でありますが、運動競技の体験を共にした間に得る友というものはこれは格別であります。花や木は太陽の光を得て育ちますが、われわれの心に持っておる良いものはやっぱり良き友を持つことによって育つ。ひまわりという花は太陽の方に常に顔を向けるということでありますが、ひまわりに限らず、花も葉も日の光を得て植物は茂る。それと同じように、われわれの心に持つ良きものは、良き友を得て茂るのであります。その友を得る機会は人生のさまざまな場面においてありますけれども、運動の練習を共にした友、共に試合に出た戦友とも言うべき友、あるいは敵味方となって争ったその相手の人々、それはわれわれの生涯にとって最も大切な友になり得るのであります。

私は慶應義塾体育会の生活を持ったことを、やはり過去を顧みて非常なしあわせだったと思いますが、そのしあわせを数えれば私はこの三つの宝を得た、そしてまた皆さんもそれを得られた、ことに若い諸君は今それを得つつある、得つつあるその宝を大切になさるようにということを申し上げたいのであります。今日はまことにありがとうございました。

（昭和三十七年十月二十八日　慶應義塾日吉記念館にて）

〈編者略歴〉

山内慶太（やまうち　けいた）

慶應義塾大学看護医療学部・大学院健康マネジメント研究科教授、慶應義塾福澤研究センター所員。博士（医学）。昭和41(1966)年生まれ。1991年慶應義塾大学医学部卒業。『福澤諭吉著作集』第５巻（共編、2002年、慶應義塾大学出版会）、『練習は不可能を可能にす』（共編、2004年、慶應義塾大学出版会）、『父 小泉信三を語る』（共編、2008年、慶應義塾大学出版会）などを編集。

神吉創二（かんき　そうじ）

慶應義塾幼稚舎教諭。庭球三田会常任幹事。昭和45(1970)年生まれ。1992年慶應義塾大学法学部法律学科卒業。在学時は慶應義塾体育会庭球部主務。『慶應庭球100年』（慶應庭球100年編集委員会、2001年）、『練習は不可能を可能にす』（共編、2004年、慶應義塾大学出版会）、『父 小泉信三を語る』（共編、2008年、慶應義塾大学出版会）などを編集。

都倉武之（とくら　たけゆき）

慶應義塾福澤研究センター専任講師。専攻は近代日本政治史。昭和54(1979)年生まれ。2007年慶應義塾大学大学院法学研究科博士課程満期単位取得退学。武蔵野学院大学専任講師を経て現職。『1943年晩秋 最後の早慶戦』（共編、2008年、教育評論社）、『父 小泉信三を語る』（共編、2008年、慶應義塾大学出版会）などを編集。

アルバム 小泉信三

2009年8月20日　初版第１刷発行

編　者――――山内慶太・神吉創二・都倉武之
発行者――――坂上　弘
発行所――――慶應義塾大学出版会株式会社
〒108-8346　東京都港区三田2-19-30
TEL〔編集部〕03-3451-0931
〔営業部〕03-3451-3584〈ご注文〉
〔　〃　〕03-3451-6926
FAX〔営業部〕03-3451-3122
振替　00190-8-155497
http://www.keio-up.co.jp/
デザイン――――中垣信夫＋門倉未来＋大坪佳正
印刷・製本――港北出版印刷株式会社

Printed in Japan　ISBN 978-4-7664-1665-7

小泉信三 著作集書影

平生の心がけ 小泉信三	平和論 小泉信三 文藝春秋新社	讀書論 小泉信三著 岩波書店	福澤諭吉 小泉信三 アテネ文庫 41 弘文堂
大學と私 小泉信三 著	朝の思想 小泉信三 雲井書店	私の愛讀した作家 ―文學と經濟學― 小泉信三	
近代經済思想史 小泉信三 著	初學經濟原論 小泉信三著	小泉信三著 共産主義と人間尊重 文藝春秋新社	近代經濟思潮概觀 小泉信三 著 好學社	共産主義批判の常識 小泉信三 新潮社版
岩波文庫 改訂 経済学及び課税の原理 リカアドオ著 小泉信三訳 岩波書店	創元文庫 A-72 福澤諭吉 人と著論 小泉信三 創元社	角川文庫 マルクス死後五十年 ―マルクシズムの理論的批判― 小泉信三 角川書店	私とマルクシズム ―共産主義批判― 小泉信三著 民族間の平和・階級闘争の平和 暴力と民主主義 共産主義について知るべきこと ブラジル、マルクス、レーニン論争 搾取論 私と社會主義	今の日本 文藝春秋新社刊

ペンと剣
小泉信三著
ダイヤモンド社
十日十話
小泉信三
朝の机
小泉信三
遺児の皆さんへ
小泉信三
外遊日記
文藝春秋新社
小泉信三著
福沢諭吉
岩波新書
599
現代知性全集31
小泉信三集
この一年
小泉信三
思ふこと憶ひ出すこと
小泉信三
新潮社版
新潮文庫
福澤諭吉
—人と書翰—
小泉信三著
新潮社
小泉信三
座談おぼえ書き
わが日常
小泉信三著
河流
小泉信三
新潮社版
わが蒔く種
小泉信三
國を思ふ心
小泉信三
文藝春秋新社
絶筆
国家の死亡
小泉信三著
小泉信三
一つの岐路
文藝春秋新社
秩序ある進歩
小泉信三著
角川文庫
私とマルクシズム
—共産主義批判—
小泉信三
角川書店
現代人物論
—現代史に生きる人々—
小泉信三